Part5・6で確実に全問正解する！

TOEIC® L&R TEST
英文法
スピードマスター

900点突破編

成重 寿
Narishige Hisashi

Jリサーチ出版

はじめに

900点突破にはスピードと正確さが求められる

TOEICで高得点を獲得するには、Part 5・6を正確かつスピーディーに処理していかなければなりません。

900点をクリアするなら、Part 5・6にかけられる時間はおおむね18分、Part 5：10分、Part 6：8分です。設問単位で考えるなら、Part 5は1問20秒、Part 6は1問30秒で解答しなければなりません。

ミスもあまり許されません。Part 5・6で9割近い正答率が求められます。

10日間で「速解のコツ」を身につける

本書は900点をめざす人が、この2つのパートを攻略する実力を効率的に強化するための1冊です。10日間という短期間でスピードマスターできます。DAY 1〜3：「Part 5文法問題」、DAY 4〜6：「Part 5単語問題」、DAY 7：「Part 6長文空所補充問題」、DAY 8〜10：「模擬テスト」という構成です。

本書では速く解くコツを「速解Point！」として、各問題に提示しています。問題のどこに着目すれば、少しでも速く解けるかを示すヒントです。問題文は全文を読むのが基本姿勢ですが、中には空所に関連する単語や表現に着目するだけで即座に解けるものもあります。また、全文を読む場合でも、文構造のどこに注目するかで、時間短縮を図れます。

多彩な問題で実戦力を強化する

　多彩な問題で十分な練習ができるのも本書の特徴です。全部で、Part 5：210問、Part 6：16題（64問）の練習ができるようになっています。また、高得点をめざす人にとって、カギになるのは単語問題です。本書は単語問題を数多く収録し、しっかり練習できるようにしました。標準的な問題ばかりでなく、一部にあえて難しい問題も織り交ぜています。

　すべての問題について、音声スクリプトが無料ダウンロードできます（▸▸「全問題音声スクリプト」は巻末に収録）。耳からの学習のために適宜ご利用ください。

　高得点獲得の基盤になるのは何と言っても単語力です。知らない単語は問題練習の後でしっかり復習しておくようにしましょう。また、巻末にはレベルの高い必須単語を「TOEICでる単BEST 100 上級編」としてまとめてあるので参考にしてください。

　高得点をめざすのにも基本は大切です。問題を解いてみて自分の弱点や知識の穴に気づいたら、その部分を集中的に学習して補強しましょう。高得点獲得は英語力の全体的な強化の上に達成できることは言うまでもありません。

　本書がみなさんの目標達成の一助となれば、著者としてこれほど嬉しいことはありません。

著者

CONTENTS

Quick Check

（巻末付録）　ダウンロード音声対応

⊕ 本書の使い方

本書は高得点をめざす人がTOEICのPart 5・6を攻略するための1冊です。
10日という短期間で速解のコツをつかみながら実戦力を強化できます。

DAY 1〜7は、〈各種問題の速解の鉄則〉→〈例題〉→〈練習問題〉の順番
で学習を進められます。

「速解の鉄則」のページ

「問題のタイプ」
「傾向」「出題数」
を示します。

「速解の鉄則」の中:

「品詞識別問題」速解の鉄則

● **問題のタイプ** 選択肢に語幹が共通のさまざまな品詞が並んでいる問題です。
● **傾向** 「動詞」「形容詞」「副詞」「名詞」の識別を行うのが基本ですが、動詞に
ついては現在分詞や過去分詞など変化形が選択肢に含まれることもあります。
● **出題数** 6〜8問

● **選択肢の例①** 純粋な品詞識別

(A) afford……動詞	(B) affordable……形容詞
(C) affordably……副詞	(D) affordability……名詞

選択肢の例を示し
ます。

● **選択肢の例②** 品詞識別と動詞の形の混合

(A) predict……動詞原形	(B) predictable……形容詞
(C) predicted……過去分詞	(D) predicting……現在分詞

「速解の鉄則」
を簡潔に紹介し
ます。

鉄則1 空所の役割を見極める

高得点をめざす人は〈SVOC〉の文構造を分析することはできるはずです。
5文型の類型に合わせて、空所が文のどの要素に当たるのかを見極めるのが基本
です。S・V・O・Cに応じて、使われる品詞・動詞の形は決まります。

（空所の役割）	（品詞）
主語S ▶	名詞／動名詞
述語動詞V ▶	動詞
目的語O ▶	名詞／動名詞／不定詞
補語C ▶	名詞／形容詞／動名詞／分詞／不定詞

解答に役立つコ
ツを示します。

鉄則2 修飾関係をつかむ

語と語の修飾関係をつかむことも重要です。形容詞は名詞を修飾し、副詞は動
詞・形容詞・副詞などを修飾します。また、TOEICで注意したいのは名詞が名
詞を修飾する〈名詞 + 名詞〉の形です。〈名詞 + 名詞〉は可能な組み合わせと
可能でない組み合わせがあるので、意味を考えて取捨を決めましょう。

（空所の品詞）	（修飾される語）
形容詞／名詞／分詞 ▶	名詞
副詞 ▶	動詞／形容詞／副詞／分詞

＊副詞には文全体を修飾する用法や後続の名詞を強調する用法もあります。

12

模擬テスト

・DAY 8〜10はそれぞれPart 5・6フルセット（46問）の模擬テストです。学習の仕上げや直前対策に利用してください。

ダウンロード音声

・DAY 1〜10のすべての問題を音声で聞くことができます。ダウンロード音声の利用の仕方は10ページを参照してください。

「練習問題」のページ

練習問題 「品詞識別問題」20問を一気に解いてみましょう。解答時間は右ページに記入してください。

1. Jordan Insurance protects confidential data by ------- prohibiting employees from using their computers for personal use.
   (A) stringently
   (B) stringency
   (C) stringent
   (D) stringers

「練習問題」は標準的なレベルのものを中心に、難度の高いものも含まれています。

「難易度」は ★：基本、★★：標準、★★★：難です。

解答・解説

1. 正解： ★★ 　副詞は動名詞を修飾する

Jordan Insurance protects confidential data by ------- prohibiting employees from using their computers for personal use.
ジョーダン・インシュアランスは、社員が彼らのパソコンを個人の用途に使うことを厳格に禁止することによって密密データを保護している。

(A) stringently 　副詞
(B) stringency 　名詞
(C) stringent 　形容詞
(D) stringers 　名詞

速解 Point! 空所は前置詞 by の後ろにあります。前置詞の後ろは名詞の要素が来ますが、それが動名詞の prohibiting です。**空所に入るのはこの動名詞を修飾する要素だと考えられます。**

解説 動名詞は動詞の性質を維持していますから、副詞で修飾できます。よって、正解は (A) stringently です。

重要語 □ confidential 　形 機密の
　　　　　□ prohibit A from doing 　Aが〜するのを禁止する

問題のテーマを示します。

「問題文」「訳」「選択肢（解説付き）」を示します。

「速解 Point！」で、速く解くためのコツを紹介します。

「重要語」をリストにしています。知らない単語を復習しておきましょう。

900点を獲得する5つのポイント

TOEICで900点を取るには、Part 5・6をどのように処理すればいいか。高得点獲得の心構えを紹介します。

❶ 時間を意識する

高得点をめざす受験者は時間をしっかり意識しつつ問題を解いていかなければなりません。例えば、900点クリアのためのリーディングセクションの時間配分はほぼ決まっています。

Part 5	10分	1問＝20秒
Part 6	8分	1問＝30秒（1題＝2分）
Part 7	57分	1問＝約1分

Part 5・6を18分で解くことを目標にしましょう。時間のかかる人はまず20分以下をめざすことです。

Part 7は57分あれば最後まで解答できるでしょう。ただ、Part 7のマルチプルパッセージを1題（5問）解き残しても900点は可能です。

❷ 正確に速く解く

900点を獲得するには当然ですが、正確さも求められます。正答率はPart 5・6では90％を確保することです。

高得点をめざすからと言ってやみくもにスピードを追求するのはどうかと思います。スピードの基盤は正確さです。まず正確に解くことを優先して、その後でスピードを上げていくというのが合理的な順序です。

したがって、600点を超えたからと言ってスピードだけを追い求めるのではなく、英語力全体を磨きながら、正確に解く能力を高め、徐々にスピードアップを図っていくのが理にかなった学習法です。

❸ 文法問題と単語問題

　Part 5の設問は「文法問題」と「単語問題」に大きく分類できます。「文法問題」とは「品詞識別」「動詞の形」「接続詞・前置詞」「代名詞・関係詞」「比較」などの問題です。「単語問題」は動詞・形容詞・副詞・名詞のそれぞれの適切な単語を選ぶ問題です。

　高得点をめざす人にとって重要なことは「文法問題」を落とさないことです。文法問題は基本的な文法知識がしっかり身についていれば、ほぼすべて解けるはずです。文法問題で難問はつくりにくいという裏事情もあります。

　単語問題は知っているか知らないかなので、難語が出て解けないこともあると思います。ただ、難語と言われるものは本番の試験でもせいぜい2〜3問でしょう。単語問題で仮に3問落としても9割の正答率を確保できます。

❹ 知識の漏れをチェックする

　英語の学習に終わりというものはありません。一定の力がついても、やはりどこかに人それぞれの弱点や知識の穴があるものです。

　問題を解いてみて、その穴が見つかったときには、関連知識を集中的に学習するようにしましょう。例えば、仮定法現在を知らなかった、特殊な前置詞や接続副詞で間違った、慣用語法の知識が足りない、などです。

　高得点をめざす人は基礎はできているはずなので、その都度、弱点・穴を補強する学習法で対応するようにしましょう。

❺ 単語力は常に増強する

　身についている単語は多ければ多いほど有利です。単語力とスコアにはかなり強い相関関係があります。900点を超える人はTOEICの問題に知らない単語はあまり出ないはずです。1回のテストに知らない単語が20も30も出るようなら単語不足は明らかです。

　単語力は、問題を解いたら必ず未知語をチェックするというその都度の学習と、一方で単語集を利用してTOEICの必須語をまんべんなく覚える学習を並行するといいでしょう。単語集はTOEICに出る単語の全体像を知るのに役立ちます。

音声ダウンロードのしかた

STEP 1 商品ページにアクセス！ 方法は次の3通り！

① QRコードを読み取ってアクセス。

② https://www.jresearch.co.jp/book/b617027.html を
入力してアクセス。

③ Jリサーチ出版のホームページ（https://www.jresearch.co.jp/）
にアクセスして、「キーワード」に書籍名を入れて検索。

STEP 2 ページ内にある「音声ダウンロード」
ボタンをクリック！

STEP 3 ユーザー名「1001」、パスワード「25861」を入力！

STEP 4 音声の利用方法は2通り！
学習スタイルに合わせた方法でお聴きください！

1
「音声ファイル一括ダウンロード」よ
り、ファイルをダウンロードして聴く。

2
▶ボタンを押して、その場で再生し
て聴く。

※ダウンロードした音声ファイルは、パソコン・スマートフォンなどでお聴きいただく
ことができます。一括ダウンロードの音声ファイルは .zip 形式で圧縮してあります。
解凍してご利用ください。ファイルの解凍が上手く出来ない場合は、直接の音声
再生も可能です。

音声ダウンロードについてのお問合せ先：
toiawase@jresearch.co.jp（受付時間：平日9時〜18時）

DAY 1

Part 5

品詞識別問題

「品詞識別問題」速解の鉄則

● **問題のタイプ**　選択肢に語幹が共通のさまざまな品詞が並んでいる問題です。

● **傾向**　「動詞」「形容詞」「副詞」「名詞」の識別を行うのが基本ですが、動詞については現在分詞や過去分詞など変化形が選択肢に含まれることもあります。

● **出題数**　6～8問

● **選択肢の例①**　純粋な品詞識別

(A) afford……動詞	(B) affordable……形容詞
(C) affordably……副詞	(D) affordability……名詞

● **選択肢の例②**　品詞識別と動詞の形の混合

(A) predict……動詞原形	(B) predictable……形容詞
(C) predicted……過去分詞	(D) predicting……現在分詞

鉄則1 空所の役割を見極める

　高得点をめざす人は〈S V O C〉の文構造を分析することはできるはずです。5文型の類型に合わせて、空所が文のどの要素に当たるのかを見極めるのが基本です。S・V・O・Cに応じて、使われる品詞・動詞の形は決まります。

（空所の役割）		（品詞）
主語S	▶	名詞／動名詞
述語動詞V	▶	動詞
目的語O	▶	名詞／動名詞／不定詞
補語C	▶	名詞／形容詞／動名詞／分詞／不定詞

鉄則2 修飾関係をつかむ

　語と語の修飾関係をつかむことも重要です。形容詞は名詞を修飾し、副詞は動詞・形容詞・副詞などを修飾します。また、TOEICで注意したいのは名詞が名詞を修飾する〈名詞 + 名詞〉の形です。〈名詞 + 名詞〉は可能な組み合わせと可能でない組み合わせがあるので、意味を考えて取捨を決めましょう。

（空所の品詞）		（修飾される語）
形容詞／名詞／分詞	▶	名詞
副詞	▶	動詞／形容詞／副詞／分詞
＊副詞には文全体を修飾する用法や後続の名詞を強調する用法もあります。		

　TOEICで注意したいのは〈副詞 + 分詞 + 名詞〉の形で、副詞を選ばせる問題です。例えば、〈affordably priced food〉でaffordablyを選択する問題がよく出ます。

鉄則3 慣用的な用法を確認する

　英語には慣用的に単語と単語が決まった結びつきをするものがあります。それは一義的に決まっていたり、結びつきが強かったりするもので、該当する単語を選ぶ必要があります。例えば、次のような結びつきです。

　play an important role（役割を果たす）　＊ play と role の組み合わせ

　take the lead（指導する）　＊ take と lead の組み合わせ

　continued loyalty（変わりなき愛顧）　＊ continued と loyalty の相性

　a benefits package（福利厚生パッケージ）　＊ benefits は慣用で複数

　a feasibility study（事業化調査）　＊ feasibility は「実現可能性」の意味

鉄則4 問題の迷彩に注意する

　TOEICの問題には簡単には正解が選べないような迷彩が施されているものがあります。よく考えれば理解できるのですが、あわてて解いていると（高得点をめざすには急いで解かなければならないので）、迷彩に引っかかってしまったり、余分な時間をとられたりします。例えば、次のような迷彩がよくあります。

　冠詞の後は名詞だが・・・
　　a huge success（形容詞が挟まっている）

　isの後は過去分詞だが・・・
　　is conveniently located（副詞が挟まっている）

　locatedを選べばいいのだが・・・
　　is located next to city hall（意外な前置詞が続いている）

　名詞が正解だが、形容詞が正解に見える
　　photography enthusiasts（「写真が趣味の人」の意味）
　　　× photographic

速解 ① 部分だけを見て処理する

> **2 空所の役割を確認する**
> ▶ 空所が関係するのはどの部分かを確認する。
> 可能なら、部分だけを見て処理する。

The Peninsular Hotel can be reserved at ------- discounted rates during the rainy season.

(A) substance
(B) substantial
(C) substantially
(D) substantialize

> **1 選択肢をチェックする**
> ▶ さまざまな品詞が並ぶ。
> 「品詞識別問題」の典型である。

訳 ペニンシュラー・ホテルは、雨期には大幅に値下げされた料金で予約できる。

☐ rate **名** 料金

解答の手順

■ 選択肢をチェックする

　選択肢にはsubstanceの派生語（さまざまな品詞）が並んでいます。
したがって、これは「品詞識別問題」です。

(A) substance ················· 名詞

(B) substantial ··············· 形容詞

(C) substantially ············ 副詞

(D) substantialize ········· 動詞

■ 速解ポイントはココだ！

　空所はat ------- discounted ratesという要素の中にあります。
discountedは「過去分詞」、ratesは「名詞」なので、〈副詞 + 形容詞（分
詞）+ 名詞〉の典型的な並びです。

　この点を見抜けば、文全体を読む必要はありません。Part 5は平均
20秒で解くのが基本ですが、部分だけで処理できるなら5〜10秒しか
かからないでしょう。

■ 選択肢を絞る

　副詞の(C) substantiallyは「大幅に」と数量の形容詞を修飾する
副詞なので、これが正解になります。同様の数量を修飾する副詞には
considerablyやsignificantlyがあります。

正解：(C)　★

速解② 文構造を瞬時につかむ

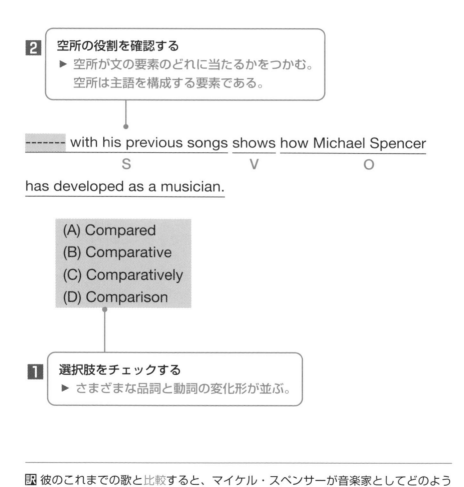

2 空所の役割を確認する
▶ 空所が文の要素のどれに当たるかをつかむ。
空所は主語を構成する要素である。

------- with his previous songs shows how Michael Spencer
             S   V   O

has developed as a musician.

(A) Compared
(B) Comparative
(C) Comparatively
(D) Comparison

1 選択肢をチェックする
▶ さまざまな品詞と動詞の変化形が並ぶ。

訳 彼のこれまでの歌と比較すると、マイケル・スペンサーが音楽家としてどのように進歩してきたかがわかる。

□ previous 形 前の

16

解答の手順

❶ 選択肢をチェックする

　選択肢にはcompareを語幹とするさまざまな形が並びますが、過去分詞という動詞の形も入っています。品詞識別と動詞の形の混合問題で、実際にはこのタイプが多く出題されます。

(A) Compared ················過去分詞
(B) Comparative ···········形容詞
(C) Comparatively ········副詞
(D) Comparison ············名詞

❷ 速解ポイントはココだ！

　空所は文頭にあり、------- with his previous songsとなっています。**文の構造を見ると、showsという述語動詞が続いていて、疑問詞のhow以下は目的語の要素です。**

　つまり、------- with his previous songsは主語ということです。この部分が分詞構文ではないことがわかれば、解けたも同然です。

❸ 選択肢を絞る

　主語であるなら、次が前置詞なので入るのは名詞しかなく(D) Comparison（比較）が正解です。「彼のこれまでの歌との比較が〜」となって適切な文になります。

正解：(D)　★

17

1. Jordan Insurance protects confidential data by ------- prohibiting
   employees from using their computers for personal use.
   (A) stringently
   (B) stringency
   (C) stringent
   (D) stringers

2. Residences developed by Urban Green Inc. are conveniently located
   yet -------.
   (A) affordably
   (B) affording
   (C) afforded
   (D) affordable

3. In the productive workflow, ------- managers have to give their
   approval before projects proceed.
   (A) assignable
   (B) assigning
   (C) assigned
   (D) to assign

4. Competitive ------- is a standard measure for the city to choose
   contractors for its projects.
   (A) bid
   (B) bidding
   (C) bidder
   (D) bids

5. Green Tree Supermarkets' own brand of cereal does not ------- from
   more expensive brands in any way.
   (A) differ
   (B) different
   (C) differently
   (D) differentiate

解答時間記入欄	1回目	2回目	3回目	目標時間
	分　秒	分　秒	分　秒	6分40秒

6. Farmers whose farmlands were damaged by the flood must cope with the ------- loss of income.
(A) resulting
(B) resulted
(C) result
(D) results

7. The Boulangerie Paris bakery is heavily ------- on walk-in customers.
(A) rely
(B) reliant
(C) relied
(D) reliance

8. Judging from survey results, a ------- number of users have complaints about the usability of the app.
(A) size
(B) sizing
(C) sizable
(D) sized

9. The passion for creating and designing was best -------- by award-winning architect, Rafael Valles.
(A) example
(B) examples
(C) exemplifying
(D) exemplified

10. A sales strategy of Yama Auto Services is to give discounts to ------- customers.
(A) repeat
(B) repeating
(C) repeated
(D) repetition

11. Our expert staff can develop ------- friendly buildings making full use of the latest technologies.
(A) environmentalist
(B) environmental
(C) environmentally
(D) environment

12. Using the J-Max power drill for anything except the ------- purpose will invalidate your warranty.
(A) intent
(B) intended
(C) intention
(D) intentional

13. Teaching guides written by Elaine Vickers are popular with ------- for their simple but effective lesson plans.
(A) educated
(B) education
(C) educates
(D) educators

14. The flights and accommodations in this itinerary are ------- to change depending on availability.
(A) subject
(B) subjective
(C) subjectively
(D) subjection

15. Basic ------- criteria for the national scholarship programs include financial status, citizenship, and academic performance.
(A) eligible
(B) eligibly
(C) eligibility
(D) more eligible

16. This message about using company laptops when working from home is sent to all employees -------.
(A) concerns
(B) concerned
(C) concerning
(D) concernedly

17. It's easy for backpackers to find ------- accommodations along Temple Street or in the area of Mong Kok.
(A) budget
(B) budgets
(C) budgeting
(D) budgeted

18. Only a ------- few senior managers were informed of the planned merger, which is still under negotiation.
(A) select
(B) selecting
(C) selection
(D) selective

19. The movie's plot is based, albeit -------, on the best-selling autobiography by Dr. Lois Flinderson.
(A) loose
(B) looser
(C) loosely
(D) loosening

20. Sea Explorer is the watchmaker's ------- product, continually manufactured for over fifty years.
(A) sign
(B) signed
(C) signature
(D) significance

1. 正解：(A) ★★ 副詞は動名詞を修飾する

Jordan Insurance protects confidential data by ------- prohibiting employees from using their computers for personal use.

ジョーダン・インシュアランスは、社員が彼らのパソコンを個人の用途に使うことを厳格に禁止することによって機密データを保護している。

(A) stringently 副詞	(B) stringency 名詞
(C) stringent 形容詞	(D) stringers 名詞

速解 Point! 空所は前置詞 by の後ろにあります。前置詞の後ろは名詞の要素が来ますが、それが動名詞の prohibiting です。**空所に入るのはこの動名詞を修飾する要素だと考えられます。**

解説 動名詞は動詞の性質を維持していますから、副詞で修飾できます。よって、正解は (A) stringently です。

重要語 □ confidential 形 機密の
□ prohibit A from doing　Aが〜するのを禁止する

---

2. 正解：(D) ★★ 等位接続詞の前後は同じ要素

Residences developed by Urban Green Inc. are conveniently located yet -------.

アーバン・グリーン社に開発された住宅は便利な立地にあるが、手ごろな価格である。

(A) affordably 副詞	(B) affording 現在分詞
(C) afforded 過去分詞	**(D) affordable** 形容詞

速解 Point! 空所は述部にあり、are conveniently located yet ------- と、等位接続詞の yet によってつながれています。**等位接続詞の前後は同じ文の要素が来るのがルールです。**

解説 yet の前は (conveniently) located と形容詞（分詞）なので、yet の後も形容詞（分詞）である必要があります。まず、副詞の (A) を除外できます。

分詞か形容詞かですが、動詞 afford は「余裕がある」で、affording や afforded では適切な意味になりません。形容詞の (D) affordable は「手ごろな価格の」の意味で、これが正解になります。

重要語 □ conveniently 副 便利に

3. 正解：(C) ★★ 修飾関係 + 文脈

In the productive workflow, ------- managers have to give their approval before projects proceed.
生産的な作業工程においては、担当の管理職はプロジェクトが進行する前に承認を与えなければならない。

(A) assignable 　形容詞 　　　　　　　(B) assigning 　現在分詞
(C) assigned 　過去分詞 　　　　　　(D) to assign 　不定詞

速解 Point! 空所は ------- managers にあり、この部分が主語になるので、どの選択肢と組み合わせれば適切な主語になるかを考えます。

（解説）動詞 assign は「割り当てる」の意味で、形容詞の (A) assignable は「割り当て可能な」、現在分詞の (B) assigning は「割り当てる」で、いずれも managers と組み合わせて適切な表現になりません。過去分詞の (C) assigned なら「割り当てられた管理職」→「担当の管理職」と正しい表現になり、文全体にも合います。

　不定詞の (D) to assign だと「管理職を割り当てること」という主語になって、文が成立しません。

重要語 □ approval 名 承認 　　□ proceed 動 進行する

---

4. 正解：(B) ★★★ 名詞 vs. 動名詞

Competitive ------- is a standard measure for the city to choose contractors for its projects.
競争入札は、市がプロジェクトの請負業者を選定する標準的な手法だ。

(A) bid 　名詞・単数（入札） 　　　　　**(B) bidding** 　動名詞（入札）
(C) bidder 　名詞（入札者） 　　　　　(D) bids 　名詞・複数（入札）

速解 Point! 空所は主語の Competitive ------- にあり、名詞が入ることがわかりますが、選択肢はすべて名詞・動名詞です。**注目すべきは、Competitive ------- が無冠詞で、動詞が is であることです。**名詞複数の (D) は主語と動詞が不一致で、まず外せます。

（解説）bid は「入札」「入札する」と名詞と動詞が同形です。したがって、(A) bid と (B) bidding に可能性がありますが、主語に不定冠詞の a がないので可算名詞の bid は使えません。bidding は動名詞なので無冠詞で使え、意味も「入札すること→入札」を表せるので、これが正解です。

　(C) bidder（入札者）では a standard measure（標準的な手法）になりません。

重要語 □ measure 名 方法：手法 　　□ contractor 名 請負業者

5. 正解：(A) ★★ 〈differ from A〉（Aと異なる）

Green Tree Supermarkets' own brand of cereal does not ------- from more expensive brands in any way.

グリーン・ツリー・スーパーマーケッツのシリアルの独自ブランドは、いかなる点でもより高価なブランドと区別がつかない。

(A) differ 動詞		(B) different 形容詞	
(C) differently 副詞		(D) differentiate 動詞	

速解 Point!　空所は does not ------- にあります。その前の Green Tree Supermarkets' own brand of cereal は長い主語で、**この文には述語動詞がありません。**

解説　動詞の形は (A) differ と (D) differentiate ですが、differ は「異なる」の意味で、〈differ from A〉（A と異なる）の形で使えるので、(A) が正解です。differentiate は「識別する」の意味で、〈differentiate A from B〉（A を B と識別する）または〈differentiate between A and B〉（A と B を識別する）の形で使うので、こちらは不適です。

重要語　□ in any way　いかなる点でも

---

6. 正解：(A) ★★ 現在分詞 vs. 過去分詞

Farmers whose farmlands were damaged by the flood must cope with the ------- loss of income.

洪水でその農地が被害を受けた農家は、結果として生じる減収に対処しなければならない。

(A) resulting 現在分詞		(B) resulted 過去分詞	
(C) result 名詞（単数）		(D) results 名詞（複数）	

速解 Point!　空所は cope with the ------- loss of income にあり、**loss of income（減収）を修飾するのにどの形がいいかを考えます。**

解説　名詞の (C) result や (D) results は loss of income と結びつかないので、まずこの 2 つを外せます。

(A) resulting か (B) resulted かですが、result は「結果として起こる」の意味です。現在分詞の resulting は loss of income を修飾して「結果として生じる減収」と適切な意味になるのでこれが正解です。result は自動詞でしか使わず、過去分詞で使うのは完了形のときだけなので、resulted は不適です。

重要語　□ farmland 名 農地　　□ cope with　〜に対処する

7. 正解：(B) ★★ 形容詞 vs. 過去分詞

The Boulangerie Paris bakery is heavily ------- on walk-in customers.
ブーランジュリ・パリ・ベーカリーは、飛び込み客に大きく依存している。

(A) rely　動詞
(B) reliant　形容詞
(C) relied　過去形
(D) reliance　名詞

速解 Point! 空所は is heavily ------- on にあり、副詞の heavily に修飾される補語の要素です。形容詞または分詞が候補です。まず、動詞の (A) と名詞の (D) を外せます。

解説 動詞の rely は「当てにする」という意味の自動詞なので、受け身では使えず、したがって (C) relied はここでは不可。

形容詞の (B) reliant は「依存する」の意味で、「飛び込み客に大きく依存している」となって、文意も正しくなります。これが正解です。

重要語 □ walk-in 形 飛び込みの

---

8. 正解：(C) ★★ 〈-able〉が語尾の形容詞

Judging from survey results, a ------- number of users have complaints about the usability of the app.
調査結果から判断すると、相当数のユーザーがそのアプリの操作性に不満を持っている。

(A) size　名詞
(B) sizing　現在分詞
(C) sizable　形容詞
(D) sized　過去分詞

速解 Point! 空所は主語の中にあり、a ------- number of users となっています。a number of は「数多くの〜」の意味で、空所は number を強調する形容詞だとわかります。

解説 (C) sizable は「相当数の」と多さを強調する形容詞なので、これが正解になります。

ここでは〈名詞 + 名詞〉の表現が作れる余地はないので、名詞の (A) は不可。size は動詞でも使いますが「分類する；作る」の意味で、現在分詞でも過去分詞でも number を強調することはできません。(B) sizing も (D) sized も不可です。

重要語 □ judge from 〜から判断する　□ survey 名 調査
□ usability 名 操作性　□ app 名 アプリ

9. 正解：(D) ★ 副詞に修飾される過去分詞

The passion for creating and designing was best ------- by award-winning architect, Rafael Valles.

創造と設計への情熱は、受賞建築家のラファエル・ヴァレスによって最上の例が示された。

(A) example　名詞（単数）　　　　　　(B) examples　名詞（複数）
(C) exemplifying　現在分詞　　　　　　**(D) exemplified**　過去分詞

速解 Point! 空所は述部にあり、was best ------- となっています。**best という副詞に修飾されているので、入るのは分詞の要素です。**

解説 空所の次の by が受動態の主体を示す前置詞なので、過去分詞の (D) exemplified が正解です。

重要語 □ passion 名 情熱　　□ award-winning 形 受賞歴のある

....

10. 正解：(A) ★★★ repeat customer（常連客）

A sales strategy of Yama Auto Services is to give discounts to ------- customers.

ヤマ・オート・サービシズの販売戦略は常連客に値引きをすることだ。

(A) repeat　名詞（常連）　　　　　(B) repeating　現在分詞（繰り返す）
(C) repeated　過去分詞（繰り返された）　(D) repetition　名詞（反復）

速解 Point! 空所は to ------- customers にあり、customers を修飾する要素です。**選択肢には分詞と名詞が並び、どれも可能性があるので、customers との関係を考えます。**

解説 文意を見ると、「ヤマ・オート・サービシズの販売戦略は〜客に値引きをすることだ」です。repeat は動詞・名詞のどちらでも使えますが、名詞を「常連の」の意味で形容詞的に使う用法があり、repeat customers で「常連客」になり、文意に合います。(A) が正解です。

　現在分詞の (B) repeating（繰り返す）も過去分詞の (C) repeated（繰り返された）も customers と組み合わせて適切な表現を作れません。名詞の (D) repetition（反復）も不可です。

重要語 □ strategy 名 戦略

11. 正解：(C)　★　〈副詞 + 形容詞 + 名詞〉のパターン

Our expert staff can develop ------- friendly buildings making full use of the latest technologies.

当社の専門スタッフは、最新の技術を惜しみなく使って環境に優しいビルを開発することができる。

(A) environmentalist　名詞
(B) environmental　形容詞
(C) environmentally　副詞
(D) environment　名詞

速解 Point!　空所は ------- friendly buildings にあり、この部分は〈------- + 形容詞 + 名詞〉の形です。

解説　〈副詞 + 形容詞 + 名詞〉を想定して副詞の (C) environmentally（環境に）を選びます。「環境に優しいビル」と文意も通ります。

ちなみに、〈副詞 + 形容詞 + 名詞〉の形は法則ではありません。affordable environmental buildings など〈形容詞 + 形容詞 + 名詞〉の形もあるので、常に意味からのアプローチも必要です。

重要語　□ make use of　～を利用する　□ latest　形 最新の

12. 正解：(B)　★★　過去分詞 vs. 形容詞

Using the J-Max power drill for anything except the ------- purpose will invalidate your warranty.

Jマックス・パワードリルを所定の目的以外に使用すれば、お客様の保証は無効になります。

(A) intent　形容詞（熱心な）
(B) intended　過去分詞（所定の）
(C) intention　名詞（意図）
(D) intentional　形容詞（意図的な）

速解 Point!　空所は except 以下にあり、the ------- purpose となっています。どんな purpose（目的）になるかを文全体から考えるのが近道です。

解説　文意は「Jマックス・パワードリルを～目的以外に使用すれば、保証は無効になります」です。(B) intended を選べば「意図された目的→所定の目的」となり、文意に合います。

形容詞の (A) intent（熱心な）や (D) intentional（意図的な）はこの文に合いません。名詞の (C) intention（意図）は purpose と組み合わせて適切な表現を作れません。

重要語　□ purpose　名 目的　□ invalidate　動 無効にする
□ warranty　名 保証

13. 正解：(D) ★ 〈be popular with A〉（A に人気である）

Teaching guides written by Elaine Vickers are popular with ------- for their simple but effective lesson plans.

エレーヌ・ヴィッカーズが書いた指導ガイドは、簡潔だが効果的な授業プランで教育者に人気がある。

(A) educated 過去分詞（教育を受けた） (B) education 名詞（教育）
(C) educates 動詞・三単現（教育する） (D) educators 名詞（教育者）

速解 Point! 空所のある are popular with ------- は 〈be popular with A〉（〜は A に人気がある）の形です。A は人です。

解説 選択肢で人の名詞は (D) educators（教育者）だけで、これが正解です。主語は「エレーヌ・ヴィッカーズが書いた指導ガイド」で、教育者に人気のあるものだと確認できます。

重要語 □ effective 形 効果的な

---

14. 正解：(A) ★★ 〈be subject to A〉（A の影響を受ける）

The flights and accommodations in this itinerary are ------- to change depending on availability.

この旅程表の航空便と宿泊施設は、利用状況によって変更となることがあります。

(A) subject 形容詞・名詞 (B) subjective 形容詞
(C) subjectively 副詞 (D) subjection 名詞

速解 Point! 空所は are ------- to change となっています。**前置詞の to が続いている**ことに注目します。

解説 (A) subject は形容詞として「影響を受ける」の意味があり、〈be subject to A〉の形をとります。ここでは「変更の影響を受ける」→「変更となることがある」と文意も合うので、これが正解です。

(B) subjective も形容詞ですが、「主観的な」の意味で、この空所に入れても意味をなしません。副詞の (C) subjectively（主観的に）は文構造的にも意味的にも不可です。名詞の (D) subjection（従属）も意味をなしません。

重要語 □ itinerary 名 旅程表　□ availability 名 利用状況

15. 正解：(C) ★★★ 〈名詞 + 名詞〉のパターン

Basic ------- criteria for the national scholarship programs include financial status, citizenship, and academic performance.
国の奨学金プログラムの基本的な資格要件には、財務状況、国籍、学業の成績が含まれる。

(A) eligible 形容詞　　　　　　　　　(B) eligibly 副詞
(C) eligibility 名詞　　　　　　　　　(D) more eligible more + 形容詞

速解Point! 空所は主語の中にあり、Basic ------- criteria となっています。**空所は名詞 criteria を修飾するので、必要なのは形容詞か名詞です。**まず副詞の (B) eligibly を外せます。

解説 形容詞の eligible は「(人が) 資格がある」、名詞の eligibility は「資格」ですが、ここでは criteria（要件）を修飾するので、(C)eligibility が適切です。「資格要件」という表現になります。

(A) は意味的に不適で、(D) も形容詞が比較級になっているだけなので、同様に不適です。

重要語 □ criteria 名 資格；要件　　□ scholarship 名 奨学金
　　　　　 □ citizenship 名 国籍

16. 正解：(B) ★★ concerned は後置修飾できる

This message about using company laptops when working from home is sent to all employees -------.
在宅勤務時の社用ラップトップの使用についてのこのメッセージは、関係するすべての社員に送付されています。

(A) concerns 名詞（複数）　　　　　**(B) concerned** 過去分詞
(C) concerning 現在分詞・前置詞　　(D) concernedly 副詞

速解Point! 空所は文尾にあり、is sent to all employees ------- となっています。**動詞 concern の用法がポイントになります。**

解説 concern は「関係させる」の意味で、受け身の過去分詞 concerned で「関係する」の意味になります。この concerned は単独で後ろから前の名詞を修飾できるのが特徴です。ここでは「関係するすべての社員」とできるので、(B) が正解です。

副詞の (D) concernedly はあわてていると選びそうですが、「心配して」の意味で、文意に合いません。文の構造から、名詞の (A) concerns や現在分詞・前置詞の (C) concerning は入る余地がありません。

重要語 □ work from home 在宅勤務をする

17. 正解：(A) ★★ budget は形容詞で「格安の」

It's easy for backpackers to find ------- accommodations along Temple Street or in the area of Mong Kok.

バックパッカーは、テンプルストリートとモンコック周辺で格安の宿泊施設を容易に見つけることができる。

(A) budget 形容詞・名詞・動詞　　(B) budgets 名詞
(C) budgeting 現在分詞　　　　　　(D) budgeted 過去分詞

速解 Point! 空所は不定詞の中にあり、to find ------- accommodations となっています。**空所は名詞を修飾するので形容詞か名詞ですが、budget という言葉の特性に注意が必要です。**

解説 budget は名詞（予算）だけでなく、動詞（予算を立てる）、形容詞（格安の）でも使えます。ここは accommodations（宿泊施設）を修飾するので、形容詞として使う (A) budget が正解になります。

重要語 □ backpacker 名 バックパッカー：低予算の旅行者
　　　　　□ accommodations 名 宿泊施設

---

18. 正解：(A) ★★★ 「隠れ」形容詞に注意

Only a ------- few senior managers were informed of the planned merger, which is still under negotiation.

選ばれた少数の上級管理職だけが、まだ交渉段階である計画中の合併について知らされていた。

(A) select 形容詞・動詞　　　　　(B) selecting 現在分詞
(C) selection 名詞　　　　　　　 (D) selective 形容詞

速解 Point! 空所は主語に当たる Only a ------- few senior managers にあります。**空所は senior managers を修飾するので入るのは形容詞か分詞です。**

解説 この問題で注意したいのは、(A) select は動詞で覚えていることが多いと思いますが、形容詞として「選ばれた」の意味で使えることです。(D) selective は「選択の；選び出す」の意味で使うので、ここでは (A) が正解になります。

現在分詞の (B) selecting では「選ぶ上級管理職」になり、意味が合いません。ちなみに過去分詞の selected なら「選ばれた」の意味なので正解になります。

重要語 □ merger 名 合併　　□ under negotiation 交渉中で

19. 正解：(C)　★★★　副詞は文の主要素ではない

The movie's plot is based, albeit -------, on the best-selling autobiography by Dr. Lois Flinderson.

その映画の筋は、おおよそであるとは言え、ロイス・フリンダーソン博士によるベストセラーの自伝に基づいている。

(A) loose　形容詞
(B) looser　形容詞（比較級）
(C) loosely　副詞
(D) loosening　現在分詞

速解Point! 空所は前後をカンマで挟まれた挿入句の , albeit -------, にあります。albeit は「〜ではあるけれども」という譲歩を表す接続詞です。これを知っていれば解きやすくなりますが、知らなくても解くことは可能です。

解説 based は on に続いていて , albeit -------, がなくても文は成立します。空所は文の主要素でなく、また挿入句で独立しているので、副詞しか適切なものはありません。(C) loosely が正解です。「おおよそであるとは言え」となって文意に適います。

重要語 □ plot　名 筋：プロット　　□ albeit　接 〜であるけれども
□ autobiography　名 自伝

20. 正解：(C)　★★★　signature は「特徴」の意味がある

Sea Explorer is the watchmaker's ------- product, continually manufactured for over fifty years.

シー・エクスプローラーは、50 年以上にわたって継続して製造されている、その時計メーカーの代表的な製品だ。

(A) sign　名詞（標識）
(B) signed　過去分詞（署名された）
(C) signature　名詞（特徴）
(D) significance　名詞（重要性）

速解Point! 空所は補語の中にあり、the watchmaker's ------- product となっています。空所は名詞を修飾するので、どの選択肢にも可能性があります。意味からのアプローチが必要です。

解説 (A) sign は「標識」、(B) signed は「署名された」で、いずれも不適。(C) signature は「署名」の意味ですが、署名のような「特徴」という意味もあり、形容詞的に使えます。product と組み合わせて「代表的な製品」とできるので、これが正解です。(D) significance は「重要性」で、product と組み合わせて適切な表現になりません。

重要語 □ watchmaker　名 時計メーカー　　□ manufacture　動 製造する

語尾で品詞を見分ける

選択肢の単語がどの品詞かで迷ったときには「語尾」が識別に役立つことがあります。以下は各品詞の典型的な語尾です。

（名詞の典型的な語尾）

-tion	option（選択肢）	-sion	admission（入場料）
-ment	arrangement（手配）	-nce	inconvenience（不便）
-ity	priority（優先事項）	-ship	craftsmanship（職人技）
-ness	awareness（認識）	-al	appraisal（鑑定）
-th	growth（成長）	-or	facilitator（まとめ役）
-er	plumber（配管工）	-cy	efficiency（効率性）

（形容詞の典型的な語尾）

-ble	hospitable（もてなす）	-al	individual（個人の）
-ful	resourceful（能力のある）	-ent	subsequent（次の）
-ic	domestic（国内の）	-ive	competitive（競争力のある）
-ous	hazardous（危険な）	-less	cashless（現金が不要な）
-ar	particular（特定の）	-ory	compulsory（義務の）
-like	businesslike（事務的な）	-que	picturesque（絵のように美しい）

（動詞の典型的な語尾）

-en	loosen（緩める）	-fy	classify（分類する）
-ize	emphasize（強調する）	-ate	investigate（調査する）
-ish	demolish（取り壊す）		

＊-ishは、stylish（しゃれた）など形容詞の語尾でもある。

（副詞の典型的な語尾）

-ly	gradually（徐々に）	eventually（最後には）

＊-lyは形容詞の語尾でもある。

timely（タイミングのいい）	orderly（きちんとした）

＊-lyが語尾で、形容詞・副詞の両方に使う。

only（唯一の／ただ）	quarterly（四半期の／四半期で）

DAY 2

Part 5

動詞の形問題

「動詞の形問題」速解の鉄則

- **問題のタイプ** 選択肢にさまざまな動詞の形が並ぶ問題です。
- **傾向** 「主語と動詞の一致」「時制」「態」「準動詞の機能」「仮定法」などの知識が試されます。
- **出題数** 2〜4問
- **選択肢の例**

(A) suppose……原形	(B) supposes……現在形（三単現）
(C) supposing……現在分詞	(D) supposed……過去分詞

　高得点をめざす人にとって「動詞の形問題」はすばやく処理すべき問題です。文法の基礎ができていれば、少数の問題を除いて迷うことはないはずです。

鉄則1 時制を選ぶ

　現在形、未来形、現在完了、過去形、過去完了が基本の時制です。文意や文中で使われる言葉から、どの時制なのかを突き止めることができます。例えば、「過去の一時点の言葉：last year」→「過去形」、「起点の言葉：since last night」→「現在完了」、「過去より前の状況を示す文」→「過去完了」などです。
　高得点をめざす人が注意したいのは次のパターンです。

Once the plan has been approved, we will proceed with it.
＊未来形の文の従属節で現在完了が使われる　→　未来の時点で完了

He will have worked for ten years next May.
＊次の5月の時点で10年の勤務経験になる　→　未来完了

If it rains, the company picnic will be canceled.
＊時・条件を表す「副詞節」では未来のことも現在形で表す

鉄則2 能動態か受動態か

　能動態「〜する」・受動態「〜される」で区別するのが基本ルールですが、感情・感覚を表す「〜させる」動詞は注意が必要です。moveは「感動させる」の意味なので、moving（モノ・事が感動させる）、moved（人が感動する）と基本ルールと日本語の意味がずれます。amaze（驚かせる）、inspire（感動させる）、convince（納得させる）なども同様です。
　また、動詞そのものの知識が求められることがあります。

the remaining amount（残っている金額）
＊ remain は自動詞でしか使わない

the delayed departure（遅れている出発）
＊ delayed で「遅れた」、delaying は「引き延ばしをする」

Founded 30 years ago, ～（30年前に設立されて）
＊ found は「設立する」の意味の他動詞

鉄則3 動詞と不定詞・動名詞の相性

　動詞に不定詞・動名詞を続けられるものがありますが、動詞によって続けられる形が異なります。

・**不定詞だけを目的語に取る**　〈V to do〉
　plan（計画する）　　　　decide（決める）　　　　intend（意図する）
　refuse（拒絶する）　　　hesitate（ためらう）　　expect（期待する）

・**動名詞だけを目的語に取る**　〈V doing〉
　finish（終える）　　　　admit（認める）　　　　avoid（避ける）
　suggest（提案する）　　recommend（勧める）　consider（よく考える）

鉄則4 〈動詞 + 目的語〉に続く形

　〈V O C〉のCの部分に動詞の形がくるケースがあります。その場合、Cの形は動詞によって異なります。

・**使役動詞　make/let**　→　〈make/let O do〉の形のみ
・**使役動詞　have**　→　〈have O do〉〈have O doing〉〈have O done〉
・**使役動詞　get**　→　〈get O to do〉〈get O doing〉〈get O done〉
・**help**　→　〈help O do / to do〉　＊〈help do〉の形も可能
・**不定詞が続く動詞**
　require（必要とする）、enable（可能にする）、encourage（勧める）など
　→　〈require O to do〉〈enable O to do〉〈encourage O to do〉

速解 ③ 時制・態を考える

> **2** 空所の役割を確認する
> ▶ 空所は Once で始まる従属節の述語動詞である。
> 主節の述語動詞との関係を考える。

Once your order -------, we will send you an order confirmation e-mail.

(A) was processed
(B) processes
(C) will be processed
(D) has been processed

> **1** 選択肢をチェックする
> ▶ さまざまな時制・態が並ぶ。
> 述語動詞を選ぶ問題だとわかる。

訳 お客様のご注文が処理されたら、当社はお客様に注文確認メールを送付します。

□ confirmation 名 確認

解答の手順

１ 選択肢をチェックする

選択肢には動詞processのさまざまな形が並びます。「動詞の形」問題で、正しい述語動詞の形を選びます。

(A) was processed ················過去形（受動態）
(B) processes ·····················現在形（三単現）
(C) will be processed ···········未来形（受動態）
(D) has been processed ·······現在完了（受動態）

２ 速解ポイントはココだ！

Onceで始まる従属節の述語動詞の形を選ぶ問題です。**主節は未来形ですが、Once（ひとたび〜したら）は「時を表す副詞節」なので、未来形は使えないこと**に注意しましょう。

×まず、未来形の(C) will be processedを外せます。

❗ 主節が未来形なのに従属節を現在形で表すのは「時・条件を表す副詞節」の場合です。「時・条件を表す名詞節」「時・条件を表す形容詞節」では、未来形を用います。

３ 選択肢を絞る

現在形が候補ですが、動詞processは「処理する」の意味なので、主語のyour orderに対応するには「処理される」と受動態でなければなりません。よって、現在形の(B) processesは不可です。

未来の一時点で完了が予定されている行動を表すには現在完了形も使えるので、(D) has been processedが正解になります。

正解：(D)　★

速解④ 動詞の意味・修飾関係を考える

2 空所の役割を確認する
▶ 動詞 render の意味を考えて、
services に合う修飾関係をつくる。

Installment payments for <u>services</u> ------- will be available if the amount is more than $500.

(A) rendering
(B) rendered
(C) to render
(D) having rendered

1 選択肢をチェックする
▶ さまざまな動詞の形が並ぶ。
すべて準動詞の形である。

訳 金額が500ドルを超える場合には、提供されたサービスに分割払いが利用できます。

□ installment payments　分割払い　　□ render　動 提供する

解答の手順

1 選択肢をチェックする

さまざまな準動詞の形が並びます。現在分詞（完了形もあり）、過去分詞、不定詞です。

(A) rendering …………………… 現在分詞

(B) rendered …………………… 過去分詞

(C) to render …………………… 不定詞

(D) having rendered ……… 現在分詞（完了形）

2 速解ポイントはココだ！

文全体を見ると、空所の後には述語動詞のwill be があります。したがって、**Installment payments for services -------の空所は主語の一部と考えられます。空所を前の要素servicesにつなぐことを考えます。**

3 選択肢を絞る

動詞のrenderは「提供する」の意味があり、servicesから見ると「提供された」なので、過去分詞の(B) renderedが正解です。分詞の中には単独で後ろから名詞を修飾できるものがあり、renderedもその一つです。

services renderedという結びつきを知っていれば即座に解ける問題です。

❶ **後置修飾の過去分詞**

過去分詞の中には慣用的に、単独で前の名詞を修飾するものがあります。concerned / involved（関係する）、incurred（[経費などが]かかった）などです。

正解：(B)　★★

1. As soon as all the documents ------- ready, Megan Hospital will transfer the patient to a specialist.
   (A) are
   (B) will be
   (C) were being
   (D) be

2. Beads & Parts ------- all the supplies you need to make special handmade crafts for those you love.
   (A) carry
   (B) carries
   (C) are carrying
   (D) carrying

3. The economy in most countries ------- for the better by the end of the next fiscal year.
   (A) to turn
   (B) is turning
   (C) will have turned
   (D) have turned

4. Karen Torling was offered a researcher position that she thinks ------- all her desired conditions.
   (A) fills
   (B) is filled
   (C) to fill
   (D) have filled

5. Although ------- the airport just before the departure time, Jaime Solis was able to board the day's final flight for Madrid.
   (A) he reaches
   (B) reaching
   (C) reached
   (D) to reach

6. New shifting policies are being tried in the Tokyo office ------- how well they will work.

(A) evaluating

(B) evaluated

(C) to evaluate

(D) and will evaluate

7. Millions of users are waiting for Gameploy's next generation video games machine -------.

(A) to come out

(B) coming out

(C) comes out

(D) came out

8. The team head has periodically kept the people involved ------- on the ongoing research at the historic site.

(A) to be posted

(B) posted

(C) posting

(D) post

9. As the contract with Arnold & Company is set ------- next month, we are looking for a new consultancy.

(A) expired

(B) to expire

(C) in expiring

(D) for expiring

10. Mr. Aziz ------- for Ferringhi Resorts & Hotels for ten years on April 20.

(A) is working

(B) will be working

(C) would work

(D) will have been working

11. On Main Street, many people got ------- in traffic because of the football final held at the State Stadium.
(A) stick
(B) sticking
(C) stuck
(D) to stick

12. Avril Sanders is recommended as the next president because she ------- that she can lead a large company.
(A) show
(B) has shown
(C) will show
(D) is shown

13. At Belle Epoque located on the lakeside, weather -------, meals can be served on its lovely terrace.
(A) permitting
(B) permitted
(C) being permitted
(D) to permit

14. The city completed the development of the hillside area, with its natural surroundings ------- largely intact.
(A) remain
(B) remaining
(C) remained
(D) to remain

15. Under the affiliation agreement, Montgomery Devices and Hang Son Electronics ------- each other's products.
(A) sells
(B) should sell
(C) may sell
(D) would have sold

16. Belongings ------- unattended in a seminar room for more than one hour may be removed to the nearest lost and found.
(A) leaving
(B) left
(C) to leave
(D) which left

17. Please ------- that flight schedules and routes are subject to change.
(A) remind
(B) have reminded
(C) be reminded
(D) remind you

18. Mr. Chen ------- his shop in the historical area had he known the restoration would start soon after its opening.
(A) will not have set up
(B) hadn't set up
(C) would not set up
(D) would not have set up

19. As departmental head, Ms. Fischer required her staff ------- to do their best at their jobs at all times.
(A) is motivated
(B) motivating
(C) to motivate
(D) be motivated

20. Because of an approaching storm, the aviation authorities forced all planes in the area -------.
(A) to ground
(B) grounded
(C) into grounding
(D) to be grounded

1. 正解：(A)　★　時を表す副詞節

As soon as all the documents ------- ready, Megan Hospital will transfer the patient to a specialist.

すべての書類が準備できたらすぐに、ミーガン病院はその患者を専門医に移管する。

(A) are　現在形　　　　　　　　　　　(B) will be　未来形
(C) were being　過去進行形　　　　　　(D) be　原形

速解 Point! As soon as で導かれる従属節の述語動詞を選ぶ問題です。**主節は will transfer と未来形になっています。従属節の特徴を考えます。**

解説 復習になりますが、「時を表す副詞節」で未来のことを示す場合は動詞は現在形を使うのがルールです。この問題の As soon as（～するとすぐに）の節はまさに時を現す副詞節です。よって、現在形の (A) are が正解です。

重要語 □ transfer 動 移管する　　□ patient 名 患者

---

2. 正解：(B)　★　主語と動詞の一致

Beads & Parts ------- all the supplies you need to make special handmade crafts for those you love.

ビーズ&パーツは、あなたが愛する人のために特別な手作りの手工芸品を作成するのに必要なすべての部材を取り揃えています。

(A) carry　原形　　　　　　　　　　　**(B) carries**　現在形（三単現）
(C) are carrying　現在進行形　　　　　(D) carrying　現在分詞

速解 Point! you need 以下が、all the supplies にかかっていることに気づけば、主文の述語動詞を選ぶ問題だとわかります。**主語は Beads & Parts という会社です。**

解説 会社名は複数で表現されることがありますが、会社自体はあくまでも 1 社です。つまり、現在形であれば動詞は三単現の形で受けなければならないので、(B) carries が正解です。

重要語 □ supply 名 部材　　□ craft 名 手工芸品

3. 正解：(C) ★★ 未来の一時点の言葉→未来完了

The economy in most countries ------- for the better by the end of the next fiscal year.

ほとんどの国の経済は、次の会計年度末までに改善しているだろう。

(A) to turn　不定詞 　　　　　　　(B) is turning　現在進行形
(C) **will have turned**　未来完了 　(D) have turned　現在完了

速解Point! 述語動詞を選ぶ問題で、**ポイントは後半にある by the end of the next fiscal year という表現です。**

解説 by the end of the next fiscal year は未来の一時点を示しています。「会計年度末までに」なので、述語動詞は会計年度末の完了した状態を表現しなければなりません。未来完了が適切なので (C) will have turned が正解になります。

重要語 □ fiscal **形** 会計の

---

4. 正解：(A) ★★ 挿入節に惑わされない

Karen Torling was offered a researcher position that she thinks ------- all her desired conditions.

カーレン・トーリングは、彼女が望んだすべての条件を満たすと考える研究者の仕事を提示された。

(A) **fills**　現在形（三単現）　　(B) is filled　現在形（受動態）
(C) to fill　不定詞 　　　　　　　(D) have filled　現在完了

速解Point! 空所は that 以下の従属節にありますが、**she thinks に惑わされることなく that (she thinks) ------- all her desired conditions ととらえて、空所が that 節の述語動詞だとすばやく見抜きましょう。**

解説 主格の関係代名詞の that の先行詞は a researcher position と単数です。述語動詞になり、単数の主語に呼応する (A) fills か (B) is filled ですが、「研究者の仕事が条件を満たす」わけですから、能動態の (A) が正解です。

重要語 □ researcher **名** 研究者　　□ fill **動** 満たす

5. 正解：(B) ★★ 〈接続詞 + 分詞〉の形

Although ------- the airport just before the departure time, Jaime Solis was able to board the day's final flight for Madrid.

出発時刻の直前に空港に到着したけれど、ハイメ・ソリスはマドリッド行きのその日の最終便に乗ることができた。

(A) he reaches　he + 現在形
(B) reaching　現在分詞
(C) reached　過去分詞
(D) to reach　不定詞

速解 Point! 空所は従属節にあり、Although ------- the airport just before the departure time, となっています。**接続詞に続く動詞の形を考えます。**

解説 従位接続詞には〈S + V〉のある文が続くのが原則ですが、〈S + be 動詞〉を省略して〈接続詞 + 分詞〉も可能です。when や while が典型的な例ですが、この文の Although もそのケースに当てはまります。主文の主語は Jaime Solis なので、分詞は現在分詞が適切です。よって、(B) reaching が正解になります。

---

6. 正解：(C) ★★ 不定詞で前後をつなぐ

New shifting policies are being tried in the Tokyo office ------- how well they will work.

新しい交代勤務方針は、それがどのようにうまく機能するかを評価するために東京オフィスで試みられているところだ。

(A) evaluating　現在分詞
(B) evaluated　過去分詞
(C) to evaluate　不定詞
(D) and will evaluate　and + 未来形

速解 Point! 空所の後に how well they will work が続いていて、それをどうやって主文につなげるかを考えます。過去分詞では前後がつながらないので、(B) evaluated は除外できます。

解説 意味を考えると、主文は「新しい交代勤務方針は東京オフィスで試みられているところだ」、how 以下は「それがどのようにうまく機能するか」です。evaluate を不定詞で使って、目的を表すようにすればうまくつながるので、(C) が正解です。(A) evaluating や (D) and will evaluate では評価する主体が New shifting policies となるので、どちらも不可です。

重要語 □ evaluate 動 評価する

7. 正解：(A)　★★　不定詞の意味上の主語は for で導く

Millions of users are waiting for Gameploy's next generation video games machine -------.

何百万人ものユーザーが、ゲームプロイの次世代のビデオゲーム機が発売されるのを心待ちにしている。

(A) to come out　不定詞　　　　(B) coming out　現在分詞
(C) comes out　現在形（三単現）　(D) came out　過去形

速解 Point!　空所は文尾にあり、そこに入る動詞の形を考える問題です。**ポイントは for Gameploy's next generation video games machine ------- の for に着目することです。**

解説　この for が不定詞の意味上の主語を導くことがわかれば、空所には不定詞の形がくることが予測できます。(A) to come out が正解です。

　現在分詞の (B) や述語動詞の (C) や (D) をこの位置に置くことはできません。

重要語　□ generation　名 世代　　□ come out　発売される

---

8. 正解：(B)　★★　〈keep O C〉のパターン

The team head has periodically kept the people involved ------- on the ongoing research at the historic site.

チームリーダーは、その史跡で進行する調査について、定期的に関係者に最新情報を報告してきた。

(A) to be posted　不定詞（受動態）　**(B) posted**　過去分詞
(C) posting　現在分詞　　　　　　(D) post　原形

速解 Point!　選択肢で使われている動詞 post は「最新情報を報告する」の意味です。また、動詞の keep は 〈keep O C〉 の形が可能です。C の位置には分詞は使えますが、不定詞や原形は使えません。まず、(A) と (D) を外せます。

解説　O の the people involved は「関係者」の意味で、関係者にとって on 以下の情報は「報告される」ことになるので、空所の分詞は過去分詞でないといけません。よって、(B) posted が正解です。

重要語　□ periodically　副 定期的に　　□ involved　形 関係する
　　　　　□ ongoing　形 進行中の

解答・解説

9. 正解：(B) ★★ 〈be set to do〉(〜することになっている)

As the contract with Arnold & Company is set ------- next month, we are looking for a new consultancy.
アーノルド＆カンパニーとの契約が来月失効するので、我々は新しいコンサルタント会社を探している。

(A) expired 過去分詞   **(B) to expire** 不定詞
(C) in expiring in + 動名詞   (D) for expiring for + 動名詞

速解 Point! 空所は is set ------- にあり、is set に続く動詞の形を選ぶ問題です。**set という動詞は受け身にして〈be set to do〉の形がとれ、「〜することになっている」という確定的な未来を表します。**

解説 この用法がわかっていれば、難なく不定詞の (B) to expire を選べます。

〈be 過去分詞 to do〉の形をとる動詞はある程度決まっているので、まとめて覚えておくといいでしょう。

重要語 □ expire 動 失効する   □ consultancy 名 コンサルタント会社

---

10. 正解：(D) ★★ 未来完了進行形

Mr. Aziz ------- for Ferringhi Resorts & Hotels for ten years on April 20.
4月20日で、アジズさんはフェリンギ・リゾーツ＆ホテルズで10年間働いていることになる。

(A) is working 現在進行形   (B) will be working 未来進行形
(C) would work 仮定法過去
(D) will have been working 未来完了進行形

速解 Point! 述語動詞を選ぶ問題ですが、注目すべきは後半にある for ten years on April 20 です。**for ten years は「期間」を表し、on April 20 は「未来の一時点」を表します。**

解説 「ある一時点までの一定の期間」を表すには完了形が必要で、その時点が未来であるので未来形でなければなりません。この2つの条件を満たすのは未来完了進行形の (D) will have been working です。

11. 正解：(C)　★　〈get C〉のパターン

On Main Street, many people got ------- in traffic because of the football final held at the State Stadium.

州スタジアムで開催されているサッカーの決勝戦のため、メイン・ストリートでは多くの人が渋滞に巻き込まれた。

(A) stick　原形
(B) sticking　現在分詞
(C) stuck　過去分詞
(D) to stick　不定詞

速解 Point! many people got ------- in traffic で考えれば事足ります。**動詞の get は〈get C〉で「C になる」と表現できます。**

解説 動詞の stick は「動けなくする」の意味です。many people は渋滞の中では「動けなくさせられる」ことになります。よって、stick は受け身でなければならないので、過去分詞の (C) stuck が正解です。

---

12. 正解：(B)　★★　文脈から時制を決める

Avril Sanders is recommended as the next president because she ------- that she can lead a large company.

アヴリル・サンダーズは、大企業を率いることができることを示してきたため、次期社長に推挙されている。

(A) show　原形
(B) has shown　現在完了
(C) will show　未来形
(D) is shown　現在形（受動態）

速解 Point! because で始まる従属節の述語動詞を選ぶ問題です。**選択肢の並びから時制を決めるのがポイントなので、文意を確認します。**

解説 主節は「アヴリル・サンダーズは次期社長に推挙されている」、従属節は「彼女が大企業を率いることができることを〜ため」の意味です。次期社長に推挙されるということは、実績がなければなりません。実績は過去から現在までの期間に示すものですから、現在完了形が適切です。よって、(B) has shown が正解です。

重要語 □ recommend 動 推挙する

13. 正解：(A) ★ 〈主語 + 分詞〉の独立分詞構文

At Belle Epoque located on the lakeside, weather -------, meals can be
served on its lovely terrace.
湖畔に立地するベルエポックでは、天気が許せば、素敵なテラスで食事を提供できます。

(A) permitting　現在分詞　　　　　(B) permitted　過去分詞
(C) being permitted　現在分詞（受動態）　(D) to permit　不定詞

速解Point! 空所はカンマで囲まれた挿入句の中にあり、weather -------, となって
います。この部分は分詞構文です。

解説 分詞構文の動詞は主文の主語に合わせるのが普通ですが、別途、独自
の主語を設定することも可能です。weather がその主語で、permit（許す）は
weather から見れば能動で使わなければならないので、現在分詞の (A) permitting
が正解です。(C) は現在分詞ですが受け身になっているので不可。
　文法的に分析しなくても、素直に意味を考えれば解ける問題です。

重要語 □ locate 動 立地させる

14. 正解：(B) ★★ 付帯状況の〈with A C〉

The city completed the development of the hillside area, with its natural
surroundings ------- largely intact.
市は、自然環境をおおむね無傷にしたままで、丘陵地域の開発を完了した。

(A) remain　原形　　　　　　　　(B) remaining　現在分詞
(C) remained　過去分詞　　　　　(D) to remain　不定詞

速解Point! 空所は with 以下にあり、with its natural surroundings -------
largely intact となっています。with には〈with A C〉という付帯状況の用法が
あります。A は名詞で、C は分詞、形容詞、副詞、前置詞句です。

解説 分詞の (B) remaining と (C) remained に絞れます。態を考えると、
remain は「〜のままである」の意味なので、largely intact をつなげて「おおむ
ね無傷のままである」とするのは現在分詞で使う必要があります。(B) が正解です。

重要語 □ surroundings 名 環境　　□ intact 形 無傷の

15. 正解：(C) ★★ 契約文における may（〜できる）

Under the affiliation agreement, Montgomery Devices and Hang Son Electronics ------- each other's products.

提携契約に基づいて、モンゴメリー・デバイゼズとハン・ソン・エレクトロニクスは相手の製品を販売することができる。

(A) sells　現在形（三単現）　　(B) should sell　should + 原形
(C) **may sell**　may + 原形　　(D) would have sold　仮定法過去完了

速解 Point! 述語動詞（助動詞を含む）を選ぶ問題です。**ポイントは冒頭にある Under the affiliation agreement, です。**

解説 「提携契約に基づいて」なので、両者の行動は提携契約の規制下にあります。契約や法律で、規制により可能になる場合は may（〜できる）を使って表現します。よって、(C) may sell が正解です。

　現在形で常態的な行動を示してもかまいませんが、(A) sells は三単現で2社の主語に合いません。

重要語 □ affiliation 名 提携

16. 正解：(B) ★★ 現在分詞 vs. 過去分詞

Belongings ------- unattended in a seminar room for more than one hour may be removed to the nearest lost and found.

セミナールームに1時間以上放置されている私物は、最寄りの遺失物取扱所に撤去されることがあります。

(A) leaving　現在分詞　　(B) **left**　過去分詞
(C) to leave　不定詞　　(D) which left　which + 過去形

速解 Point! 空所は長い主語の中にあり、Belongings ------- unattended in a seminar room となっています。unattended は「放置された」という意味です。**Belongings と空所の関係を考えます。**

解説 leave は「〜の状態にする」という意味で使いますが、Belongings（私物）から見ると、「〜の状態にされる」と leave は受け身で使わないといけません。よって、過去分詞の (B) left が正解になります。

重要語 □ belongings 名 私物　□ unattended 形 放置された
□ remove 動 撤去する　□ lost and found 遺失物取扱所

17. 正解：(C) ★★ 〈be reminded that 〜〉の用法

Please ------- that flight schedules and routes are subject to change.
フライトのスケジュールとルートは変更される可能性があることにご注意ください。

(A) remind　原形　　　　　　　　　　(B) have reminded　現在完了
(C) be reminded　原形（受動態）　　(D) remind you　原形 + you

速解 Point! Please で始まる命令文で、that 以下を導く remind をどの形で使うかを考えます。

解説 remind は〈remind A that 〜〉（A に〜を思い出させる）で使えますが、ここは命令文です。命令文は相手に指示するものなので、相手は「思い出させられる」ことになり、remind は受け身にする必要があります。よって、(C) be reminded が正解です。

重要語 □ be subject to　〜の可能性がある

---

18. 正解：(D) ★★ 倒置による仮定法

Mr. Chen ------- his shop in the historical area had he known the restoration would start soon after its opening.
チェンさんは、もし開店直後から修復工事が始まることを知っていたなら、彼の店を歴史地区に設置しなかっただろう。

(A) will not have set up　未来完了　　　(B) hadn't set up　過去完了
(C) would not set up　仮定法過去
(D) would not have set up　仮定法過去完了

速解 Point! この文を見たときに had he known に注目できればすぐに解けます。これは仮定法過去完了で if を使う代わりに、had を従属節の初めに出して倒置した形です。

解説 従属節が仮定法過去完了だとわかれば、主節はそれに合った形の (D) would have not set up が適切です。

重要語 □ restoration　名 修復

19. 正解：(D)　★★★　仮定法現在

As departmental head, Ms. Fischer required her staff ------- to do their best at their jobs at all times.

フィッシャーさんは部門長として、部下がいつも意欲を持って彼らの仕事でベストを尽くすことを求めた。

(A) is motivated　現在形（受動態）　　(B) motivating　現在分詞
(C) to motivate　不定詞　　　　　　　**(D) be motivated**　be + 過去分詞

速解 Point! 主節の動詞の required に着目します。この動詞は〈require (that) ～〉と〈require O to do〉のどちらの形もとれます。

解説 motivate という動詞は、「意欲を起こさせる」の意味で使います。her staff から見ると「意欲を起こさせられる」→「意欲を持つ」になるので、motivate は受け身でないといけません。能動態の (C) to motivate は不可です。これで、文の形は〈require O to do〉ではなく、〈require (that)〉をとることがわかります。

　候補は (A) is motivated と (D) be motivated ですが、要求の動詞が導く that 節では動詞は原形または〈should + 原形〉になります。「仮定法現在」のパターンです。よって、(D) が正解です。

重要語 □ departmental　形 部門の　　□ motivate　動 意欲を持たせる

---

20. 正解：(D)　★★★　〈force O to do〉用法

Because of an approaching storm, the aviation authorities forced all planes in the area -------.

近づいている暴風雨のため、航空当局はその地域のすべての飛行機を離陸させないようにした。

(A) to ground　不定詞　　　　　　　(B) grounded　過去分詞
(C) into grounding　into + 動名詞　　**(D) to be grounded**　不定詞（受動態）

速解 Point! 動詞の forced に注目することがポイントです。force は「～させる」の意味で、〈force O to do〉〈force O into doing〉の形をとります。

解説 次に ground の意味を考えます。ground は動詞として「（飛行機などを）地上にとどめておく」の意味で使います。force の目的語の all planes から考えると「地上にとどめられる」なので、ground は受け身でないといけません。受動態で〈force O to do〉の形に合う (D) to be grounded が正解です。

　(C) は into grounding でなく、into being grounded なら正解になります。

重要語 □ aviation　名 航空　　□ authorities　名 当局
　　　　　□ ground　動 地上にとどめる

注意したい「動詞の形」

●**仮定法現在**

　未来・現在についての仮定や想像を表します。「要求・必要・主張・推奨」を表す動詞・形容詞・名詞が導くthat節で使われ、that内の動詞は原形か〈should ＋ 原形〉になります。

Employees demanded that the rule be changed.
（社員はその規則を変更することを求めた）

It is necessary that the meeting room be renovated.
（会議室は改装される必要がある）

There have been many requests that the shop open earlier.
（もっと早く開店してほしいというリクエストが多く寄せられている）

●**ifを使わない仮定法**

　ifを使わずに、仮定法をつくることもできます。

Had I had enough time, I could have met you.〈倒置〉
（もし十分な時間があれば、あなたにお会いできたでしょう）

With your support, I could have finished the job much earlier.〈前置詞句〉
（あなたの支援があれば、その仕事をもっと早く片付けられたでしょう）

It's time (that) we launched a new series of campaigns.〈It's time ～〉
（私たちは新しいキャンペーンシリーズを始める時期だ）

● 〈**be ＋ 過去分詞 ＋ to do**〉

　動詞の中には受動態に不定詞を続けるものがあります。to doを選ばせる問題として出題されます。

☐ be set to do（～する予定だ）

☐ be scheduled to do（～する予定だ）

☐ be supposed to do（～することになっている）

☐ be required to do（～することが求められている）

☐ be expected to do（～することが期待される）

☐ be encouraged to do（～することが推奨される）

☐ be advised to do（～することが勧められる）

DAY 3

Part 5

文法問題

「文法問題」速解の鉄則

　DAY 3では「接続詞・前置詞」「代名詞」「関係詞」等を文法問題としてまとめて扱います。高得点を狙う際に注意すべきポイントを紹介します。

● **問題のタイプ**　「前置詞・接続詞」「代名詞」「関係詞」「比較」など
● **傾向**　よく出るパターンの問題があり、そのパターンを知っておけば短い時間で解答できます。
● **出題数**　前置詞・接続詞：4〜5問／代名詞・関係詞：2〜3問／比較：0〜1問
● **選択肢の例①**　接続詞・前置詞問題

(A) but……接続詞	(B) despite……前置詞
(C) although……接続詞	(D) unless……接続詞

● **選択肢の例②**　代名詞・関係詞問題

(A) it……代名詞	(B) which……関係代名詞
(C) where……関係副詞	(D) themselves……代名詞

鉄則1 接続詞 vs. 前置詞の注意点

　接続詞・前置詞の区別の基本ルールは、「文（S + V）が続いている → 接続詞」、「名詞（動名詞）が続いている → 前置詞」です。一方で、一見このルールに当てはまらないものがあり、よく出題されます。

・when calling（電話するとき）　while seated（着席しているとき）
　＊接続詞の後が分詞の形になっている。〈主語 + be動詞〉が省略されているものです。when、while、ifなどがよくこの形をとります。

　特殊な接続詞・前置詞にも注意が必要です。

・given（前置詞）／given that（接続詞）　〜を考慮に入れると
・considering（前置詞）／considering that（接続詞）　〜を考えると
・provided (that)／providing (that)（すべて接続詞）　〜という条件で

鉄則2 前置詞の注意したい用法

　前置詞は数も多く用法も多彩です。一つひとつ覚えていくしかありません。ここでは、特に注意したい用法を紹介しておきます。

by 〈期限〉	by the end of this month （今月末までに）
by 〈差〉	Profits increased by 20%. （利益は20%増えた）
during 〈特定の時間〉	during breaks （休憩時間中に）
in 〈時間の経過〉	in a week （1週間後に）
in 〈増減の名詞と〉	an increase in oil prices （石油価格の上昇）
on 〈特定の時間帯〉	on Sunday morning （日曜の午前中に）
over 〈関連〉	over your quotation （御社の見積もりについて）
under 〈進行中〉	under review （検討中で）
until 〈継続〉	until this weekend （今週末までずっと）

DAY 3

鉄則3 代名詞の盲点

　代名詞の選択は、空所が指す名詞を探して、それに合う代名詞・人称を選ぶのが基本です。注意したいのは下記のケースです。

・文中に指す名詞がない　→　you（顧客）、we（自社）の系列を考える
・イディオムに組み込まれている　→　on your own（自分自身で）など
・〈動詞 + 再帰代名詞〉
　　→　pride oneself（自負する）、avail oneself（利用する）など

鉄則4 関係詞の盲点

　関係詞の選択は、「関係詞節に欠けた文の要素がある　→　関係代名詞」、「関係詞節が完全な文　→　関係副詞」が基本です。関係代名詞、関係副詞はすべて完全に覚えておきましょう。以下は注意したい用法です。

・非制限用法でthatは使えない　→　関係詞節がカンマを介してつながっている場合にはthatは使えず、whoやwhichを使います。
・関係詞節の前置詞の後に注意　→　前置詞の目的語が欠けているときには関係副詞でなく、関係代名詞が正解です。

　Meridian is a hotel which Tim has stayed in for two weeks.
　　　　　　　　　　　　　　　　↑inの後に目的語が欠けている

・複合関係代名詞　→　先行詞と関係代名詞を兼ねる
　Whoever (= Any person who) visits the event will be given a small gift.

速解⑤ **空所の後を見て、接続詞か前置詞かを判断する**

速解⑥ **接続詞は従属節と主節の関係を見極める**

2 空所の役割を確認する
▶ 空所の次は過去分詞なので、この部分は従属節である。
従属節と主節の関係を考える。

------- stated in this privacy notice, your personal data controller

従属節 　　　　　　　　　　　　　　　　　　主節

is Phoenix International Group.

(A) Unless
(B) Despite
(C) While
(D) Given

1 選択肢をチェックする
▶ 選択肢には接続詞と前置詞が混在している。

訳 この個人情報保護告知に記載されていない場合には、あなたの個人データの管理
者はフェニックス・インターナショナル・グループになります。

□ controller 名 管理者

解答の手順

■ 選択肢をチェックする

選択肢には接続詞と前置詞が混在しています。混在問題ではまずどちらの品詞かを判断します。

(A) Unless ⋯⋯⋯⋯⋯接続詞（もし〜でないなら）
(B) Despite ⋯⋯⋯⋯前置詞（〜にもかかわらず）
(C) While ⋯⋯⋯⋯⋯接続詞（〜の一方；〜の間）
(D) Given ⋯⋯⋯⋯⋯前置詞（〜を考慮に入れると）

② 速解ポイントはココだ！

空所の後ろはstatedと過去分詞です。**前置詞の後ろは必ず名詞なので、ここは〈主語 + be動詞〉が省略されて、過去分詞が残った形だと考えられます。よって、入るのは接続詞です。**
接続詞だとわかれば、次に従属節と主節の関係を考えます。

③ 選択肢を絞る

文意は従属節が「この個人情報保護告知に記載されて〜」、主節が「あなたの個人データの管理者はフェニックス・インターナショナル・グループになる」です。「否定の条件」を表す(A) Unless（もし〜でないなら）を入れると、前後がうまくつながります。
(C) Whileは「対比」（〜の一方）や「継続時間」（〜の間）の意味で使い、この空所には合いません。

正解：(A) ★★

速解⑦ 空所が指す名詞を突き止める

2 空所の役割を確認する
▶ 代名詞の問題の基本は、空所が指す名詞を探すことだ。

Customers who order any lunch special can choose ------- from an array of beverages for free.

(A) us
(B) it
(C) one
(D) them

1 選択肢をチェックする
▶ 不定代名詞を含む、さまざまな代名詞が並ぶ。

訳 お客様はどのランチ・スペシャルを注文しても、取り揃えた飲み物から一つを無料でお選びいただけます。

□ an array of　さまざまな〜　　□ beverage　名 飲み物
□ for free　無料で

解答の手順

1 選択肢をチェックする

さまざまな代名詞が並びますが、人称代名詞はすべて目的格で、不定代名詞のoneとともにchooseの目的語になります。

(A) us ………… 一人称複数（目的格）

(B) it ………… 三人称単数（目的格）

(C) one ……… 不定代名詞

(D) them …… 三人称複数（目的格）

2 速解ポイントはココだ！

代名詞は空所の前に指す名詞があるはずですが、Customersもany lunch specialも代名詞で置き換えても空所には当てはまらないことに気づくことがポイントです。

×(B) itや(D) themは不適です。

3 選択肢を絞る

次に空所の後ろを見て、an array of beveragesに注目し、選ぶのはこの中の一つであると考えます。不定代名詞の(C) oneが正解です。

×us（私たち）を入れても適切な文意にならず、(A)は誤りです。

🕐 you、weを使うとき

youやweの系列の代名詞が正解になるときもあります。youは「顧客」や「一般の人」を指すとき、weは「自社」や「自分のチーム」などを指すときです。空所に入る代名詞が指す名詞が見つからないときは、youやweの系列ではないかと考えてみましょう。

正解：(C) ★

速解⑧ 関係詞問題は「先行詞」「関係詞節」を確認する

2 空所の役割を確認する
▶ 「先行詞」は the city、「関係詞節」には欠けた要素がある。

At the next meeting, the board of directors will determine the city -------
先行詞

↓ in の後ろの要素が欠けている

they will launch a new office in.
関係詞節

(A) where
(B) whom
(C) which
(D) what

1 選択肢をチェックする
▶ さまざまな関係詞が並ぶ。

訳 次の会議で、取締役会は新しいオフィスを始動する市を決定する。

□ determine 動 決定する　　□ launch 動 始める

解答の手順

1 選択肢をチェックする

　さまざまな関係詞が並びます。まず、関係代名詞と関係副詞の取捨を考えます。

(A) where ……… 関係副詞（場所）

(B) whom ……… 関係代名詞（目的格）

(C) which ……… 関係代名詞（主格・目的格）

(D) what ………… 関係代名詞（先行詞を含む）

2 速解ポイントはココだ！

　空所に続く関係詞節を見て、最後がinのまま終わっていることにすばやく気づくことがポイントです。関係詞節は欠けた要素のある不完全な文なので、入るのは関係副詞ではなく、関係代名詞です。

3 選択肢を絞る

　inに続く要素は先行詞のthe cityで、これをつなぐには目的格の関係代名詞が必要です。目的格になれるのは(B) whomと(C) whichですが、whomは人に使うので、正解は(C)です。

正解：(C)　★

1. ------- social media advertising is increasingly important, it is also more competitive.
   (A) While
   (B) When
   (C) Because
   (D) Nonetheless

2. ------- its amazing architecture, Dessle Hotel is famous for the staff's first-class service and attention to detail.
   (A) Because of
   (B) As for
   (C) Given
   (D) Besides

3. Residents of Bay Walk Condominium may use the rooftop pool ------- they have paid the additional facilities fee.
   (A) as long as
   (B) in order that
   (C) so that
   (D) as far as

4. Window displays are an important advertising tool for Potterdown Toys because over 10,000 people walk ------- the store every day.
   (A) over
   (B) beyond
   (C) past
   (D) along

5. Suzaku Hotel Co., which was allegedly established in the 7th century, is ------- the oldest running companies in this country.
   (A) in
   (B) within
   (C) among
   (D) between

解答時間 記入欄	1回目	2回目	3回目	目標時間
	分　秒	分　秒	分　秒	6分40秒

6. ------- the board approves the plan, we can start the construction next week.
(A) Even if
(B) While
(C) Regarding
(D) Provided that

7. Bluewater Design offers a package of benefits to its employees ------- the employee's base wage or salary.
(A) without
(B) aside from
(C) because of
(D) along

8. ------- you have a map or smartphone, walking and getting lost is the first step to going local in Venice.
(A) If
(B) Whichever
(C) Although
(D) Whether

9. ------- part of a move to accelerate renewable electricity growth, the city provides incentives for solar- and wind-power generators.
(A) As
(B) Including
(C) In
(D) More than

10. Please note that ------- get points from your hotel stay you have to be a member of Equatorial Paradise Club.
(A) in order to
(B) as you can
(C) owing to
(D) now that

11. Hong Hua's new laptop looks very much like its former one, ------- it features an advanced high-resolution display.

(A) because
(B) unless
(C) except that
(D) nevertheless

12. Mr. Garcia got a note from Ms. Arinina urging ------- to get in touch.

(A) him
(B) her
(C) them
(D) those

13. The Filipino game company Pino Paradise Inc., ------- recently took over a Chinese software developer, attempts to list its shares on the Hong Kong Stock Exchange.

(A) that
(B) which
(C) what
(D) who

14. Templeton Technology's new smartwatch series made ------- one of the most popular electronics makers.

(A) them
(B) it
(C) those
(D) this

15. Galaxy Language School offers learners a wide variety of language courses, including English, Chinese, and Korean, among -------.

(A) ones
(B) one another
(C) those
(D) others

16. The one-time subsidy will be granted to ------- is exempt from income taxes.

(A) who
(B) anyone
(C) whoever
(D) whomever

17. While workers know it is important to maintain a proper work-and-life balance, ------- find it difficult.

(A) few
(B) no one
(C) anybody
(D) most

18. The support will continue until new employees reach the point ------- they can carry out their jobs independently.

(A) which
(B) so that
(C) where
(D) in order that

19. Aya Noguchi selected the ------- of all the portable electric fans displayed on the shop's shelves.

(A) small
(B) smaller
(C) smallest
(D) smallish

20. The city plans to enforce much ------- environmental regulations as large-scale developments go along.

(A) strict
(B) more strict
(C) most strict
(D) strictly

1. 正解：(A)　★　「対比」を表す while

------- social media advertising is increasingly important, it is also more competitive.

ソーシャルメディアの広告はますます重要になっている一方、それはますます競争が激しくもなっている。

(A) While 〜の一方（接続詞）　　　　(B) When 〜のとき（接続詞）
(C) Because 〜なので（接続詞）
(D) Nonetheless それにもかかわらず（副詞）

速解 Point! 空所の後は文で、カンマの後の主節につなげなければいけないので、入るのは接続詞です。まず副詞の (D) Nonetheless を外します。

解説 意味を考えると、カンマまでは「ソーシャルメディアの広告はますます重要になっている」、カンマの後は「それはますます競争が激しくもなっている」。also（〜もまた）との呼応も考えて、「対比」の接続詞の (A) While（〜の一方）を選びます。

重要語 □ increasingly 副 ますます　　□ competitive 形 競争が激しい

---

2. 正解：(D)　★★　「付加」を表す besides

------- its amazing architecture, Dessle Hotel is famous for the staff's first-class service and attention to detail.

そのすばらしい建築だけでなく、デスル・ホテルはスタッフの第一級のサービスと細部への心配りによって有名である。

(A) Because of 〜のために　　　　(B) As for 〜について
(C) Given 〜を考慮に入れると
(D) Besides 〜だけでなく

速解 Point! 選択肢はすべて前置詞なので、------- its amazing architecture, と主文の関係を考えます。

解説 カンマまでは「そのすばらしい建築〜」、カンマの後は「デスル・ホテルはスタッフの第一級のサービスと細部への心配りによって有名である」という意味です。「このホテルが有名な理由は建築のほかに、サービスと心配りでもある」という文脈なので、「付加」を表す (D) Besides（〜だけでなく）を入れるとうまくつながります。

重要語 □ amazing 形 すばらしい　　□ attention 名 心配り

3. 正解：(A)　★★　「条件」を表す as long as

Residents of Bay Walk Condominium may use the rooftop pool ------- they have paid the additional facilities fee.

ベイ・ウォーク・コンドミニアムの住民は、追加の施設料金を支払っているかぎり、屋上のプールを利用することができる。

(A) as long as　〜するかぎり　　　(B) in order that　〜するために
(C) so that　〜するために　　　　　(D) as far as　〜するかぎり

速解 Point!　選択肢はすべて接続詞なので、主節と空所以下の従属節との関係を考えます。

解説　主節は「ベイ・ウォーク・コンドミニアムの住民は屋上のプールを利用することができる」、従属節は「追加の施設料金を支払っている」の意味です。「料金を払っていればプールが利用できる」という文脈です。後半が「条件」になればいいので、(A) as long as（〜するかぎり）が正解になります。

　(D) as far as（〜するかぎり）も日本語では同じ訳語になりますが、こちらは「条件」ではなく「範囲」を表すので不可です。

重要語　□ rooftop　名 屋上

---

4. 正解：(C)　★★　past（〜を通り過ぎて）

Window displays are an important advertising tool for Potterdown Toys because over 10,000 people walk ------- the store every day.

毎日1万人以上が店を通り過ぎて行くので、ウインドウ・ディスプレイはポターダウン・トイズにとって重要な広告ツールである。

(A) over　〜の上に　　　　　　　(B) beyond　〜を越えて
(C) past　〜を通り過ぎて　　　　(D) along　〜に沿って

速解 Point!　前置詞の問題で、空所は walk ------- the store になっています。**walk ------- the store** のブロックで考えます。

解説　walk や the store との関係を考えると、(A) over（〜の上に）や (B) beyond（〜を越えて）は意味が合わないので、まずこの2つを外せます。

　(C) past は「〜を通り過ぎて」の意味があり、これを入れると「店を通り過ぎて歩く」となって文意に合います。(D) along は「〜に沿って」の意味で、通常は street や fence など長いものが続くので、walk とは結びつきますが、the store には合いません。

5. 正解：(C) ★★ 「同類の中で」を表す among

Suzaku Hotel Co., which was allegedly established in the 7th century, is ------- the oldest running companies in this country.

７世紀に設立されたとされるスザク・ホテル社は、この国で最も古い存続会社の一つである。

(A) in 〜の中で
(B) within 〜の内側に
(C) among 〜の間で
(D) between 〜の間で

速解Point! 空所は is ------- the oldest running companies in this country にあり、空所の後に複数の名詞が続いていることに着目します。

解説 意味は「スザク・ホテル社はこの国で最も古い存続会社の中に入っている」→「最も古い存続会社の一つだ」になると推測できます。選択肢の前置詞の中で「同類の中に」の意味を表せるのは (C) among です。

(A) in や (B) within は意味は似通っていますが、この用法がありません。(D) between は「２つのものの間で」の意味で使います。

重要語 □ allegedly 副 伝えられるところでは □ establish 動 設立する
□ running 動 長く続く

6. 正解：(D) ★ 「条件」を表す provided that

------- the board approves the plan, we can start the construction next week.

取締役会がこの計画を承認するなら、私たちは来週にも建設を開始できる。

(A) Even if たとえ〜でも（接続詞）
(B) While 〜する一方；〜の間（接続詞）
(C) Regarding 〜について（前置詞）
(D) Provided that 〜するなら（接続詞）

速解Point! 空所の後は文になっているので、必要なのは接続詞です。空所の ------- the board approves the plan, と主節の関係を考えます。まず前置詞の (C) Regarding を外しておきます。

解説 空所の従属節は「取締役会がこの計画を承認する」、主節は「私たちは来週にも建設を開始できる」です。前半は後半の「条件」を表すと考えられるので、(D) Provided that（〜するなら）が正解です。

なお、provided は that なしでも使え、また providing (that) も同じ意味で使えます。

重要語 □ approve 動 承認する

7. 正解：(B)　★★　aside from（〜の他に）

Bluewater Design offers a package of benefits to its employees ------- the employee's base wage or salary.

ブルーウォーター・デザインは、社員の基本給やサラリーの他に、社員に福利厚生パッケージを提供している。

(A) without　〜なしで　　　　　　　　(B) aside from　〜の他に
(C) because of　〜のため　　　　　　(D) along　〜に沿って

速解 Point!　選択肢はすべて前置詞です。**空所の後の「社員の基本給やサラリー」と主文の関係を考えます。**

解説　主文は「ブルーウォーター・デザインは社員に福利厚生パッケージを提供している」の意味です。「福利厚生パッケージ」と「基本給やサラリー」はどちらも社員に提供されるものなので、「付加」の意味の (B) aside from（〜の他に）を入れれば前後がうまくつながります。

重要語　□ benefits　名 福利厚生　　　□ base wage　基本給

---

8. 正解：(D)　★★　〈whether A or B〉（AでもBでも）

------- you have a map or smartphone, walking and getting lost is the first step to going local in Venice.

あなたが持っているものが地図でもスマホでも、歩いて道に迷うことがベネチアに馴染む最初のステップになる。

(A) If　もし〜なら（接続詞）　　　　(B) Whichever　どちらも（代名詞）
(C) Although　〜だけれども（接続詞）　(D) Whether　AでもBでも（接続詞）

速解 Point!　選択肢は接続詞と代名詞です。**空所の従属節と主節の意味関係を確認します。**

解説　空所の後の従属節は「あなたは地図かスマホを持っている」、主節は「歩いて道に迷うことがベネチアに馴染む最初のステップになる」。

(D) Whether は「AでもBでも」という、2つのものを並べて「譲歩」を表すことができるので、これを入れれば「あなたが持っているものが地図でもスマホでも」となって後半にうまくつながります。

(B) Whichever も譲歩の意味がありますが、代名詞なので、Whichever you have のように目的語を欠く形で使い、a map or smartphone のあるここでは不適です。

重要語　□ get lost　道に迷う　　　□ go local　馴染む

解答・解説

9. 正解：(A) ★★ 「〜として」の as の用法

------- part of a move to accelerate renewable electricity growth, the city provides incentives for solar- and wind-power generators.

再生可能電気の成長を加速する努力の一環として、その市は太陽光・風力発電業者に対して優遇措置を提供している。

(A) As　〜として（前置詞）　　　(B) Including　〜を含めて（前置詞）
(C) In　〜に（前置詞）　　　　　(D) More than　〜よりも（比較級）

速解Point! 空所の後のカンマまでは「再生可能電気の成長を加速する努力の一環」で、これを主文とどうつなぐかを考えます。

解説 主文は「その市は太陽光・風力発電業者に対して優遇措置を提供している」という意味です。「努力の一環」を後半につなぐには「〜として」の意味のある前置詞の (A) As が適切です。他の選択肢では、どれも後半にうまくつながりません。

重要語 □ move 名 努力　　□ accelerate 動 加速する
□ renewable 形 再生可能な　　□ incentive 名 優遇措置
□ generator 名 発電業者

10. 正解：(A) ★★ in order to do（〜するために）

Please note that ------- get points from your hotel stay you have to be a member of Equatorial Paradise Club.

ホテルの宿泊でポイントを得るためには、エクアトリアル・パラダイス・クラブの会員でなければならないことにご留意ください。

(A) in order to　〜するために（不定詞）
(B) as you can　あなたができるように（接続詞 + you can）
(C) owing to　〜のために（前置詞）　　　(D) now that　今や〜なので（接続詞）

速解Point! 空所の後は get という動詞の原形です。前置詞の (C) owing to と接続詞の (D) now that をまず外せます。

解説 that 節の後は、stay までが「ホテルの宿泊でポイントを得る」、you 以下は「エクアトリアル・パラダイス・クラブの会員でなければならない」という意味です。「ホテルの宿泊でポイントを得る」を「目的」の意味にすれば、前後がうまくつながるので不定詞の (A) in order to（〜するために）を選びます。

(B) as you can では「〜ので」と理由になって、後続文につながりません。

重要語 □ note 動 留意する

11. 正解：(C)　★★　except that（～であることを除いて）

Hong Hua's new laptop looks very much like its former one, ------- it features an advanced high-resolution display.

ホン・ホアの新しいラップトップは、最先端の高解像ディスプレイを搭載する以外は、前のものとほとんど同じに見える。

(A) because　～だから（接続詞）　　　　　　(B) unless　もし～でないなら（接続詞）
(C) except that　～であることを除いて（接続詞）
(D) nevertheless　それにもかかわらず（副詞）

速解 Point!　空所の後は文なので、入るのは接続詞です。空所のある従属節と主節の関係を考えます。まず副詞の (D) nevertheless を外しておきます。

解説　意味を考えると、主節は「ホン・ホアの新しいラップトップは前のものとほとんど同じに見える」、従属節は「最先端の高解像ディスプレイを搭載する」です。「ほとんど同じに見えるが、高解像度ディスプレイだけが違う」という文脈になると考えられるので、「～であることを除いて」の意味の (C) except that を選びます。

重要語　□ feature　動 搭載する　　□ advanced　形 最先端の
　　　　□ high-resolution　形 高解像度の

---

12. 正解：(A)　★　空所が指す名詞を探す

Mr. Garcia got a note from Ms. Arinina urging ------- to get in touch.

ガルシアさんは、彼に連絡を取るように促すアリニナさんからのメモを受け取った。

(A) him　三人称単数（目的格）　　　　(B) her　三人称単数（目的格）
(C) them　三人称複数（目的格）　　　　(D) those　指示代名詞

速解 Point!　空所には urging の目的語がきますが、選択肢はどれも目的語として使えるので、空所が指す名詞を探します。

解説　note は Mr. Garcia が Ms. Arinina からもらったものです。なので、urge するのは Ms. Arinina なので、urge の対象は Mr. Garcia です。よって、(A) him が正解になります。

重要語　□ urge　動 促す　　□ get in touch　連絡を取る

13. 正解：(B) ★★ 関係代名詞の非制限用法

The Filipino game company Pino Paradise Inc., ------- recently took over a Chinese software developer, attempts to list its shares on the Hong Kong Stock Exchange.

最近、中国のソフトウエア開発会社を買収した、フィリピンのゲーム会社であるピノ・パラダイス社は、その株を香港証券取引所に上場しようとしている。

(A) that 主格・目的格   (B) which 主格・目的格
(C) what 先行詞を含む   (D) who 主格（人）

速解 Point! 空所の後は recently を挟んで動詞が続いています。関係代名詞の主格が必要で、かつ先行詞は「会社」です。まず、先行詞を含む (C) what と先行詞が人でなければならない (D) who を外します。

解説 ポイントは空所の前にカンマがあることです。こうした関係詞節が付加的な用法を「非制限用法」と言い、関係代名詞の that は使えないのがルールです。よって、(B) which が正解になります。

重要語 □ take over 〜を買収する   □ attempt to 〜しようとする
□ list one's shares 株式を上場する

14. 正解：(B) ★ 空所が指す名詞を見極める

Templeton Technology's new smartwatch series made ------- one of the most popular electronics makers.

テンプルトン・テクノロジーの新しいスマートウォッチ・シリーズは、それを最も人気のある電子機器メーカーの一つにした。

(A) them 三人称複数（目的格）   (B) it 三人称単数（主格・目的格）
(C) those 指示代名詞（複数）   (D) this 指示代名詞（単数）

速解 Point! 空所は made の目的語ですが、選択肢は文法的にはどれも可能なので、意味からアプローチします。

解説 全体の意味は「テンプルトン・テクノロジーの新しいスマートウォッチ・シリーズは、〜を最も人気のある電子機器メーカーの一つにした」です。「空所」＝「最も人気のある電子機器メーカー」なので、空所が指すのは Templeton Technology です。よって、三人称単数の (B) it が正解です。

(D) this は Templeton Technology 以外のものを指すと考えられるので不適です。あわてて、空所が new smartwatch series を指すと考えて、(A) them や (C) those を選ばないように。

15. 正解：(D)　★★　among others（～など）

Galaxy Language School offers learners a wide variety of language courses, including English, Chinese, and Korean, among -------.

ギャラクシー・ランゲージ・スクールは、英語、中国語、韓国語などを含む、幅広い種類の言語コースを提供している。

(A) ones　同じもの
(B) one another　お互いに
(C) those　それら
(D) others　他のもの

速解Point! a wide variety of language courses, including English, Chinese, and Korean, among ------- というブロックで考えます。

解説 including 以下では、language courses の種類が示されています。among ------- は、「英語、中国語、韓国語」に続く例なので、「～など」とその他の同類を示す表現だとわかります。「他のもの」が入ることになるので、(D) others が正解です。among others という表現を知っていれば即座に解答できます。

　(A) ones は名詞を言い換えるときに使う代名詞で、ここでは対応する名詞がありません。(B) one another（お互いに）や (C) those（それら）を空所に入れても意味をなしません。

---

16. 正解：(C)　★★　複合関係代名詞の whoever

The one-time subsidy will be granted to ------- is exempt from income taxes.

この1回のみの助成金は、所得税を免除されている人全員に支給される。

(A) who　関係代名詞（主格）
(B) anyone　不定代名詞
(C) whoever　複合関係代名詞（主格）
(D) whomever　複合関係代名詞（目的格）

速解Point! 注目すべきは、空所が前置詞の to に続いていて、空所の直後が動詞の is であることです。先行詞と主語を兼ねる言葉が必要です。

解説 (C) whoever は主格の複合関係代名詞で、先行詞と関係詞節の主語を兼ねることができるので、これが正解です。

　(D) whomever も複合関係代名詞ですが、目的格なので不可。(A) who では先行詞を欠き、(B) anyone では後続文の主語を欠き、どちらも不適です。

重要語 □ subsidy 名 助成金　□ grant 動 支給する
　　　　□ exempt from　～を免除された

17. 正解：(D) ★★ most（たいていの人）

While workers know it is important to maintain a proper work-and-life balance, ------- find it difficult.

労働者たちは適切なワーク・ライフ・バランスを維持することが重要だとわかっている一方、たいていの人はそれが難しいと感じている。

(A) few　ほとんど〜ない
(B) no one　だれも〜ない
(C) anybody　だれも
(D) most　たいていの人

速解 Point! 空所に続く動詞は find なので、空所には複数扱いの名詞または代名詞が入ります。まず単数扱いの (B) no one と (C) anybody を外せます。

解説 また、few は代名詞としては単独では使わず、a few か few of の形にする必要があり、(A) も不可です。消去法で (D) most（たいていの人）にたどり着けます。

重要語 □ maintain　動 維持する　　□ proper　形 適切な
　　　　　□ work-and-life balance　ワーク・ライフ・バランス

----

18. 正解：(C) ★★ 「場所」の関係副詞 where

The support will continue until new employees reach the point ------- they can carry out their jobs independently.

新入社員が彼らの仕事を自立してできるようになるところまで、支援は継続される。

(A) which　関係代名詞（主格・目的格）
(B) so that　接続詞（〜するために）
(C) where　関係副詞（場所）
(D) in order that　接続詞（〜するために）

速解 Point! 空所の前後がどういう関係なのかを見抜くことがポイントです。

解説 空所までの文意は「支援は新入社員がそのポイントに達するまで継続される」ですが、後続の文が the point を修飾して、意味を付与しています。後続の文が the point にかかるようにするには接続詞は不可で、関係詞を選択しなければなりません。

　関係詞節は文の要素が〈S V O〉とすべて揃っているので、必要なのは関係副詞です。先行詞の point は「場所」と考えられるので (C) where が正解です。

重要語 □ independently　副 自立して

19. 正解：(C)　★　〈of the 複数名詞〉は最上級の比較対象を示す

Aya Noguchi selected the ------- of all the portable electric fans displayed on the shop's shelves.
アヤ・ノグチは、店の棚に並んでいる携帯型電気扇風機の中で一番小さいものを選んだ。

(A) small　原級　　　　　　　　　(B) smaller　比較級
(C) smallest　最上級　　　　　　(D) smallish　原級

速解 Point! 空所の後に of all the portables electric fans と限定された複数名詞が続いていることに着目すれば簡単です。

解説 〈of/in/among the 複数名詞〉は最上級の比較対象を示す形です。また、空所の前には the もあるので、最上級の (C) smallest を選びます。

重要語 □ electric fan　電気扇風機　　□ display　動 展示する

---

20. 正解：(B)　★　much は比較級を強調する

The city plans to enforce much ------- environmental regulations as large-scale developments go along.
大型の開発が進行するなかで、市ははるかに厳しい環境規則を施行することを計画している。

(A) strict　原級（形容詞）　　　　**(B) more strict　比較級（形容詞）**
(C) most strict　最上級（形容詞）　(D) strictly　原級（副詞）

速解 Point! 空所は much ------- environmental regulations にあり、much で修飾されています。much で修飾できるのは比較級か最上級です。

解説 (B) more strict か (C) most strict が候補ですが、最上級には定冠詞の the が必要です。よって、(C) は不可。

　(B) を入れると「市ははるかに厳しい環境規則を施行することを計画している」と意味も通るので、これが正解です。

重要語 □ enforce　動 施行する　　□ environmental　形 環境の
　　　　　□ regulation　名 規則

よく出るイディオム

上級者が気をつけたいPart 5・6で出るイディオムを紹介します。

●前置詞系（名詞が続く）

☐ along with（〜とともに） ＊文頭に出て、つなぎ言葉にもなる。

☐ apart from（〜を除けば；〜に加えて） ＊apartは「離れて」の意味。

☐ as per（〜に従って） ＊指示・計画などが続く。

☐ for the sake of（〜のために） ＊利益・目的を示す。

☐ in accordance with（〜に従って） ＊規則・指示などが続く。

☐ in compliance with（〜に従って） ＊規則・法律が続く。

☐ in connection with（〜に関連して） ＊関係する事項を導く。

☐ in place of（〜の代わりに） ＊人・物の代わりを示す。

☐ in terms of（〜の観点から） ＊話の観点を明示する。

☐ on account of（〜の理由で） ＊問題・困難などが続く。

☐ on behalf of（〜を代表して） ＊何の代表であるかを示す。

☐ regardless of（〜に関係なく） ＊関係がないものを示す。

☐ thanks to（〜のおかげで） ＊感謝すべき人・モノを続ける。

●接続詞系（文が続く）

☐ as far as（〜する範囲内で） ＊及ぶ範囲を表す。

☐ as long as（〜するかぎり） ＊条件を表す

☐ in case（〜という場合に備えて） ＊よくない状況が続く。

☐ now that（今や〜なので） ＊現状を踏まえた理由を示す。

☐ on the grounds that（〜という理由で） ＊根拠を示す。

●その他

☐ in person（直接に） ＊「対面で」の意味。

☐ in place（うまく行って；準備が整って；実施されて）
＊〈be in place〉〈put A in place〉の形でよく使う。

☐ let alone（まして〜ない） ＊否定的文脈の後で使う。

☐ quite a little（かなり多くの） ＊量が続き、数の場合はquite a few。

DAY 4

Part 5

動詞の単語問題

「動詞の単語問題」速解の鉄則

- ●**問題のタイプ**　選択肢にさまざまな動詞が並びます。形はすべて同じです。
- ●**傾向**　TOEICでよく出る基本〜標準レベルの動詞がほとんどです。
- ●**出題数**　3問前後

●**選択肢の例**

(A) claim……要求する	(B) assign……割り当てる
(C) prevent……妨げる	(D) release……発売する

鉄則1 目的語との相性を探る

　動詞には目的語の名詞と強い結びつきがあるものがあります。この相性を見抜けば即座に解答できる問題があります。

（空所の動詞）		（目的語）	
place	+	an order	（注文する）
meet	+	a requirement	（要件を満たす）
attach	+	a file	（ファイルを添付する）
reimburse	+	expenses	（経費を払い戻す）

鉄則2 自動詞か他動詞か

　自動詞か他動詞かを見極めることも、正解を突き止めるカギになることがあります。また、自動詞と結びつく前置詞の種類が解答のヒントになります。

（空所の動詞）	（前置詞の有無）	（目的語）	
prepare	for	an event	（イベントの準備をする）
organize	×	an event	
comply	with	a rule	（規則を守る）
observe	×	a rule	

鉄則3 用法に注意を払う

　動詞を覚える際には、「英語＋意味」だけで覚えるのではなく、用法にも注意を払いましょう。Part 5では用法の知識が明暗を分けることもあります。
　「定型的な用法がある」、「複数の重要な意味がある」、「特定の前置詞と結びつく」、前述の「名詞との相性」などがポイントです。

（複数の重要な意味）
  accommodate 300 guests（300人の客を収容する）
  accommodate needs（ニーズに対応する）
（特定の前置詞と結びつく）
  inform staff of the changes（社員に変更を知らせる）
  subscribe to the service（そのサービスに加入する）

鉄則4　文全体を見て、文脈を確認する

　単語問題を解く基本は、文全体を見て文脈を把握することです。多くの問題は文全体を見ないと解けなかったり、また文全体を見た方が自信を持って解けたりします。

Staff morale ------- after rewards programs were put in place.
「報酬プログラムが施行されてから社員の士気は〜」→　improved（上がった）

Our new battery ------- about 20% longer than similar products.
「当社の新しいバッテリーは類似製品より約20%長く〜」→　lasts（持続する）

鉄則5　消去法で絞る

　文脈から確実には決定できないが、他の選択肢がどれも当てはまらないので、その動詞が正解になるというケースがあります。また、微妙な選択肢が並ぶ場合も、一つずつ当てはめてみて誤答選択肢を消していく消去法が有効です。

The CEO has repeatedly ------- the importance of utilizing social media.
「CEOはソーシャルメディアを活用する重要性を繰り返し〜」
(A) improved（改良した）×　　(B) emphasized（強調した）○
(C) renewed（更新した）×　　(D) complained（不満を述べた）×

例題 動詞の単語問題

速解9 前置詞や目的語との関係がヒントになる

速解10 全体の文脈を確認する

2 空所の役割を確認する
▶ 空所の次は前置詞の from である。
from との関係＋全体の文意を確認する。

Analysts expect stocks to go higher, ------- from good corporate earnings.

(A) influencing
(B) departing
(C) benefitting
(D) contributing

1 選択肢をチェックする
▶ 選択肢には異なる動詞の同じ形が並ぶ。

訳 アナリストは、企業の好収益の恩恵を受けて株価がさらに上昇すると予測している。

□ corporate 形 企業の　□ earnings 名 収益

解答の手順

1 選択肢をチェックする

選択肢には異なる動詞が並びます。すべて同じ現在分詞の形なので、動詞の単語問題です。

(A) influencing ············· 影響する

(B) departing ················ 出発する

(C) benefitting ············· 恩恵を受ける

(D) contributing ·········· 貢献する

2 速解ポイントはココだ！

空所は------- from good corporate earningsにあり、分詞構文になっています。**前置詞のfromが続いているので、fromと組み合わせて使う自動詞が候補です。**

3 選択肢を絞る

fromと組み合わせて使う自動詞は、(B) departing from（～から出発して）と(C) benefitting from（～から恩恵を受けて）です。

文意を確認すると、前半は「アナリストは株価がさらに上昇すると予測している」となっています。(C) benefittingを選んで「企業の好収益の恩恵を受けて」とすれば、前半ともうまくつながります。

×(D) contributingも自動詞ですが、contribute to（～に貢献する）と結びつく前置詞はtoです。また意味も合いません。

×(A)のinfluenceは他動詞として使い、ここでは意味も不適です。

正解：(C)　★

1. The manager encourages his subordinates to ------- in the workshop on financial literacy.
   (A) enroll
   (B) subscribe
   (C) register
   (D) attend

2. Los Soldados has developed a new model to ------- the effectiveness of comprehensive health care in local communities.
   (A) assemble
   (B) evaluate
   (C) invest
   (D) rise

3. Mentors are responsible for offering a support base for recruits to ------- into their roles quickly.
   (A) allocate
   (B) devote
   (C) settle
   (D) transfer

4. After her speech at the A.G.M., Tania Ritter ------- to take questions from shareholders.
   (A) reacted
   (B) denied
   (C) proceeded
   (D) assumed

5. Warehouse staff always check that the delivered goods match the invoice list before ------- a truck.
   (A) undertaking
   (B) unloading
   (C) unplugging
   (D) undergoing

解答時間	1回目	2回目	3回目	目標時間
記入欄	分　秒	分　秒	分　秒	6分40秒

6. After getting feedback from consumer focus groups, the design team ------- some snack food packaging.
(A) explored
(B) generated
(C) regained
(D) modified

7. Through regular meetings and special events, the company is ------- communication among its employees.
(A) warning
(B) approving
(C) selecting
(D) facilitating

8. Many startups fail because they don't ------ from the experiences of other companies which have managed to go mainstream.
(A) expect
(B) learn
(C) refrain
(D) originate

9. The Ranto Motors brand is ------- throughout Asia thanks to the company's large advertising budget.
(A) recognized
(B) notified
(C) committed
(D) enlarged

10. Because of their age, Islands Airlines decided to ------- its three aircraft.
(A) decline
(B) retire
(C) retain
(D) dismiss

11. We cleared away unused shelves and arranged the checkout area to ------- the sales space.
(A) diminish
(B) inspect
(C) resemble
(D) maximize

12. Many startups budding in the city are expected to ------- job creation and economic growth.
(A) drive
(B) qualify
(C) lift
(D) require

13. Atlantic Sport's functional and durable clothing ------- mainly to athletes and sport lovers.
(A) caters
(B) deals
(C) attracts
(D) covers

14. The management promised to make every effort to ------- the workers' requests to work from home.
(A) cope
(B) insist
(C) comprise
(D) accommodate

15. The National Federation of Fisheries predicts how the impacts of climate change on the fishing industry will ------- in the next decade.
(A) await
(B) process
(C) unfold
(D) lead

16. When a deadline is near, Penny Lopez knows her staff can be ------- to work late until the job is done.
(A) brought up
(B) ruled out
(C) counted on
(D) gotten over

17. Some environmentally friendly ideas the team proposed have been innovatively ------- into the new shopping complex.
(A) incorporated
(B) improved
(C) implemented
(D) intervened

18. The city certainly ------- dramatic growth in investment from abroad and local employment in the last decade.
(A) completed
(B) saw
(C) transformed
(D) looked up

19. Log into your Cascade account to ------- your store credit before placing an order.
(A) expire
(B) refurbish
(C) expend
(D) redeem

20. The management finally created strict regulations to ------- expenses rapidly increasing as the company grows.
(A) cap
(B) cover
(C) top
(D) quit

解答・解説

1. 正解：(A) ★★ 〈enroll in〉(〜に登録する)

The manager encourages his subordinates to ------- in the workshop on financial literacy.

その部長は部下たちに金融知識のワークショップに登録するよう勧めている。

(A) enroll 登録する   (B) subscribe 加入する
(C) register 登録する   (D) attend 出席する

速解 Point! 空所のある ------- in the workshop で考えます。**前置詞のinに注目して、自動詞として使いin で目的語を導く動詞を探します。**

解説 (A) enroll は enroll in で「〜に登録する」の意味になり、これが正解です。(C) register も意味は同じですが、前置詞は for を使います。(D) attend は「出席する」の意味では他動詞で使い、前置詞は不要です。

　(B) subscribe は「継続的な会員になる」という意味で使い、1回きりのワークショップには合いません。前置詞は to を使います。

重要語 □ subordinate 名 部下   □ literacy 名 知識

---

2. 正解：(B) ★★ 目的語との相性

Los Soldados has developed a new model to ------- the effectiveness of comprehensive health care in local communities.

ロス・ソルダドスは、地元社会での包括的な健康管理の有効性を評価する新しいモデルを開発した。

(A) assemble 組み立てる   **(B) evaluate** 評価する
(C) invest 投資する   (D) rise 上がる

速解 Point! 空所のある不定詞句の意味は「地元社会で包括的な健康管理の有効性を〜するための」です。**the effectiveness (有効性) との相性がポイントです。**

解説 (B) evaluate は「評価する」の意味で、「有効性を評価する」と適切な表現をつくれます。

　他の選択肢はどれも the effectiveness と合いません。なお、(D) rise は「上がる」という自動詞ですが、他動詞の raise (上げる) であれば、正解の可能性があります。

重要語 □ effectiveness 名 有効性   □ comprehensive 形 包括的な

3. 正解：(C)　★★　〈settle into〉（～に適応する）

Mentors are responsible for offering a support base for recruits to ------- into their roles quickly.

メンターには、新入社員が彼らの役割にすばやく適応する支援の基盤を提供する責任がある。

(A) allocate　割り当てる
(B) devote　捧げる
(C) settle　適応する
(D) transfer　転勤する

速解 Point!　空所のあるブロックは ------- into their roles（彼らの役割に～する）で、into と結びついて目的語を導く自動詞が必要です。

解説　(C) の settle は〈settle into [in]〉で「～に適応する」の意味になるので、これが正解です。

他の動詞には into と結びつく自動詞の用法がなく、また意味も合いません。

重要語　□ recruit　名 新入社員

4. 正解：(C)　★★　〈proceed to do〉（次に～する）

After her speech at the A.G.M., Tania Ritter ------- to take questions from shareholders.

タニア・リッターは、A.G.M. でスピーチをして、次に株主からの質問を受けた。

(A) reacted　応答した
(B) denied　否定した
(C) proceeded　次に～した
(D) assumed　引き受けた

速解 Point!　空所の後は to take questions from shareholders と不定詞が続いています。〈動詞 to do〉の形がとれて、文意に合うものを探します。

解説　(C) proceeded は〈proceed to do〉（次に～する）の形で使うことができ、「次に株主からの質問を受けた」と文意も適切になるので、これが正解です。

(A) reacted、(B) denied、(D) assumed は文意に合わず、〈動詞 to do〉の形もとれません。

重要語　□ shareholder　名 株主

解答・解説

5. 正解：(B) ★★ 目的語との結びつき

Warehouse staff always check that the delivered goods match the invoice list before ------- a truck.

倉庫のスタッフはいつも、トラックから荷下ろしする前に、配送された品物がインボイスのリストに合っているかを確認する。

(A) undertaking　引き受ける　　　　　**(B) unloading**　荷下ろしする
(C) unplugging　電源を切る　　　　　(D) undergoing　経験する

速解 Point! 空所のある ------- a truck から絞り込むことを考えます。**目的語が a truck（トラック）であることがポイントです。**

解説 (B) の unload は「荷下ろしする」の意味で、〈unload 車〉（車から荷下ろしする）で使うので、これが正解です。文意も「車から荷下ろしする前に」となり、前半の「倉庫のスタッフはいつも配送された品物がインボイスのリストに合っているかを確認する」とも整合します。

　なお、荷物を示すときには〈unload 車 with 荷物〉の形になります。load（荷積みする）も同様です。

　(A) の undertake は「引き受ける」、(C) の unplug は「電源を切る」、(D) の undergo は「経験する」でいずれも文意に合いません。

重要語 □ warehouse　名 倉庫　　□ invoice　名 請求書：インボイス

---

6. 正解：(D) ★★ 全体の文意を確認する

After getting feedback from consumer focus groups, the design team ------- some snack food packaging.

顧客のフォーカスグループからの感想を得た後で、デザインチームはスナックフードの包装をいくらか修正した。

(A) explored　探求した　　　　　　(B) generated　作り出した
(C) regained　回復した　　　　　　**(D) modified**　修正した

速解 Point! 目的語との関係からは絞りきれないので、**全体の文意を確認します。**

解説 空所の文は「デザインチームはスナックフードの包装をいくらか〜」、前半の文は「顧客のフォーカスグループからの感想を得た後で」の意味です。「フォーカスグループからの感想を得た後、包装をどうしたか」を考えると、(D) modified（修正した）という行動が適切です。

重要語 □ feedback　名 感想
　　　　　□ focus group　フォーカスグループ（商品の感想を聞くための顧客の小グループ）

7. 正解：(D)　★★　facilitate（促進する）の用法

Through regular meetings and special events, the company is -------
communication among its employees.

定期会議と特別イベントを通して、その会社は社員間のコミュニケーションを促進して
いる。

(A) warning　忠告する　　　　　　(B) approving　承認する
(C) selecting　選択する　　　　　**(D) facilitating**　促進する

速解 Point!　is ------- communication among its employees となっているので、
communication を目的語にとる動詞を考えます。

解説　(D) の facilitate は「（行動やプロセスなどを）促進する；容易にする」の
意味があり、communication とうまく結びつきます。カンマまでの「定期会議と
特別イベントを通して」とも整合性があるので、これが正解です。

　(A) の warn は「忠告する」、(B) の approve は「承認する」、(C) の select は「選
択する」でいずれもこの文脈には合いません。

---

8. 正解：(B)　★★　全体の文脈から判断する

Many startups fail because they don't ------ from the experiences of other
companies which have managed to go mainstream.

多くの新興企業が失敗するのは、何とか主流になることができた他の会社の経験から学
ばないからだ。

(A) expect　期待する　　　　　　**(B) learn**　学ぶ
(C) refrain　控える　　　　　　(D) originate　始まる

速解 Point!　空所のある because 以下の意味は「何とか主流になることができた他の
会社の経験から～ないので」で、それで「多くの新興企業が失敗する」という文脈です。

解説　「他の会社の経験からどうしないと失敗するのか」を考えると、(B) learn
を選んで「学ばない」とすれば文意が通じます。

　他の選択肢はすべて文意に合いませんが、(C) refrain（控える）と (D) originate（始
まる）はどちらも前置詞 from と結びついて使うので、注意が必要です。

重要語　□ startup　名 新興企業　　□ manage to　何とか～する
　　　　　□ go mainstream　主流になる

DAY 4

9. 正解：(A) ★ 主語との関係がヒントに

The Ranto Motors brand is ------- throughout Asia thanks to the company's large advertising budget.

ラント・モーターズのブランドは、その会社が莫大な広告予算をかけるおかげで、アジア中で認知されている。

(A) recognized 認知された
(C) committed 専念した
(B) notified 通知された
(D) enlarged 拡大された

速解 Point! 空所に入るのは受動態の述語動詞をつくる過去分詞なので、The Ranto Motors brand is ------- のブロックで主語との関係を考えます。

解説 brand（ブランド）との相性がいいのは (A) recognized（認知された）です。全体の文意を見ても「ラント・モーターズのブランドは、その会社が莫大な広告予算をかけるおかげで、アジア中で認知されている」と適切なので、これが正解です。

(D) enlarged は「物理的に拡大された」の意味になり、brand には合いません。(B) notified（通知された）や (C) の committed（専念した）も brand との相性がよくありません。

重要語 □ throughout **前** ～中で   □ thanks to ～のおかげで

---

10. 正解：(B) ★★ retire は他動詞でも使う

Because of their age, Islands Airlines decided to ------- its three aircraft.

アイランズ・エアラインズは、その年数を理由に3機の航空機を退役させる決断をした。

(A) decline 断る
(C) retain 保持する
(B) retire 退役させる
(D) dismiss 解雇する

速解 Point! 空所は decided to ------- its three aircraft にあり、「3機の航空機をどうする決断をしたか」を考えます。**ポイントは冒頭の Because of their age, (その年数を理由に) です。**

解説 航空機が年数を経たので、(B) retire を選んで「退役させる決断をした」とするのが適切です。

(A) decline は他動詞では「断る」の意味で使い、its three aircraft に合いません。(C) retain（保持する）は「その年数を理由に」に合いません。(D) dismiss（解雇する）は人に対して使います。

重要語 □ aircraft **名** 航空機

11. 正解：(D)　★★　目的語との関係＋文脈から探る

We cleared away unused shelves and arranged the checkout area to -------
the sales space.

販売スペースを最大化するために、私たちは使っていない棚を取り去り、勘定エリアを調整した。

(A) diminish　縮小する
(B) inspect　検査する
(C) resemble　似ている
(D) maximize　最大化する

速解 Point! 空所は to ------- the sales space と不定詞句にあり、「販売スペースをどうするか」を考えます。

解説 不定詞までの文意は「私たちは使っていない棚を取り去り、勘定エリアを調整した」です。ということは、販売スペースは広くなるはずなので、(D) maximize（最大化する）が正解です。

(A) diminish（縮小する）では逆の措置になります。(B) inspect（検査する）や (C) resemble（似ている）は文意に合いません。

重要語 □ clear away　〜を取り去る　　□ checkout　名 勘定；レジ

12. 正解：(A)　★★　目的語との関係

Many startups budding in the city are expected to ------- job creation and economic growth.

その市で芽を出している多くの新興企業は、雇用創出と経済発展を促進すると期待されている。

(A) drive　促進する
(B) qualify　資格を与える
(C) lift　引き上げる
(D) require　必要とする

速解 Point! 空所は are expected to ------- job creation and economic growth にあり、**目的語の job creation and economic growth（雇用創出と経済発展）との相性がポイントです。**

解説 (A) drive は動詞で「促進する」の意味があり、「雇用創出と経済発展を促進する」と文意に合うのでこれが正解です。

(B) qualify（資格を与える）は目的語との相性がよくありません。(C) lift（引き上げる）は直接の目的語が creation と growth なので、「創出や成長を引き上げる」と意味が重複してしまい、不可です。(D) require（必要とする）は目的語との関係は問題ありませんが、全体の文意に合いません。

重要語 □ bud　動 芽生える

13. 正解：(A) ★★ 〈cater to〉(〜の要求に合わせる)

Atlantic Sport's functional and durable clothing ------- mainly to athletes and sport lovers.

アトランティック・スポーツの機能的で丈夫な衣料品は主に運動選手やスポーツ愛好家を対象としている。

(A) caters 対象とする
(B) deals 処理する
(C) attracts 引きつける
(D) covers 対象とする

速解Point! 空所の動詞は前置詞の to を介して目的語の athletes and sport lovers につながっています。**to と組み合わせて使う自動詞が必要です。**

解説 (A) の cater は〈cater to〉で「〜の要求に合わせる→〜を対象とする」の意味で使います。これが正解。

(B) の deal は「処理する」で文意に合わず、前置詞も with を使います。(C) の attract は「引きつける」で意味は合いますが、他動詞です。(D) の cover は「(法律・保険・報道などが) 対象とする」で「顧客のニーズに応える」の意味では使えません。また、これも他動詞です。

重要語 □ durable 形 丈夫な

---

14. 正解：(D) ★★ 目的語との関係

The management promised to make every effort to ------- the workers' requests to work from home.

経営陣は、社員の在宅勤務の要請に応えるためにあらゆる努力をすると約束した。

(A) cope 対処する
(B) insist 主張する
(C) comprise 含む
(D) accommodate 応える

速解Point! 空所は to ------- the workers' requests to work from home にあり、**目的語の the workers' requests との相性を考えます。**

解説 (D) accommodate には「(要望・要請などに) 応える」の意味があり、the workers' requests とうまく結びつきます。これが正解。

(A) cope は「対処する」なので意味は合いますが、自動詞なので前置詞の with が必要です。(B) insist (主張する) や (C) comprise (含む) は文脈に合いません。

重要語 □ make every effort あらゆる努力をする
□ work from home 在宅勤務をする

15. 正解：(C)　★★★　全体の文脈から選ぶ

The National Federation of Fisheries predicts how the impacts of climate change on the fishing industry will ------- in the next decade.
全国漁業連盟は、気候変動が漁業に及ぼす影響が次の10年にどのように進展するのかを予測している。

(A) await　待つ
(B) process　処理する
(C) unfold　進展する
(D) lead　通じる

速解Point!　空所は how the impacts of climate change on the fishing industry will ------- in the next decade にあり、**「気候変動が漁業に及ぼす影響が次の10年にどうなるか」**を考えます。

解説　(C) unfold は「進展する」の意味があり、「影響が進展する」と主語との相性もいいので、これが正解です。この単語自体を知らなくても、fold が「折りたたむ」であることを知っていれば、unfold で「開く」→「進展する」と類推することも可能です。

　他の選択肢はどれも文意に合いません。

重要語　□ federation　名 連盟；連合　　□ fishery　名 漁業
　　　　□ predict　動 予測する　　□ impact　名 影響
　　　　□ climate change　気候変動

---

16. 正解：(C)　★★　〈count on〉（〜を当てにする）

When a deadline is near, Penny Lopez knows her staff can be ------- to work late until the job is done.
締め切りが近づいているなか、ペニー・ロペスは、彼女の部下たちが仕事を終えるまで残業してくれることで当てにできることがわかっている。

(A) brought up　養育された
(B) ruled out　排除された
(C) counted on　当てにされた
(D) gotten over　克服された

速解Point!　空所のある文の意味は「ペニー・ロペスは、彼女の部下たちが仕事を終えるまで残業してくれることで〜できることがわかっている」です。**「残業してくれる部下たちをどう表現すればいいか」**を考えます。

解説　(C) counted on を選んで「当てにできる」とすれば文意が通ります。

　(A) brought up は「養育された」、(B) ruled out は「排除された」、(D) gotten over は「克服された」で、いずれも文意に合いません。

重要語　□ deadline　名 締め切り

解答・解説

17. 正解：(A)　★★★　incorporate（組み入れる）は要注意動詞

Some environmentally friendly ideas the team proposed have been
innovatively ------- into the new shopping complex.

そのチームが提案したいくつかの環境志向のアイデアは革新的なやり方で新しい複合ショッピング施設に組み入れられた。

(A) incorporated 組み入れられた　　(B) improved 改善された
(C) implemented 実行された　　　　(D) intervened 割り込まれた

速解 Point! 主語の ideas と相性がよく、かつ前置詞 into を伴って使える動詞がどれかを考えます。

（**解説**）(A) の incorporate には「組み入れる」の意味があり、into や in で組み入れる対象を導きます。全体の文意も「そのチームが提案したいくつかの環境志向のアイデアは革新的なやり方で新しい複合ショッピング施設に組み入れられた」と適切なので、これが正解です。

(B) improved（改善された）と (C) implemented（実行された）は ideas との相性は問題ないですが、into を伴う用法がなく、意味的にも the new shopping complex につながりません。(D) の intervene は他動詞としては「会話に割り込む」の意味で使い、この文に合いません。

重要語 □ innovatively 副 革新的に

---

18. 正解：(B)　★★　〈無生物・時代 see 出来事〉の用法

The city certainly ------- dramatic growth in investment from abroad and
local employment in the last decade.

その市は過去10年の間に、外国からの投資と地元の雇用の劇的な増加を確かに目にした。

(A) completed 完了した　　　　(B) saw 目にした
(C) transformed 転換した　　　　(D) looked up 調べた：見上げた

速解 Point! 主語は The city で「市が外国からの投資と地元の雇用の劇的な増加をどうしたか」を考えます。

（**解説**）動詞の see には〈無生物・時代 see 出来事〉という用法があり、ここでは「市が外国からの投資と地元の雇用の劇的な増加を確かに目にした」で正しい文になります。(B) が正解です。

(A) completed（完了した）や (C) transformed（転換した）は dramatic growth とうまく結びつきません。(D) の look up は「見上げる」の意味では主語は人で、無生物が主語になるときには「上向く」の意味で使います。

重要語 □ certainly 副 確かに　　□ dramatic 形 劇的な

19. 正解：(D)　★★　redeem（[金券などを] 引き換える）

Log into your Cascade account to ------- your store credit before placing an order.

あなたのカスケイドのアカウントにログインして、注文をする前にストアクレジットを引き換えてください。

(A) expire　失効する

(B) refurbish　改修する

(C) expend　費やす

(D) redeem　引き換える

速解 Point!　空所は ------- your store credit にあり、**store credit とは「その店だけで使えるクーポン」のことです。これがわかれば比較的簡単です。**

解説　「クーポンをどうするか」を考えれば、(D) redeem(引き換える)を選べます。 (A) expire（失効する）、(B) refurbish（改修する）、(C) expend（費やす）はすべて文脈に合いません。

重要語　□ store credit　店のクーポン

20. 正解：(A)　★★★　cap は動詞で「上限を設定する」

The management finally created strict regulations to ------- expenses rapidly increasing as the company grows.

経営陣は、会社が成長するにつれて急速に増えている経費に上限を設定する厳格な規則をようやく策定した。

(A) cap　上限を設定する

(B) cover　覆う

(C) top　上回る

(D) quit　やめる

速解 Point!　空所は ------- expenses rapidly increasing as the company grows にあり、**目的語である expenses（経費）との関係を考えます。**

解説　(A) cap は動詞として使うと「上限を設定する」の意味があり、経費を抑制する文脈に合うので、これが正解です。 (B) cover（覆う）、(C) top（上回る）、(D) quit（やめる）はいずれも expenses との相性も悪く、文脈にも合いません。

重要語　□ strict　形 厳格な　　□ regulation　名 規則
　　　　　□ rapidly　副 急速に

〈動詞 + 名詞〉のコロケーション

動詞と名詞には相性があります。以下は、TOEICに出る動詞と名詞が緊密に結びつく例です。

- □ address a problem 　問題に取り組む
- □ comply with a regulation 　規則を順守する
- □ conduct a survey 　調査を行う
- □ deliver a speech 　スピーチをする
- □ earn a reputation 　名声を得る
- □ enroll in a class 　クラスに登録する
- □ file a complaint 　苦情を申し立てる
- □ found a company 　会社を設立する
- □ hold a meeting 　会議を開く
- □ land an account 　顧客を獲得する
- □ make a toast 　乾杯する
- □ make progress 　進歩する
- □ meet a requirement 　要件を満たす
- □ miss a target 　目標を逸する
- □ place an order 　注文する
- □ play a role 　役割を果たす
- □ raise money 　資金を調達する
- □ reach a conclusion 　結論に達する
- □ run a business 　事業を運営する
- □ seal [close] a deal 　取引をまとめる
- □ take action 　行動する
- □ take [make] inventory 　棚卸しをする
- □ take responsibility 　責任を取る
- □ take (the) minutes 　議事録を取る
- □ throw a party 　パーティーを開く

DAY 5

Part 5

形容詞・副詞の単語問題

「形容詞・副詞の単語問題」速解の鉄則

- **問題のタイプ** 選択肢にさまざまな形容詞または副詞が並びます。
- **傾向** 基本的な単語が大半で、TOEICに特徴的な単語が出題されます。
- **出題数** 5～6問
- **選択肢の例①** 形容詞

> (A) proper……適切な　　　　(B) detailed……詳しい
> (C) excellent……優秀な　　　(D) whole……全体の

- **選択肢の例②** 副詞

> (A) possibly……もしかすると　(B) fairly……公平に
> (C) nearly……ほとんど　　　　(D) particularly……特に

鉄則1 名詞との相性を探る（形容詞）

　形容詞は、限定用法の場合は修飾する名詞、叙述用法の場合は主語の名詞との
関係から絞り込める問題があります。

（限定方法の場合）

　an ideal candidate　　　　　an immediate supervisor
　「理想的な」← 候補者　　　　　　「直属の」← 上司

（叙述方法の場合）

　The new policies will be effective on June 1.
　　　　　　方針　　　→　　「施行されて」

鉄則2 前置詞に注目する（形容詞）

　形容詞が特定の前置詞と結びついて名詞を導くことがあります。前置詞に注目
すれば正解を特定できることもあります。

　The company is liable for the damages.（会社はその損害に責任がある）

　Liz is familiar with accounting.（リズは会計に詳しい）

　the plant adjacent to the port（港に隣接する工場）

鉄則3　動詞・形容詞との相性を探る（副詞）

　副詞は、修飾する動詞や形容詞との結びつきによって絞り込めることがあります。

（修飾される動詞との関係）

closely <u>examine</u>　　　　strongly <u>recommend</u>
「入念に」← 調べる　　　　　　　「強く」← 推奨する

（修飾される形容詞との関係）

fully <u>aware</u>　　　　　　<u>effective</u> immediately
「十分に」← わかって　　　　　施行されて →「ただちに」

鉄則4　文全体を見て、文脈を確認する

　形容詞・副詞の単語問題も文全体を見て、文脈から判断しなければならないものが多いです。副詞の単語問題の場合は、ほとんどが文全体の把握が必要になります。

The photos available on our Web site are allowed for ------- use only.
「当社のウェブ上で利用できる写真は～用途のみに許可されます」

→　personal（個人的な）

-------, we have to turn down your application for various reasons.
「～、種々の理由であなたの応募をお断りしなければなりません」

→　Regrettably（残念ですが）

鉄則5　消去法で絞る

　文脈から確実には決定できないが、他の選択肢がどれも当てはまらないので、その形容詞や副詞が正解になるというケースがあります。

------- beverages will be available in the lobby during breaks.
「休憩時間中にロビーで～飲み物が利用できます」

(A) major（主要な）×　　　　(B) qualified（有能な）×
(C) reliable（信頼できる）×　　(D) complimentary（無料の）○

速解⓫ 修飾する名詞との関係＋文脈を併用する

2 空所の役割を確認する
▶ 空所の次は名詞 prices である。
prices との関係＋全体の文意を確認する。

We try to keep ------- prices and high quality to ensure our customer satisfaction.

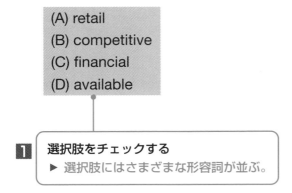

(A) retail
(B) competitive
(C) financial
(D) available

1 選択肢をチェックする
▶ 選択肢にはさまざまな形容詞が並ぶ。

訳 私どもは、顧客満足を確かなものにするために、他に負けない価格と高品質を維持しようとしています。

□ ensure 動 確実にする

解答の手順

① 選択肢をチェックする

選択肢にはさまざまな形容詞が並びます。形容詞の単語問題です。

(A) retail ························ 小売りの

(B) competitive ········· 競争力のある

(C) financial ············· 金融の

(D) available ············· 利用可能な

② 速解ポイントはココだ！

　まず空所の次にあるpricesとの修飾関係を考えます。pricesを修飾して適切な表現をつくれるのは(A) retail（小売りの）と(B) competitive（競争力のある）です。

×(C) financial（金融の）、(D) available（利用可能な）はpricesとうまく結びつかないので、この2つは除外できます。

③ 選択肢を絞る

　全体の文意は「私どもは、顧客満足を確かなものにするために、～価格と高品質を維持しようとしています」です。文脈から、pricesにポジティブな意味を付け加える必要があるので、(B) competitiveが適切です。

　retail pricesは「小売価格」の意味で、pricesに長所を付与するものではなく、文脈に合いません。

正解：(B) ★

速解⓬ 消去法が近道のことがある

> **2 空所の役割を確認する**
> ▶ 空所は be taken over の前にある。
> 動詞との修飾関係では解けそうにない。

Fuji Chemical, suffering from declining sales for many years, will ------- be
taken over by a German conglomerate.

(A) occasionally
(B) reportedly
(C) preferably
(D) literally

> **1 選択肢をチェックする**
> ▶ 選択肢にはさまざまな副詞が並ぶ。

訳 何年にもわたって売り上げ減に苦しんでいたフジ・ケミカルは、報道によると、
ドイツの複合企業に買収されるという。

- -

□ suffer from ～に苦しむ 　 □ take over ～を買収する

□ conglomerate 名 複合企業；コングロマリット

解答の手順

1 選択肢をチェックする

選択肢にはさまざまな副詞が並びます。副詞の単語問題です。

(A) occasionally ……… ときどき

(B) reportedly ………… 報道によると

(C) preferably ………… できれば

(D) literally ……………… 文字通り

2 速解ポイントはココだ！

空所はwill ------- be taken over by a German conglomerate となっています。ここは「〜ドイツの複合企業に買収されるだろう」の意味です。この文の主語は「何年にもわたって売り上げ減に苦しんでいたフジ・ケミカル」です。**微妙な選択肢が並ぶ場合は消去法で正解を探ります。**

🔔 副詞はなくても文としては成立するので、ほとんどの場合、文全体から考えたり、消去法で絞ったりすることが必要です。

3 選択肢を絞る

×(A) occasionallyは「ときどき」の意味で、この文の1回限りの出来事には使えません。(C) preferablyは「できれば」の意味で、起こることが確実な出来事には使えません。(D) literallyは「文字通り」の意味で文脈に合いません。

(B) reportedlyは「報道によると」で、これを入れれば適切な文になります。

正解：(B)　★★

「形容詞・副詞の単語問題」20問を一気に解いてみましょう。
解答時間は右ページに記入してください。

1. We offer ------- option to listeners who are looking for favorite songs played without censored edits.
   (A) a few
   (B) another
   (C) other
   (D) several

2. You can obtain ------- information on how to purchase student tickets on the website.
   (A) entire
   (B) numerous
   (C) every
   (D) complete

3. Reforma Tech, Inc. will be relocating to Hanson County due to the ------- tax breaks available.
   (A) severe
   (B) proud
   (C) generous
   (D) redundant

4. Adding solar panels to the roof had the ------- effect of reducing monthly energy bills.
   (A) desired
   (B) regarded
   (C) ignored
   (D) judged

5. Rather than using newspaper inserts, let's post our food photos on social media -------.
   (A) otherwise
   (B) simultaneously
   (C) instead
   (D) in person

解答時間	1回目	2回目	3回目	目標時間
記入欄	分　秒	分　秒	分　秒	6分40秒

6. The city hired Klein Studio to design the city auditorium, which is noted as an ------- architecture house.
(A) exceptional
(B) attractive
(C) inclusive
(D) up-to-date

7. The ages of BeauView Mall's customers vary -------, so it is important to have a variety of stores.
(A) limitedly
(B) swiftly
(C) widely
(D) separately

8. Dean Street Theater was ------- every night of Alan Brownstone's award-winning performance.
(A) amazing
(B) packed
(C) acclaimed
(D) praising

9. Gail Bryant considered her manager's offer of a transfer over a number of days to avoid making any ------- decisions.
(A) right
(B) formal
(C) prompt
(D) hasty

10. Master chef Ms. Kawakami is ------- qualified to create various ethnic cuisines.
(A) likely
(B) uniquely
(C) mostly
(D) closely

DAY 5

11. The valley railroad attracts ------- rail photographers, especially
during the cherry blossom season.
(A) cordial
(B) dependable
(C) hospitable
(D) avid

12. The discount is ------- and will not be transferred to another
passenger or to a new passenger added to the reservation.
(A) outdated
(B) personal
(C) vital
(D) changeable

13. The new residential development will occur at the city's ------- end,
where many textile factories once gathered.
(A) central
(B) metropolitan
(C) opposite
(D) spacious

14. According to customer surveys, our new lipstick series are -------
popular with the teenagers.
(A) unexpectedly
(B) substantially
(C) possibly
(D) accordingly

15. Users of the Mimi cordless vacuum are significantly more -------
than those without one to say they enjoy cleaning their home.
(A) convenient
(B) likely
(C) favorite
(D) attracted

16. The online arrangement for your credit card is only for ------- transactions, not one-time ones.
    (A) tentative
    (B) whole
    (C) complicated
    (D) recurring

17. The air conditioning is -------- left running on summer nights to prevent computers from overheating.
    (A) intentionally
    (B) happily
    (C) successfully
    (D) environmentally

18. Rawthorne City has reduced business taxes for new enterprises, as more jobs are ------- needed in the area.
    (A) cleverly
    (B) justly
    (C) heavily
    (D) desperately

19. Over fifty thousand people flocked to the ------- quiet town to see and join the renowned summer festival.
    (A) however
    (B) otherwise
    (C) reversely
    (D) yet

20. Staffing agencies and host employers shall be ------- responsible for the temporary workers' health and safety.
    (A) straight
    (B) solely
    (C) jointly
    (D) actually

DAY 5

1. 正解：(B) ★ another（もう一つの）の用法

We offer ------- option to listeners who are looking for favorite songs played without censored edits.

私たちは、検閲された編集なしで演奏されたお好みの歌を探しているリスナーにもう一つの選択肢を提供します。

(A) a few　少しの　　　　　　　　　　　　(B) another　もう一つの
(C) other　他の　　　　　　　　　　　　　(D) several　いくつかの

速解 Point! 空所は ------- option で、空所に修飾されるのは option です。**option が単数名詞であることに着目すれば簡単です。**

解説 (B) another は「もう一つの」の意味で、単数名詞を修飾するのでこれが正解です。

　(A) a few（少しの）や (D) several（いくつかの）の後は複数名詞です。(C) other（他の）はここでは冠詞なしで使うことになるので、不可です。the other option にしないといけません。

重要語 □ censor 動 検閲する　　□ edit 名 編集

2. 正解：(D) ★★ 不可算名詞を修飾できるか

You can obtain ------- information on how to purchase student tickets on the website.

あなたはウェブ上で、学生チケットを購入する方法についての完全な情報を得ることができます。

(A) entire　全体の　　　　　　　　　　　(B) numerous　数多い
(C) every　すべての　　　　　　　　　　(D) complete　完全な

速解 Point! 空所は ------- information にあるので、**information を修飾するのに適当な形容詞を選びます。**

解説 消去法で考えると、まず (A) entire（全体の）を使うには全体をひとまとめにするという意味で定冠詞の the が必要になります。(B) numerous（数多い）は数えられるものを修飾するので、不可算名詞の information に対応しません。(C) every（すべての）も不可算名詞を修飾できず不可。

　(D) complete（完全な）だけが、information を修飾でき、文意も適切になります。

重要語 □ obtain 動 得る　　□ purchase 動 購入する

3. 正解：(C) ★★ 直後の名詞との相性

Reforma Tech, Inc. will be relocating to Hanson County due to the ------- tax breaks available.

リフォーマ・テック社は、寛大な税優遇があるので、ハンソン郡に移転する予定だ。

(A) severe 厳しい   (B) proud 誇らしい
(C) generous 寛大な   (D) redundant 余分な

速解 Point! 空所は the ------- tax breaks available にあり、**tax breaks（税優遇）を修飾するのに適当な形容詞を探します。**

（解説）全体の文意は「リフォーマ・テック社は、~税優遇があるので、ハンソン郡に移転する予定だ」です。ハンソン郡に移転したいと思わせる誘因がどんな税優遇かを考えると「寛大な」ものと考えられるので、(C) generous が正解です。generous は主に金銭的に「気前のいい」「寛大な」の意味で使います。

　(A) severe（厳しい）や (D) redundant（余分な）は文意に合わず、(B) proud（誇らしい）では具体性に欠けます。

重要語 □ relocate **動** 移転する　□ tax breaks 税優遇（措置）

4. 正解：(A) ★★ 文脈から推測する

Adding solar panels to the roof had the ------- effect of reducing monthly energy bills.

屋根に太陽光パネルを取り付けることは、毎月の光熱費を削減する望み通りの効果があった。

(A) desired 望まれた   (B) regarded 見なされた
(C) ignored 無視された   (D) judged 判断された

速解 Point! 空所は the ------- effect of reducing monthly energy bills にあり、この部分は「毎月の光熱費を削減する~効果」です。**「どんな効果があったか」を文脈から突き止めます。**

（解説）前半からその効果は「屋根に太陽光パネルを取り付けること」で得られるものです。(A) desired（望まれた）がうまくこの効果を表現できます。

　(B) regarded（見なされた）ではポジティブな意味が出ず、文脈に合いません。ポジティブな意味を出すには、highly regarded などとする必要があります。(C) ignored（無視された）や (D) judged（判断された）は文意に合いません。

重要語 □ reduce **動** 削減する　□ bill **名** 請求書

5. 正解：(C) ★★ 論理をつかむ

Rather than using newspaper inserts, let's post our food photos on social media -------.

新聞の折り込みを利用するよりも、その代わりに私たちの料理の写真をソーシャルメディアにアップしよう。

(A) otherwise　そうでなければ　　　(B) simultaneously　同時に
(C) instead　その代わりに　　　　(D) in person　直接に

速解 Point! 文尾にくる副詞を選ぶ問題です。**文頭が Rather than（〜よりも）で始まっていることに注目します。**

解説 意味はカンマまでは「新聞の折り込みを利用するよりも」、カンマの後は「私たちの料理の写真をソーシャルメディアにアップしよう」です。前後半は相反する関係で、rather than は前半の内容の否定に使われています。rather than と呼応して、後半を強調できる副詞は (C) instead（その代わりに）です。

(A) otherwise（そうでなければ）は否定の条件で使い、一方を否定してもう一方を実行するというこの文には不適です。また、rather than とも呼応しません。(B) simultaneously（同時に）は2つの行動をどちらも行う場面でないと使えません。(D) in person（直接に）は文意に合いません。

重要語 □ insert 名 折り込み　　□ post 動 載せる；アップする

---

6. 正解：(A) ★★ 被修飾語の意味に注意

The city hired Klein Studio to design the city auditorium, which is noted as an ------- architecture house.

市は市立音楽堂を設計するのに、類い希な設計事務所として名高いクライン・スタジオを採用した。

(A) exceptional　類い希な　　　(B) attractive　魅力的な
(C) inclusive　排他的でない　　　　(D) up-to-date　現代的な

速解 Point! 空所は an ------- architecture house にあります。**architecture house を修飾する形容詞を探す問題ですが、ポイントは文脈から architecture house が「設計事務所」であると理解することです。**

解説 設計事務所であれば、その実績を表現する (A) exceptional（類い希な）が適切であることがわかります。

あわてて architecture house を「建築物」と考えると、(B) attractive（魅力的な）や (D) up-to-date（現代的な）にマークしてしまう可能性があります。

重要語 □ hire 動 採用する　　□ auditorium 名 音楽堂
　　　　　□ noted 形 有名な　　□ architecture house 設計事務所

7. 正解：(C) ★★ 文脈から絞る

The ages of BeauView Mall's customers vary -------, so it is important to have a variety of stores.

ボービュー・モールの顧客の年齢は幅広いので、多様な店舗を持つことが重要である。

(A) limitedly　限定的に　　　　　　　(B) swiftly　すばやく
(C) widely　幅広く　　　　　　　　(D) separately　別々に

速解 Point! 空所は vary ------- にあり、空所は動詞 vary（変わる）を修飾していますが、これだけでは選べないので、**文脈から「ボービュー・モールの顧客の年齢がどのように変わるのか」を考えます。**

解説 カンマの後は「多様な店舗を持つことが重要である」なので、顧客の年齢は多様であることが推測できます。(C) widely（幅広く）を入れて、「幅広く変わる」とすれば文意が通ります。

　(A) limitedly（限定的に）では逆の状況になるので不可。(B) swiftly（すばやく）や (D) separately（別々に）は文意に合いません。

重要語 □ vary **動** 変わる：異なる

··

8. 正解：(B) ★★ 主語との関係＋文脈

Dean Street Theater was ------- every night of Alan Brownstone's award-winning performance.

ディーン・ストリート劇場は、アラン・ブラウンストーンの賞を獲得した公演の夜はいつも満席となった。

(A) amazing　すばらしい　　　　　　**(B) packed**　満席で
(C) acclaimed　高い評価を受けた　　　(D) praising　褒めている

速解 Point! 空所は Dean Street Theater was ------- にあり、補語の位置です。**主語の「Dean Street Theater がどうなのか」を考えますが、空所の後も読む必要があります。**

解説 後半は「アラン・ブラウンストーンの賞を獲得した公演の夜」で、公演の夜に限定されているので、(B) packed（満席で）が適切です。

　公演の夜だけ、劇場が (A) amazing（すばらしい）や (C) acclaimed（高い評価を受けた）になるわけはないので、この2つは不適です。(D) praising（褒めている）では劇場が褒めることになってしまいます。

重要語 □ award-winning **形** 賞を獲得した　　□ performance **名** 公演

9. 正解：(D)　★★　ネガティブ vs. ポジティブ

Gail Bryant considered her manager's offer of a transfer over a number of days to avoid making any ------- decisions.

ゲイル・ブライアントは、拙速な決断をするのを避けるため、彼女の上司からの転勤の要請を何日もかけて考えた。

(A) right　正しい

(B) formal　公式の

(C) prompt　素早い

(D) hasty　拙速な

速解 Point! 空所は to avoid making any ------- decisions にあり、「どんな決断をするのを避けるためか」を考えます。

解説 不定詞までは「ゲイル・ブライアントは、彼女の上司からの転勤の要請を何日もかけて考えた」なので、(D) hasty（拙速な）を選んで「拙速な判断をするのを避けるために」とすれば適切な文になります。hasty には「あわてた」というネガティブなニュアンスが入ります。

　一方、(C) prompt（素早い）は「遅れることなく：機敏な」というポジティブなニュアンスで使われるので、ここでは不可。(A) right（正しい）と (B) formal（公式の）は文意に合いません。

重要語 □ transfer　名 転勤　　□ avoid　動 避ける

---

10. 正解：(B)　★★　〈uniquely qualified〉（独特な能力がある）

Master chef Ms. Kawakami is ------- qualified to create various ethnic cuisines.

主任シェフのカワカミ氏はさまざまなエスニック料理を創作する独特な能力に恵まれている。

(A) likely　おそらく

(B) uniquely　独特に

(C) mostly　たいてい

(D) closely　緻密に

速解 Point! 空所は is ------- qualified にあり、**qualified（能力のある）との相性を**考えます。

解説 (B) uniquely は「独特に」の意味で、能力などの独自性を表現できるので、qualified を修飾するのに適当です。「主任シェフのカワカミ氏はさまざまなエスニック料理を創作する独特な能力に恵まれている」と文意も正しくなります。これが正解。uniquely qualified というコロケーションを知っていれば、即座に解答できるでしょう。

　他の選択肢は qualified とのつながりも悪く、全体の文意にも合いません。

重要語 □ qualified　形 能力のある　　□ cuisine　名 料理

11. 正解：(D) ★★★ avid（熱心な）は要注意単語

The valley railroad attracts ------- rail photographers, especially during the cherry blossom season.

その渓谷鉄道は、特に桜の花が咲く季節には熱心な鉄道写真愛好家を引きつける。

(A) cordial　友好的な

(B) dependable　頼りになる

(C) hospitable　手厚くもてなす

(D) avid　熱心な

速解 Point! 空所は ------- rail photographers にあり、「鉄道写真家」を修飾する形容詞を選びます。

解説 全体の文意を見ると、「その渓谷鉄道は、特に桜の花が咲く季節には〜鉄道写真愛好家を引きつける」となっています。(D) avid は「熱心な」の意味で、これが文意に合います。

　(A) cordial（友好的な）、(B) dependable（頼りになる）、(C) hospitable（手厚くもてなす）はいずれも人を修飾できますが、全体の文意に合いません。この3つの単語を知っていれば、avid を知らなくても消去法で正解にたどり着けるでしょう。

重要語 □ attract 動 引きつける

---

12. 正解：(B) ★★ 文脈から判断する

The discount is ------- and will not be transferred to another passenger or to a new passenger added to the reservation.

このディスカウントは個人的なもので、他の乗客や予約に加えた新しい乗客に譲渡することはできません。

(A) outdated　期限切れの

(B) personal　個人的な

(C) vital　重要な

(D) changeable　変更可能な

速解 Point! 空所は The discount is ------- にあり、「このディスカウントがどんなものか」を考えます。and 以下を見る必要があります。

解説 and 以下は「他の乗客や予約に加えた新しい乗客に譲渡することができません」となっています。「他の乗客に譲渡できない」ということは、このディスカウントは「個人的な」ものなので、(B) personal が正解です。

　(A) outdated（期限切れの）や (D) changeable（変更可能な）は The discount を説明できますが、and 以下に合いません。(C) vital（重要な）は The discount の説明として不適です。

重要語 □ transfer 動 譲渡する

DAY 5

13. 正解：(C)　★★　被修飾語との関係＋全体の文脈

The new residential development will occur at the city's ------- end, where many textile factories once gathered.

新しい住宅開発は、かつて多くの繊維工場が集まっていた市の反対側で行われる。

(A) central　中心の

(B) metropolitan　都市圏の

(C) opposite　反対側の

(D) spacious　広々とした

速解 Point!　空所は at the city's ------- end にあり、------- end（〜側）で市の特定の場所を示すと考えられます。end との関係も考慮して全体を見ます。

解説　カンマまでは「新しい住宅開発は市の〜側で行われる」です。end との結びつきからも、(C) opposite（反対側の）を選んで、opposite end（反対側）とするのが適切です。

　(A) central（中心の）は市の特定の場所を示すことはできますが、end と結びつきません。(B) metropolitan（都市圏の）は市よりも広いイメージで、かつ end との相性もよくありません。(D) spacious（広々とした）では特定の場所を表せません。

重要語　□ residential　形 住宅の　　□ occur　動 起こる
　　　　　□ textile　名 繊維　　□ gather　動 集まる

---

14. 正解：(A)　★★　消去法で絞る

According to customer surveys, our new lipstick series are ------- popular with the teenagers.

顧客調査によると、私たちの新しい口紅のシリーズは意外にも10代に人気がある。

(A) unexpectedly　意外にも

(B) substantially　かなり

(C) possibly　もしかすると

(D) accordingly　それに応じて

速解 Point!　空所は are ------- popular にあり、popular を修飾する副詞を選びます。全体の文意は「顧客調査によると、私たちの新しい口紅のシリーズは〜10代に人気がある」です。消去法で絞ります。

解説　(B) substantially（かなり）は数量・変化を表現するので、popular のような質的な形容詞を修飾できません。(C) possibly（もしかすると）は、「顧客調査によると」で限定された状況に合いません。(D) accordingly（それに応じて）は、この文では何に応じてかが不明になります。

　(A) unexpectedly（意外にも）だけが文意に合うので、これが正解です。

重要語　□ according to　〜によると　　□ customer survey　顧客調査

15. 正解：(B) ★★★ 不定詞とのつながりがカギに

Users of the Mimi cordless vacuum are significantly more ------- than those without one to say they enjoy cleaning their home.

コードレス掃除機ミミの使用者は、それを使わない人たちよりも、家の掃除を楽しんでいると話すことがはるかに多い。

(A) convenient　便利な　　　　　　(B) likely　ありそうな
(C) favorite　好きな　　　　　　　(D) attracted　引きつけられた

速解Point! 空所は significantly more ------- than にあり、比較級を構成する形容詞を選ぶ問題です。**to say 以下の不定詞句とのつながりを考えるのがポイントです。**

解説 主語は Users of the Mimi cordless vacuum なので、those は users のことです。「コードレス掃除機ミミのユーザー」と「ユーザーでない人」が比較対象で、比較の基準は to 以下の「家の掃除を楽しんでいると話すこと」です。空所の形容詞が to 不定詞とつながることを考えて、(B) likely（ありそうな）を選べば文意が通じます。

他の選択肢はすべて不定詞につながりません。

重要語 □ vacuum 图 電気掃除機　　□ significantly 副 はるかに

---

16. 正解：(D) ★★★ 対比関係をつかむ

The online arrangement for your credit card is only for ------- transactions, not one-time ones.

あなたのクレジットカードのオンライン決済は、一度きりの取引ではなく、経常的な取引のためのものです。

(A) tentative　一時的な　　　　　(B) whole　全体の
(C) complicated　複雑な　　　　　(D) recurring　経常的な

速解Point! 空所は only for ------- transactions にあり、transactions（取引）を修飾する形容詞を選びます。**ポイントは、空所の部分が後続の not one-time ones と対比されていることです。ones は transactions の言い換えです。**

解説 主語の「あなたのクレジットカードのオンライン決済」も踏まえて、「1回限りの取引ではなく、どんな取引か」を考えます。1回限りと対比できるのは (D) recurring（経常的な）で、これが正解です。recur は動詞で「繰り返す」の意味で、その現在分詞で繰り返される事象を形容します。

(A) tentative（一時的な）、(B) whole（全体の）、(C) complicated（複雑な）では1回限りの取引との対比ができません。なお、whole を使うときには定冠詞の the で限定する必要もあります。

重要語 □ online arrangement　オンライン決済　　□ transaction 图 取引

DAY 5

解答・解説

17. 正解：(A) ★★ 文脈から絞る

The air conditioning is -------- left running on summer nights to prevent computers from overheating.
コンピュータが加熱するのを防ぐために、夏の夜は空調を意図的に付けっぱなしにしている。

(A) intentionally 意図的に　　　　(B) happily 幸福に
(C) successfully うまく　　　　　(D) environmentally 環境の面から

速解 Point! 空所は The air conditioning is -------- left running on summer nights にあり、**「夏の夜に空調を付けっぱなしにしている」状況を説明する副詞を考えます。**

解説 後半の不定詞の部分は「コンピュータが加熱するのを防ぐために」です。(A) intentionally（意図的に）を選べば、「意図的に付けっぱなしにしている」となって、不定詞の部分と整合します。これが正解。

(B) happily（幸福に）や (C) successfully（うまく）をこの空所に入れると文意がおかしくなります。(D) environmentally（環境の面から）は「付けっぱなしにしている」と矛盾します。

重要語 □ prevent A from doing　Aが〜するのを防ぐ　　□ overheat 動 加熱する

---

18. 正解：(D) ★★ 〈desperately need〉（どうしても必要だ）

Rawthorne City has reduced business taxes for new enterprises, as more jobs are ------- needed in the area.
ロウソーン市は、その地域にさらに多くの職がどうしても必要なので、進出企業への法人税を引き下げている。

(A) cleverly 賢明に　　　　(B) justly 公正に
(C) heavily 大量に　　　　(D) desperately どうしても

速解 Point! 空所は as more jobs are ------- needed in the area にあり、needed（必要とする）を修飾する副詞を探す問題です。**needed との相性がポイントです。**

解説 needed を強調する副詞はいくつかありますが、逼迫感を出す (D) desperately（どうしても）はその一つで、これを入れると「その地域にさらに多くの職がどうしても必要なので」となって文意が通ります。他に、highly や badly などが使えます。

(A) cleverly（賢明に）や (B) justly（公正に）は needed との相性も悪く、文意にも合いません。(C) heavily（大量に）は rain や drink を修飾するのによく使いますが、needed には合いません。

重要語 □ enterprise 名 企業

118

19. 正解：(B)　★★　otherwise（そうでなければ）

Over fifty thousand people flocked to the ------- quiet town to see and join the renowned summer festival.

有名な夏祭りを見てそれに参加するために、5万人以上の人々がそうでなければ静かな町に集まった。

(A) however　しかしながら　　　　　　(B) otherwise　そうでなければ
(C) reversely　反対に　　　　　　　　(D) yet　さらに

速解 Point!　空所は the ------- quiet town にあり、文脈から「どんな静かな町か」を考えます。

解説　全体の文意は「有名な夏祭りを見てそれに参加するために、5万人以上の人々が〜静かな町に集まった」となっています。「夏祭りには多くの人が集まるが、そうでないときは静かな町」と推測できるので、「否定の条件」を表す (B) otherwise（そうでなければ）を選びます。

　(A) however（しなしながら）は接続副詞として使うので、この位置で形容詞を修飾できません。(C) reversely（反対に）では「反対に静かな町」となって、適切な表現をつくれません。(D) yet が形容詞を修飾するのは「さらに」の意味ですが、ここでは文意に合いません。

重要語　□ flock　**動** 集まる　　□ renowned　**形** 有名な

---

20. 正解：(C)　★★　主語がヒントになる

Staffing agencies and host employers shall be ------- responsible for the temporary workers' health and safety.

人材派遣会社と顧客企業は、臨時社員の健康と安全に共同で責任を持たなければならない。

(A) straight　まっすぐに　　　　　　(B) solely　単独で
(C) jointly　共同で　　　　　　　　(D) actually　実のところ

速解 Point!　空所は shall be ------- responsible にあり、responsible（責任がある）を修飾する副詞を選ぶ問題です。**ポイントは主語が Staffing agencies and host employers と2つあることです。**

解説　(C) jointly（共同で）を選べば、「人材派遣会社と顧客企業は共同で責任を持たなければならない」と意味が通ります。これが正解。

　(B) solely（単独で）は2つの主語のこの文に合いません。(A) straight（まっすぐに）や (D) actually（実のところ）は responsible とのつながりも悪く、文意にも合いません。

重要語　□ staffing agency　人材派遣会社　　□ temporary　**形** 臨時の

QUICK CHECK 5 形容詞・副詞のコロケーション

形容詞には名詞との結びつきが、副詞には動詞・形容詞との結びつきが緊密なものがあり、解答のヒントになります。以下は代表的なものです。

● 〈形容詞 + 名詞〉

□ an anonymous donor　名前を明かさない寄付者
□ considerable [substantial] amount　かなりの量 [金額]
□ confidential information　守秘義務のある情報
□ the due date　締め切り日
□ a generous donation　気前のいい寄付
□ multiple locations　多数の店舗
□ the outstanding balance　未払い残高
□ a potential [prospective] client　見込み客
□ a prestigious brand　名高いブランド
□ prior experience　それまでの経験
□ a tentative agreement　暫定の合意
□ a unanimous decision　全会一致の決定

● 〈副詞 + 動詞〉

□ badly [desperately] need　どうしても必要である
□ increase [drop] sharply　急激に増加する [下落する]
□ function properly　適切に機能する
□ thoroughly understand　完全に理解する

● 〈副詞 + 形容詞（過去分詞）〉

□ affordably priced　手頃に値段が付けられた
□ conveniently [strategically] located　便利に [戦略的に] 立地する
□ deeply concerned　深く憂慮して
□ fully aware　完全に理解して
□ sparsely [densely] populated　人口がまばらで [密集して]
□ uniquely qualified　独自の能力がある

DAY 6

Part 5

名詞の単語問題

「名詞の単語問題」速解の鉄則

- ●**問題のタイプ**　選択肢にさまざまな名詞が並びます。
- ●**傾向**　基本的な単語が大半で、TOEICに特徴的な単語が出題されます。
- ●**出題数**　3問前後

- ●**選択肢の例**

(A) ability……能力	(B) license……免許
(C) vacancy……欠員	(D) requirement……要件

鉄則1 前後の語句との関係を探る

　名詞は、前後の言葉との関係をまず考えてみましょう。形容詞や動詞、他の名詞との関係から正解を導けることがあります。

（形容詞との関係）

standard procedure
標準的な → 「手順」

prospective customers
見込みの → 「顧客」

（動詞との関係）

miss a deadline
逸する → 「締め切り」

comply with regulations
守る → 「規則」

（名詞との関係）

the procurement of supplies
「調達」← 用品（の）

congestion during roadwork
「混雑」← 道路工事（中の）

鉄則2 用法に注意を払う

　名詞も用法に注意を払って覚えることが大切です。前置詞との結びつきや定型的な表現は解答のヒントになります。

（前置詞との結びつき）

expertise in finance
金融の専門知識

registration for the class
そのクラスへの登録

（定型的な表現）

admission fees
「入場」← 料金

performance evaluation
実績 → 「評価」

鉄則3 可算か不可算か

　名詞には数えられる名詞（可算名詞）と数えられない名詞（不可算名詞）があり、選択肢の取捨に役立つことがあります。抽象的なものを表す言葉や集合名詞は不可算名詞ですが、中には区別がつきにくいものもあります。

（可算名詞）

device（機器）　　　　item（項目；品目）　　　　itinerary（旅行計画）

（不可算名詞）

expertise（専門知識）　equipment（機器）　　　luggage（荷物）

（可算・不可算）

consideration　「考慮」→不可算　「考慮すべき事柄」→可算

鉄則4 文全体を見て、文脈を確認する

　部分から判断できない場合には、文全体を読んで、文脈から判断するようにしましょう。

Applicants must submit three ------- for this job.
「この仕事のためには応募者は 3 人の〜を提出しなければならない」

→　references（推薦人）

Due to a limited ------- of electronic parts, the price of each circuit board has risen rapidly.
「電子部品の〜が限られているため、それぞれの回路基板の価格は急上昇している」

→　supply（供給）

鉄則5 消去法で絞る

　文脈から確実には決定できないが、他の選択肢がどれも当てはまらないので、その名詞が正解になるという問題があります。

We didn't agree with the ------- in which the technicians worked.
「我々は技術者たちの働く〜に同意できなかった」

(A) lack（欠如）×　　　　　　　(B) skills（技能）×

(C) manner（やり方）○　　　　(D) occasion（行事）×

DAY 6

速解⓭ 前後の言葉とのつながり＋文脈を併用する

> **2 空所の役割を確認する**
> ▶ 空所の次は form である。
> form との関係＋文脈から正解を探す。

If you make approved purchases for office supplies, please fill out the ------- form
and submit it to your manager.

(A) survey
(B) certificate
(C) reimbursement
(D) donation

> **1 選択肢をチェックする**
> ▶ 選択肢にはさまざまな名詞が並ぶ。

訳 もしあなたが事務用品の承認済みの購入をする場合には、払い戻しフォームに記入して、それを上司に提出してください。

□ approve 動 承認する　　□ office supplies 事務用品　　□ submit 動 提出する

解答の手順

1 選択肢をチェックする

選択肢にはさまざまな名詞が並びます。名詞の単語問題です。

(A) survey ································ アンケート

(B) certificate ······················ 証明書

(C) reimbursement ··········· 払い戻し；出金

(D) donation ························· 寄付

2 速解ポイントはココだ！

　まず空所の次にあるform（フォーム）との結びつきを考えます。formと組み合わせて適切な表現をつくれるのは、(A) survey（アンケート）、(C) reimbursement（払い戻し；出金）、(D) donation（寄付）です。

×(B) certificate（証明書）は完成した書類なので、formと組み合わせて使うことはできません。まず(B)が除外できます。

3 選択肢を絞る

　「どんなフォームに記入して、上司に提出するか」を考えますが、前半のIf節は「もしあなたが事務用品の承認済みの購入をする場合には」です。したがって、(C) reimbursement を選んで、reimbursement form（払い戻しフォーム；出金伝票）とすれば文意が通ります。

正解：(C)　★

DAY 6

1. Pegasus Book is pleased to launch a call for ------- for its annual
   publication on disaster risk management.
   (A) promotion
   (B) contributions
   (C) distribution
   (D) competitions

2. All the figures on the survey are no more than approximate -------.
   (A) indications
   (B) materials
   (C) remarks
   (D) implications

3. CBN International provided extensive ------- of the rumored merger
   of the two IT giants.
   (A) report
   (B) status
   (C) coverage
   (D) finding

4. The firm finally decided to outsource a substantial ------- of in-house
   production to subcontracted factories.
   (A) supply
   (B) inventory
   (C) row
   (D) portion

5. Your bill shows all charges against your ------- including subscription
   and app usage fees.
   (A) invoice
   (B) account
   (C) sum
   (D) installment

解答時間 記入欄	1回目	2回目	3回目	目標時間
	分　秒	分　秒	分　秒	6分40秒

6. Avon Corporation's employee morale has been noticeably boosted after the ------- system was put in place.
   (A) storage
   (B) hiring
   (C) security
   (D) rewards

7. All plant managers want to know the ------- for how the global supply chain works.
   (A) objective
   (B) blueprint
   (C) clue
   (D) sector

8. Hina Iwasa, who has ample experience organizing art exhibitions, is a valuable ------- to Nagano City Gallery.
   (A) someone
   (B) career
   (C) addition
   (D) dedication

9. The sales manager's position comes with a number of -------, including a company car and full health insurance.
   (A) perks
   (B) limits
   (C) candidates
   (D) assets

10. Tanya Roland has a lot of ------- in the apparel industry, where she has worked for over twenty years.
   (A) patronage
   (B) contacts
   (C) advantages
   (D) inclusion

DAY 6

11. ------- to electronics parts factories makes the city the best location for computer manufacturers.
(A) Outlets
(B) Proximity
(C) Replacement
(D) Benefits

12. Due to a scheduling -------, Lenny Ashford couldn't attend the evening reception.
(A) calendar
(B) disposal
(C) lack
(D) conflict

13. If you notice any ------- on your Valley Peak car tires, you are advised to get them changed immediately.
(A) suspicion
(B) novelty
(C) wear
(D) quantity

14. The environmental promotion office has written a ------- of various energy-saving measures.
(A) factor
(B) reason
(C) reference
(D) description

15. The article by the notable serial entrepreneur Alan Carlsberg takes a back-to-basics ------- at running a business.
(A) look
(B) measure
(C) trade
(D) instruction

16. Ms. Korhonen's team played an important role in the product launch, and they deserve ------- for it.
(A) practice
(B) degree
(C) credit
(D) effort

17. Mia Turner provided her colleague with a terse ------- on the issue she discussed last week.
(A) itinerary
(B) schedule
(C) update
(D) specification

18. The gorgeous turquoise waters and intriguing coastlines of the Adrian Sea offer a perfect ------- for a late summer getaway.
(A) amenity
(B) setting
(C) sightseeing
(D) accommodation

19. La Terrace is noted for a great ------- of French and Japanese cuisines made of locally produced ingredients.
(A) assortment
(B) stack
(C) harmony
(D) complexity

20. Several focus group meetings brought crucial ------- to developing the fast-selling robotic vacuum.
(A) factor
(B) input
(C) phase
(D) reason

DAY 6

解答・解説

1. 正解：(B) ★★ contribution（貢献→寄稿）

Pegasus Book is pleased to launch a call for ------- for its annual publication on disaster risk management.

ペガサス・ブックは、災害リスク・マネジメント年鑑への寄稿の依頼を開始いたします。

(A) promotion　宣伝　　　　　　　　　(B) contributions　寄稿
(C) distribution　配送　　　　　　　　(D) competitions　コンペ

速解 Point! 空所は a call ------- for its annual publication on disaster risk management にあり、**「災害リスク・マネジメント年鑑への～の依頼」という意味です。「どんな依頼が」を考えます。**

解説 Pegasus Book という出版社が始めるものであることも考えて、(B) contributions（寄稿）を選べば文意が通ります。contribution の意味を柔軟に捉えることが必要です。

　選択肢には (A) promotion（宣伝）など、取捨しにくいものもありますが、空所に入れてみればしっくりこないことがわかるので、消去法で正解を導いてもいいでしょう。

重要語 □ launch 動 始める　　□ publication 名 出版物
　　　　　□ disaster 名 災害

---

2. 正解：(A) ★★ 主語との関係がヒントに

All the figures on the survey are no more than approximate -------.

その調査のすべての数字は、おおよその指標でしかない。

(A) indications　指標　　　　　　　　(B) materials　素材
(C) remarks　発言　　　　　　　　　(D) implications　影響

速解 Point! 空所は approximate ------- にあり、**「おおよその～」となります。主語は All the figures なので、「数字」との親和性を考えます。**

解説 (A) indications（指標）は「数字」との相性もよく、「おおよその指標でしかない」と適切な表現になるので、これが正解です。

　(B) materials（素材）や (C) remarks（発言）は figures に合いません。(D) の implications は複数で「（予測される）影響」の意味で、この文脈に合いません。

重要語 □ survey 名 調査　　□ approximate 形 おおよその

3. 正解：(C) ★★ 主語との関係がヒントに

CBN International provided extensive ------- of the rumored merger of the two IT giants.
CBNインターナショナルは、 IT大手2社の噂される合併について広範な報道をした。

(A) report 報道　　　　　　　　(B) status 状況
(C) coverage 報道　　　　　　(D) finding 発見結果

速解 Point! 空所は extensive ------- にあり、この部分は「広範な〜」の意味です。**CBN International がどんな会社かをつかむことが先決です。**

（解説）of 以下は「 I T 大 手 2 社 の 噂 さ れ る 合 併 に つ い て 」なので、CBN International はメディア企業と考えられます。メディア企業が行う「広範な〜」には (C) coverage（報道）がぴったりです。

(A) report も「報道」の意味がありますが、可算名詞で使い、a が必要になります。reports と複数なら正解になります。

(B) status（状況）と (D) finding（発見結果）は文意に合いません。

重要語 □ extensive 形 広範な　　□ rumor 動 噂をする　　□ merger 名 合併

4. 正解：(D) ★★ 前後の言葉がヒントになる

The firm finally decided to outsource a substantial ------- of in-house production to subcontracted factories.
その会社は最終的に、社内生産の大部分を下請け工場に外注する決断をした。

(A) supply 供給　　　　　　　(B) inventory 在庫
(C) row 列　　　　　　　　　**(D) portion** 部分

速解 Point! 空所は outsource a substantial ------- of in-house production to subcontracted factories にあります。**outsource（外注する）と production（生産）との関係がポイントになります。**

（解説）「社内生産の〜を外注する」で考えると、(D) portion（部分）を選んで「社内生産の大部分を外注する」とすれば適切な表現になります。

(A) supply（供給）と (B) inventory（在庫）は production と意味的なつながりはありますが、この文脈には合いません。(C) row（列）は substantial で修飾できず、文脈にも合いません。

重要語 □ outsource 動 外注する　　□ substantial 形 相当の　　□ in-house 形 社内の　　□ subcontract 動 下請けに出す

5. 正解：(B) ★★ 部分から正解を導ける

Your bill shows all charges against your ------- including subscription and app usage fees.

お客様の請求書は、定期利用料金とアプリ使用料金を含む、お客様のアカウントへの請求をすべて示しています。

(A) invoice 請求書		**(B) account** アカウント；取引口座	
(C) sum 総額		(D) installment 分割払い	

速解 Point! 空所は all charges against your ------- にあります。「〜に対するすべての請求」なので、「請求が何に対して行われるか」を考えます。

解説 選択肢には請求に関係しそうな言葉が並びますが、請求が行われる対象として適切なのは (B) account（アカウント；取引口座）だけです。

重要語 □ bill **名** 請求書 □ charge **名** 請求
□ subscription **名** 定期利用；定期購読

....

6. 正解：(D) ★★ 主節との関係から判断する

Avon Corporation's employee morale has been noticeably boosted after the ------- system was put in place.

報奨制度が導入されてから、エイヴォン・コーポレーションの社員の士気は目に見えて高まった。

(A) storage 在庫		(B) hiring 採用	
(C) security 安全		**(D) rewards** 報奨	

速解 Point! 空所は after the ------- system was put in place にあり、「どんなシステムが導入されたか」を考えます。

解説 after までの文は「エイヴォン・コーポレーションの社員の士気は目に見えて高まった」とこのシステムの効果を述べています。社員の士気を上げるシステムなので、(D) rewards を選んで rewards system（報奨システム）とすれば文意が通ります。

(A) storage（在庫）、(B) hiring（採用）、(C) security（安全）ともに system とは結びつきますが、いずれも社員の士気向上には役立ちません。

重要語 □ morale **名** 士気 □ noticeably **副** 目に見えて
□ boost **動** 高める □ put 〜 in place 〜を導入する

7. 正解：(B) ★★★ a blueprint for A（Aの青写真）

All plant managers want to know the ------- for how the global supply chain works.

すべての工場管理者は、世界的な供給網がどのように機能するかの青写真を知りたいと思っている。

(A) objective 目標
(B) blueprint 青写真
(C) clue 手がかり
(D) sector 分野

速解Point! 空所は ------- for how the global supply chain works にあります。**空所は「世界的な供給網がどのように機能するか」を導く名詞です。**

解説 こうした構想や考えを表現できる単語は (B) blueprint（青写真）です。a blueprint for A（Aの青写真）という形でよく使います。

(A) objective（目標）、(C) clue（手がかり）、(D) sector（分野）はどれも for 以下の内容と合いません。

重要語 □ supply chain 供給網；サプライチェーン

8. 正解：(C) ★★ addition（付加されたもの→新戦力）

Hina Iwasa, who has ample experience organizing art exhibitions, is a valuable ------- to Nagano City Gallery.

美術展示会を企画する豊富な経験があるヒナ・イワサは、長野市立美術館の貴重な新戦力だ。

(A) someone だれか
(B) career 職業
(C) addition 新戦力
(D) dedication 献身

速解Point! 空所は a valuable ------- to Nagano City Gallery にあります。主語は Hina Iwasa という人なので、「Hina Iwasa：人」＝「a valuable -------」という関係です。

解説 空所は人の言い換えになる言葉でないといけません。(C) addition は「付加されたもの」→「新戦力」の意味で使えて、人を表すことができ意味も合うのでこれが正解です。

(A) someone は人のことですが、「だれか」と不特定の人を指し、この空所に入れても意味をなしません。また、形容詞で修飾することもできません。(B) career（職業）や (D) dedication（献身）は人の言い換えになりません。

重要語 □ ample 形 豊富な   □ organize 動 企画する
□ valuable 形 貴重な

9. 正解：(A)　★★　perk（特典；役得）

The sales manager's position comes with a number of -------, including a company car and full health insurance.

販売部長職には、社用車や全額負担の健康保険を含む数多くの特典がある。

(A) perks　特典；役得
(B) limits　限度
(C) candidates　候補者
(D) assets　資産

速解 Point! 空所は a number of -------, including a company car and full health insurance にあり、「社用車や全額負担の健康保険」を含むものです。

解説 前半から「販売部長職」に付随するものなので、(A) perks（特典；役得）と考えられます。perks は benefits と同様に使えます。

　販売部長職に就くと (D) assets（資産）が得られるというのはおかしいので、これは不適です。(B) limits（限度）や (C) candidates（候補者）は明らかに文意に合いません。

重要語 □ come with　〜が付いてくる

---

10. 正解：(B)　★★　contact（人脈）

Tanya Roland has a lot of ------- in the apparel industry, where she has worked for over twenty years.

タニヤ・ローランドは、彼女が20年以上働いてきた衣料品業界に多くの人脈を持っている。

(A) patronage　愛顧
(B) contacts　人脈；つて
(C) advantages　利点
(D) inclusion　受け入れ

速解 Point! 空所は Tanya Roland has a lot of ------- in the apparel industry, にあり、「タニヤ・ローランドが衣料品業界に多くの何を持っているか」を考えます。where 以下がヒントです。

解説 where 以下は「彼女が20年以上働いてきた」なので、衣料品業界は彼女にとって熟知した業界のはずです。当然、(B) contacts（人脈；つて）も多いと考えられるので、これが正解です。

　(A) patronage（愛顧）や (C) advantages（利点）は個人が業界に多く持つものではありません。(D) inclusion（受け入れ）では意味不明の文になります。

重要語 □ apparel　名 衣料品；アパレル

11. 正解：(B)　★★　proximity to A（Aに近いこと）は要注意表現

------- to electronics parts factories makes the city the best location for computer manufacturers.
電子部品工場に近いことで、その市はコンピュータ製造業者の最良の拠点になっている。

(A) Outlets　小売り店　　　　　　　(B) Proximity　近いこと
(C) Replacement　交代　　　　　　(D) Benefits　恩恵

速解Point!　空所は主語の冒頭にあり、------- to electronics parts factoriesとなっています。**前置詞の to で名詞につながる点がヒントになります。**

解説　makes 以下は「その市をコンピュータ製造業者の最良の拠点にしている」です。「何がこの市をコンピュータ製造業者の最良の拠点にしているか」を考えると、(B) Proximity（近いこと）を入れて、「電子部品工場に近いこと」という主語にすれば文意が通ります。〈proximity to A〉（Aに近いこと）の形でTOEICによく出ます。
　(D) Benefits（恩恵）は形の上では to 以下につなぐことができますが、文意に合いません。(A) Outlets（小売り店）や (C) Replacement（交代）は to で electronics parts factories につなぐこともできず、意味も合いません。

重要語　□ location　**名** 場所

12. 正解：(D)　★★　a scheduling conflict（予定の重複）

Due to a scheduling -------, Lenny Ashford couldn't attend the evening reception.
予定が重複していたため、レニー・アシュフォードは夜の晩餐会に出席できなかった。

(A) calendar　予定表　　　　　　　(B) disposal　廃棄
(C) lack　不足　　　　　　　　　　(D) conflict　重複

速解Point!　空所は冒頭の Due to a scheduling -------, にあります。**scheduling との関係がヒントになります。後続文は「レニー・アシュフォードは夜の晩餐会に出席できなかった」なので、ネガティブな名詞が入ることもわかります。**

解説　この2つの条件を満たすのは (D) conflict（重複）で、これを選べば「スケジュールの重複」とすることができます。
　(B) disposal（廃棄）と (C) lack（不足）はネガティブではありますが、scheduling に続けられません。(A) calendar（予定表）はネガティブでもなく、scheduling と意味的に重複します。

重要語　□ reception　**名** 晩餐会

135

13. 正解：(C) ★★ 文脈からネガティブな名詞が入る

If you notice any ------- on your Valley Peak car tires, you are advised to get them changed immediately.
ヴァレー・ピークの車用タイヤ上に何か摩耗が見つかれば、すぐに交換するようにしてください。

(A) suspicion　疑惑	(B) novelty　真新しさ
(C) wear　摩耗	(D) quantity　量

速解 Point! 空所は If you notice any ------- on your Valley Peak car tires, にあり、「ヴァレー・ピークの車用タイヤ上に何か〜が見つかれば」の意味です。**後半は「すぐに交換するようにしてください」なので、ネガティブな名詞が入ります。**

解説 タイヤ上に見つかるものでネガティブなものは、(C) wear（摩耗）です。

　(A) suspicion（疑惑）はネガティブですが、タイヤ上に見つかるものではありません。

重要語 □ immediately 副 すぐに

----

14. 正解：(D) ★★ 〈a description of A〉（Aについての記述）

The environmental promotion office has written a ------- of various energy-saving measures.
環境促進局は、さまざまなエネルギー節約方策について書き表してきた。

(A) factor　要因	(B) reason　理由
(C) reference　言及	**(D) description**　記述

速解 Point! 空所は a ------- of various energy-saving measures にあり、「さまざまなエネルギー節約方策の〜」の意味です。〈a ------- of 〜〉の用法がポイントになります。

解説 〈a ------- of 〜〉の形をとって、「さまざまなエネルギー節約方策についての〜」と整合性があるのは (D) description（記述）のみです。「環境促進局が書いた」ものとしても適切なので、これが正解です。

　(A) factor（要因）、(B) reason（理由）は「さまざまなエネルギー節約方策の〜」にうまく当てはまりません。(C) reference（言及）は〈a ------- of 〜〉に合いません。

重要語 □ energy-saving 形 エネルギーを節約する　　□ measure 名 方策

15. 正解：(A)　★★　隠れている表現を見抜く

The article by the notable serial entrepreneur Alan Carlsberg takes a back-to-basics ------- at running a business.

著名な連続起業家のアラン・カールスバーグによる記事は、企業を経営する基本中の基本の考察をしている。

(A) look　考察　　　　　　　　　　(B) measure　手段
(C) trade　貿易　　　　　　　　　　(D) instruction　指示

速解 Point! 空所は takes a back-to-basics ------- at running a business にあります。**動詞の takes と前置詞の at に着目しましょう。**

解説 〈take a look at 〜〉（〜について考察する）という表現が浮かべば、(A) look を選べます。文意も「著名な連続起業家のアラン・カールスバーグによる記事は、企業を経営する基本中の基本の考察をしている」と適切なものになります。back-to-basics という迷彩に惑わされないように。

　他の選択肢に動詞の take と前置詞の at の両方と結びつく名詞はありません。〈take a look at 〜〉に気づかなくても、選択肢を一つずつ当てはめていけば意味の上から正解にたどり着けるでしょう。

重要語 □ notable 形 有名な　　□ serial 形 連続する
　　　　　□ entrepreneur 名 起業家　　□ back-to-basics 形 基本中の基本の

---

16. 正解：(C)　★★★　deserve credit（功績に値する）

Ms. Korhonen's team played an important role in the product launch, and they deserve ------- for it.

コーホネン氏のチームは製品発売に重要な役割を果たし、彼らはその功績に値する。

(A) practice　練習；業務　　　　　(B) degree　学位；等級
(C) credit　功績　　　　　　　　　(D) effort　努力

速解 Point! 空所は後半の文にあり、they deserve ------- for it となっています。**they と it が何かを前半から確認します。**

解説 they は「コーホネン氏のチーム」で、it は「チームが製品発売で重要な役割を果たしたこと」です。空所の文は「コーホネン氏のチームが製品発売で重要な役割を果たしたことの〜に値する」という意味です。この文脈に当てはまるのは (C) credit（功績）です。

　空所は for 以下、つまり「製品発売で重要な役割を果たしたこと」を表現できなければならないので、(A) practice（練習；業務）、(B) degree（学位；等級）、(D) effort（努力）ともに不適です。

重要語 □ play a role　役割を果たす　　□ deserve 動 値する

17. 正解：(C)　★★　前後の言葉との関係から解く

Mia Turner provided her colleague with a terse ------- on the issue she discussed last week.

ミア・ターナーは同僚に彼女が先週話した案件について簡潔な進行説明をした。

(A) itinerary　旅行日程　　　　　　　(B) schedule　スケジュール
(C) update　進行説明　　　　　　　(D) specification　仕様

速解 Point! 空所は a terse ------- on the issue she discussed last week にあり、ここの意味は「彼女が先週話した案件について簡潔な～」です。**terse（簡潔な）と on the issues（案件について）との関係がポイントです。**

解説 terse との関係はどれも大過ないですが、on the issues との関係では (C) update（進行説明）以外はうまくつながりません。よって、これが正解です。

　他の選択肢はいずれも意味的に不適ですが、前置詞との関係においても (A) itinerary（旅行日程）や (B) schedule（スケジュール）は for を、(D) specification（仕様）は of を使うのがふつうです。

重要語 □ colleague **名** 同僚　　□ terse **形** 簡潔な

---

18. 正解：(B)　★★　主語との関係を探る

The gorgeous turquoise waters and intriguing coastlines of the Adrian Sea offer a perfect ------- for a late summer getaway.

アドリア海のめくるめくターコイズ色の海と心を揺さぶる海岸線は晩夏の休暇に最適の舞台になります。

(A) amenity　快適な設備　　　　　　　**(B) setting**　舞台
(C) sightseeing　観光　　　　　　　　(D) accommodation　宿泊施設

速解 Point! 空所は a perfect ------- for a late summer getaway にあり、「晩夏の休暇に最適の～」の意味です。**主語との関係がポイントになります。**

解説 主語は「アドリア海のめくるめくターコイズ色の海と心を揺さぶる海岸線」という自然で、「晩夏の休暇に最適の～」を提供するわけです。この文脈に合うのは (B) setting（舞台）です。

　(A) amenity（快適な設備）、(C) sightseeing（観光）、(D) accommodation（宿泊施設）はどれも、自然である「アドリア海の海岸線」が提供するものとしては不適です。

重要語 □ gorgeous **形** 豪華な　　□ turquoise **形** ターコイズ色の
　　　　　 □ intriguing **形** 魅力のある　　□ coastline **名** 海岸線
　　　　　 □ getaway **名** 休暇；保養

19. 正解：(A)　★★★　〈an assortment of A〉（Aの取り揃え）

La Terrace is noted for a great ------- of French and Japanese cuisines made of locally produced ingredients.

ラ・テラスは、地元で生産された材料を使ったフランス料理と日本料理を幅広く取り揃えていることで有名だ。

(A) assortment　取り揃え
(B) stack　積み重ね
(C) harmony　調和
(D) complexity　複雑

速解 Point!　空所は a great ------- of French and Japanese cuisines にあり、ここは「フランス料理と日本料理の幅広い〜」です。〈a ------- of〉の形に注目します。

解説　(C) harmony（調和）や (D) complexity（複雑）は不可算名詞で使うので、a を付けられません。まずこの2つを外せます。(B) stack（積み重ね）は〈a stack of〉の形で使いますが、of の後に来るのは積み重ねられるファイルや本です。

　(A) assortment は「取り揃え」という意味があり、〈an assortment of〉の形で使え、of の後に多種のものを続けます。great で強調して、「フランス料理と日本料理の幅広い取り揃え」と適切な表現になります。

重要語　□ be noted for　〜で有名である　　□ cuisine　名 料理
　　　　　　□ ingredient　名 材料

20. 正解：(B)　★★★　input には「貢献」の意味がある

Several focus group meetings brought crucial ------- to developing the fast-selling robotic vacuum.

数回のフォーカスグループ会議は、売れ行きのいいロボット掃除機の開発に重要な貢献をした。

(A) factor　要因
(B) input　貢献
(C) phase　段階
(D) reason　理由

速解 Point!　全体の文意は「数回のフォーカスグループ会議は、売れ行きのいいロボット掃除機の開発に重要な〜をした」です。**文脈から空所にはポジティブな意味の単語が入ります。**

解説　(B) input には「入力」のほかに、「（情報などによる）貢献」の意味があり、空所に入れて文意をなすので、これが正解です。

　(A) factor（要因）、(C) phase（段階）、(D) reason（理由）にはポジティブな含意がなく、空所に合いません。また、factor と phase は可算名詞で使うので、a が必要になり、この点からも外せるでしょう。

重要語　□ crucial　形 重要な　　□ fast-selling　形 売れ行きのいい
　　　　　　□ robotic vacuum　ロボット掃除機

〈名詞 + 名詞〉のコロケーション

　名詞と名詞が定型的に結びつく表現は、ビジネスでは数多くあります。覚えておくと解答に役立ちます。以下は代表的なものです。

□ assembly line　組み立てライン

□ benefits package　福利厚生パッケージ

□ completion deadline　完成期限

□ confidentiality agreement　守秘義務契約

□ contingency plan　緊急時対応策

□ customer [brand] loyalty　顧客［ブランド］忠誠心

□ expiration date　有効期限；賞味期限

□ feasibility study　事業化調査　＊事業開始前の予備調査のこと。

□ flagship store　旗艦店

□ focus group　フォーカスグループ　＊市場調査のための顧客グループ。

□ gala dinner　祝賀ディナー

□ installment payments　分割払い

□ insurance coverage　保険の補償範囲

□ keynote address [speech]　基調スピーチ

□ landmark decision　画期的な決断

□ lighting fixtures　照明器具　＊fixtureは「固定した設備」。

□ maternity leave　出産休暇　＊childcare leave（育児休暇）

□ membership rewards　会員特典

□ panel interview　パネル面接；集団面接

□ photo identification　写真付き身分証

□ safety precaution　安全措置

□ signature product　代表的な製品

□ tax return　納税申告　＊returnは「申告」の意味。

□ testimonial advertising　証言広告　＊ユーザーの感想に基づく広告。

□ track record　実績；業績

□ traffic disruption　交通の混乱；交通渋滞

DAY 7

Part 6

長文空所補充問題

「長文空所補充問題」速解の鉄則

●**問題のタイプ**　長文を読んで、空所に入る適切な選択肢を選ぶ問題です。
●**傾向**　メールやレターを中心に、告知、広告、記事など多彩なタイプの文章が出題されます。問題文の長さは120語程度です。
●**出題数**　長文は全部で４つあり、各長文に４つずつの空所があります。空所の３つは単語・語句を選ぶ問題で、１つは文を選ぶ問題です。

鉄則1 問題文はすべて読む

　Part 6は長文であるという特性を生かして、文脈を理解して解く設問が設定されています。文選択の問題が典型ですが、単語・語句を選ぶ設問の中にも空所の文だけからは解けないものがあります。また、その設問が空所文だけから解けるのか解けないのかは、一見しただけではわかりません。
　よって、問題文は頭からすべて読むというのが合理的な戦略です。文脈を意識して読みながら各設問に順番に解答していきます。ただし、文選択の設問についてはすべて読んでから解答する方が解きやすいことがあります。

鉄則2 「独立型の設問」の処理

　Part 5と選択肢の並びが同様で、空所のある文だけから解ける問題があります。こうした「独立型の設問」はPart 5の解き方で解くことができます。

鉄則3 「文脈依存の設問」の処理

　Part 5と見かけの選択肢の並びは同じでも、空所のある文だけでは解けない設問があります。「動詞の時制」「表現の言い換え」「つなぎ言葉の選択」などは「文脈依存の設問」の典型です。

動詞の時制
　→　前後の文に時制のヒントになる言葉を探したり、時制を示す状況を把握したりします。

表現の言い換え
　→　前出の言葉が空所で別の言葉に言い換えられます。
　　company picnic（社内ピクニック）→ event（行事）
　　lounge expansion（ラウンジの拡張）→ renovation（改修）
　　sightseeing spot（観光名所）→ landmark（名所）

つなぎ言葉（接続詞・接続副詞）
→　前文（までの流れ）と空所文との関係を読み取り、その論理関係に従って、適切なつなぎ言葉を選択します。
　　［順接］so（それで）、hence（それゆえ）
　　［逆接］but / however（しかし）
　　［付加］in addition（加えて）、likewise（同様に）
　　［対比］meanwhile（一方で）、instead（そうではなくて）

鉄則4 「文選択の設問」の処理

　文（センテンス）が選択肢に並ぶ問題です。文章の論旨・テーマを把握する必要がありますが、特に前後の文に注意するようにしましょう。

　文選択の問題を苦手とする人がいますが、実際には素直な設問が大半です。正解・不正解がはっきりとわかる選択肢がほとんどです。

話のテーマと流れ
→　問題の文章の「全体のテーマ」と、そのテーマの細部の内容がどう流れていくかをつかむことが大切です。「流れ」「論理関係」をつかめば正しい選択肢がわかります。例えば、次のように文章を追います。
（テーマ）施設の改修
（流れ）「改修開始の日時」→「改修の内容」→「社員への要請」→
　　　　「改修後の利点」→「改修完了の日時」
似通った言葉・関連語
→　前文や後続文に、正解の挿入文と似通った言葉や関連のある言葉が入っていないかどうかチェックします。

鉄則5 時間を意識する

　高得点をめざす人はPart 6も一定時間内に処理することが必要になります。目標とする時間は4題で8分、1設問当たり30秒です。

　本書や公式問題集などで、4題のセットをまとめて解く練習をしておきましょう。問題文や設問の難度によって、かかる時間も変わってきます。4題全体でどれくらいかかるのか、自分なりの感触を掴んでおくことが大切です。

　Part 6を正確にスピーディーに処理するには「速読力」が必要ですが、速く読む基盤になるのは単語力です。問題練習の一方で、単語力を増強しておくことは不可欠です。これは全パートについて当てはまります。

DAY 7

速解⑭ 問題文は頭からすべて読む

▶ 設問は読みながら順次解いていく。ただし、文選択の設問は最後まで読んでからのほうが解きやすい。

Questions 1-4 refer to the following notice.

Subject: Fire drill planned

Dear staff,

Safety always comes first, and we at Atlas Lucks understand this. A fire drill ------- on January 20th from 5-6 p.m. This time,
1.
we will invite Sarah Palmer, the renowned drill instructor who is planning to deliver an introductory security seminar for us -------
2.
the fire drill on that day from 6:30 p.m. -------. For further
3.
information, please refer to the updated security handbook available on our company website.

We expect active and genuine participation from you so that our ------- are well-prepared in case of a fire emergency.
4.

Thank you.

Regards,

Patricia Thompson, Security Office

速解⑮「文脈依存の設問」は空所文の前後にヒントを探す

▶ Q1 は次の文の時制をチェックする。

1. (A) was conducted
(B) will be conducted
(C) has been conducted
(D) being conducted

▶ Q2 は前文と空所文の時間表現を照合する。

2. (A) prior to
(B) similar to
(C) following
(D) during

速解⑯「文選択の設問」は文脈を把握する必要がある。関連語がヒントになる

▶ Q3 は空所文までの内容・文脈を確認する。

3. (A) As always, we are striving for office security.
(B) You can register either online or by dropping by the office.
(C) The drill turned out to be a huge success.
(D) Participation is not mandatory, but preferable.

速解⑰「独立型の設問」は空所文だけで解ける

▶ Q4 は空所に選択肢の単語を一つずつ当てはめてみる。

4. (A) premises
(B) policies
(C) options
(D) advisers

DAY 7

解答・解説

訳 設問1〜4は次の告知に関するものです。

件名：計画中の火災避難訓練

社員の皆様

安全はいつも第一であり、私たちアトラス・ラックスもこのことを認識しています。火災避難訓練を1月20日の午後5〜6時に ⁽¹⁾実施します。このときに、私たちは名高い訓練インストラクターのサラ・パーマーをお呼びしています。彼女はその日の午後6時30分から、火災避難訓練 ⁽²⁾に続いて私たちのために入門的な安全セミナーを行ってくれる予定です。⁽³⁾必須ではありませんが、参加が望ましいです。さらに詳しい情報については、会社のウェブサイト上で閲覧できる最新の安全ハンドブックを参照してください。

私たちは、会社の ⁽⁴⁾敷地が火災という緊急事態に備えて万全となるように、皆さんの積極的で真摯な参加を期待しています。

ありがとうございます。

よろしくお願いします。

パトリシア・トンプソン、安全オフィス

....

重要語 □ fire drill　火災避難訓練　　□ renowned　形 名高い
　　　　　□ instructor　名 講師　　□ introductory　形 入門的な
　　　　　□ refer to　〜を参照する　　□ active　形 積極的な
　　　　　□ genuine　形 真摯な　　□ participation　名 参加
　　　　　□ emergency　名 緊急事態

1.　文脈依存

 選択肢をチェックする

さまざまな動詞の変化形が並ぶ「動詞の形問題」です。

(A) was conducted ·················· 過去形（受動態）

(B) will be conducted ·············· 未来形（受動態）

(C) has been conducted ········ 現在完了（受動態）

(D) being conducted ·············· 現在分詞（受動態）

 速解ポイントはココだ！

この文には述語動詞がないので、適切な述語動詞を選びます。**(A)〜(C)の選択肢から時制がポイントであることがわかります。**まず、現在分詞の(D) being conductedを外しておきます。

 選択肢を絞る

次の文はThis time, we will invite 〜と未来形なので、on January 20th from 5-6 p.m.は未来のことです。よって、(B) will be conductedが正解になります。

正解：(B)　★

2.　文脈依存

 選択肢をチェックする

さまざまな前置詞が並ぶ問題です。

(A) prior to ··············· 〜より前に

(B) similar to ·········· 〜と同様な

(C) following ·········· 〜に続いて

(D) during ················ 〜の間に

 速解ポイントはココだ！

空所の前後のan introductory security seminar（入門的な安全セミナー）とthe fire drill（火災避難訓練）の時間関係を見極めることがポイントです。

3 選択肢を絞る

空所の文から「安全セミナー」が行われるのはon that day from 6:30 p.m.（その日の6時30分）、前文から「火災避難訓練」が行われるのはfrom 5-6 p.m.（5～6時）なので、順番は「火災避難訓練」→「安全セミナー」です。よって、この時間関係に合う前置詞は(C) followingです。

正解：(C)　★

---

3. 文選択

1 選択肢をチェックする

適切な挿入文を選ぶ「文選択の問題」です。

(A) As always, we are striving for office security.
　　いつものように、私たちはオフィスの安全のために努力しています。

(B) You can register either online or by dropping by the office.
　　あなたはオンラインかオフィスに立ち寄ることで登録できます。

(C) The drill turned out to be a huge success.
　　訓練は大成功となりました。

(D) Participation is not mandatory, but preferable.
　　必須ではありませんが、参加が望ましいです。

2 速解ポイントはココだ！

空所までの文脈は「火災避難訓練の日程」→「訓練の後の有名講師による安全セミナー」です。**火災避難訓練のテーマが続いているので、空所文もこのテーマに沿ったものでないといけません。**

3 選択肢を絞る

可能性のあるのは(C)か(D)ですが、(C)は訓練を過去のものと記述しているので不適。(D)の「必須ではありませんが、参加が望ましいです」が適切です。

正解：(D)　★

4.　独立型

1 選択肢をチェックする

さまざまな名詞が並ぶ「名詞の単語問題」です。

(A) premises ………敷地

(B) policies ……………方針

(C) options ……………選択肢

(D) advisers …………アドバイザー

2 速解ポイントはココだ！

空所はso that以下にあり、「私たちの〜が火災という緊急事態に備えて万全となるように」の意味です。**「火災に備えて何を万全にするか」を考えます。選択肢を一つずつ当てはめてみましょう。**

3 選択肢を絞る

(A) premisesは「敷地」の意味で、これを入れると文意が通じます。

(B) policies（方針）や(C) options（選択肢）は具体性に欠け、また「万全となる」にも合いません。(D) advisers（アドバイザー）はそれまでに言及がなく唐突で、文脈に合いません。

正解：(A)　★★★

Questions 1-4 refer to the following advertisement.

Every night, hundreds of aircraft -------- in the starry sky. We,
1.
Stardust Airways, believe airplanes are more than just a means of
transportation—rather, they are a key -------- of pleasurable travel
2.
experiences. For more than 50 years, we have prided ourselves on
having offered luxuries and comforts for our passengers. During the
month of August, we will be implementing a broad discount
campaign for our loyal passengers. -------- having experienced flying
3.
with us is eligible to apply for this offering. To register, download the
app and create your own account. --------. We will incorporate your
4.
input as much as we possibly can to further improve our services.

---

1. (A) flied
   (B) have been flying
   (C) are flying
   (D) will be flying

2. (A) ingredient
   (B) digit
   (C) material
   (D) component

3. (A) Anyone
   (B) All
   (C) Whoever
   (D) Those

4. (A) Successful applicants will be notified within a week.
   (B) Please refrain from applying for multiple openings.
   (C) We always put the highest customer service above anything else.
   (D) If possible, we would be grateful if you gave us your feedback.

Questions 5-8 refer to the following letter.

Tina Le Conte, Area Manager
Defresh Supermarkets
61 Helvi Street
Glasston, GL 55023

Dear Ms. Le Conte,

I am writing in the hope that Defresh Supermarkets would be interested in supporting the work of the ------- action group, Friends of Glasston (FOG). Our group has done some amazing work cleaning and restoring the natural areas of Glasston.
5.

Our next major cleanup will target the banks of Norwich River, where our members will be removing trash and renovating the walking paths. To ------- the materials and garbage removal, we rely on sponsorship from local businesses. ------- sponsoring FOG, you will be featured on our Web site, and you are free to use images from the cleanup in your own promotional material.
6.　　　　　　　　　　　　　　　7.

Today people want to use businesses which have strong social responsibility. -------. Thank you for your consideration, and we look forward to working with you.
8.

Sincerely,

Joshua Brooks, Friends of Glasston

5. (A) historical
    (B) environmental
    (C) educational
    (D) international

6. (A) fund
    (B) examine
    (C) display
    (D) convert

7. (A) So
    (B) By
    (C) With
    (D) To

8. (A) The way of doing business has changed in recent years.
    (B) Your contribution was spent on training new members.
    (C) People of all ages help us in our campaigns.
    (D) Donating to FOG shows you care about the community.

Questions 9-12 refer to the following invitation.

We wish to invite all members of the sales division to a company barbecue on Saturday, April 11. The event, ------- on the grounds of
9.
the company, is to show appreciation to our long-standing customers. We expect over thirty clients to come, and so your help is needed to ------- everything runs smoothly. That includes chatting
10.
to guests and showing people where to sit. It will be a professionally catered affair, with delicious grilled meats for you to enjoy. -------.
11.
Due to the nature of the event, it will be treated as a work activity. As a result, ------- who attend will receive a paid vacation day to be
12.
used anytime this year. To confirm your attendance, please e-mail Josh in Human Resources by April 5.

9. (A) will be held
(B) holding
(C) to be held
(D) was being held

10. (A) insure
(B) encourage
(C) ensure
(D) convince

11. (A) Please bring some cooking equipment from home.
(B) There will be vegetarian options also.
(C) The clients must be contacted directly by you.
(D) Everyone seemed to enjoy the event.

12. (A) those
(B) several
(C) most
(D) anything

Questions 13-16 refer to the following e-mail.

To: Regina Wighton <wighton.r@rushredint.com>
From: Miguel Montero <miguel@destino-trans.com>
Date: September 6
Subject: RE: Translation of Web site

Hello Ms. Wighton,

Please accept my apologies for replying so late to your e-mail. I was away from my office on vacation for five days. -------. I would be glad to perform the translation of your shop's Web site into Spanish. -------, I am finishing up a small job and will be able to start on the 8th. Having looked at your site, I estimate it will take approximately three days to complete the Spanish version. Therefore, the budget you proposed in your last e-mail is -------. ------- we can discuss the finer details of the project, I would like to arrange a video chat for either today or tomorrow. When is convenient for you?

I look forward to hearing from you again.

Miguel Montero, Destino Translation Services

13. (A) I should have posted it on my Web site.
(B) There was a problem with the e-mail server.
(C) Thank you for asking about my trip.
(D) My colleague started work on your project.

14. (A) Moreover
(B) Currently
(C) However
(D) Unfortunatel

15. (A) disappointing
(B) relevant
(C) practical
(D) sufficient

16. (A) So that
(B) Even if
(C) By then
(D) Not only

Questions 1-4 refer to the following advertisement.

Every night, hundreds of aircraft ---¹--- in the starry sky. We, Stardust Airways, believe airplanes are more than just a means of transportation— rather, they are a key ---²--- of pleasurable travel experiences. For more than 50 years, we have prided ourselves on having offered luxuries and comforts for our passengers. During the month of August, we will be implementing a broad discount campaign for our loyal passengers. ---³--- having experienced flying with us is eligible to apply for this offering. To register, download the app and create your own account. ---⁴---. We will incorporate your input as much as we possibly can to further improve our services.

訳 設問1～4は次の広告に関するものです。

毎夜、何百機もの飛行機が星降る空を ⁽¹⁾飛んでいる。私たち、スターダスト・エアウェイズは、飛行機は単なる移動手段以上のもの、むしろ快適な旅行体験の重要な ⁽²⁾要素であると考えています。50年以上にわたって、私たちは乗客の皆様にぜいたくと快適を提供してきたことを自負しています。8月いっぱい、私たちは大切なお客様のために幅広い割引キャンペーンを実施します。私たちと一緒に飛行した経験のある ⁽³⁾だれもが、この割引を受けられます。登録するためには、アプリをダウンロードして、お客様のアカウントを作成してください。⁽⁴⁾可能であれば、感想をいただけますとありがたいです。私たちのサービスをさらに改善するために、お客様のご意見をできるかぎり取り入れさせていただきます。

重要語
- □ starry 形 星が輝く
- □ means 名 手段
- □ pleasurable 形 快適な
- □ luxury 名 ぜいたく
- □ comfort 名 快適
- □ implement 動 実施する
- □ loyal 形 愛顧の
- □ eligible 形 資格のある
- □ register 動 登録する
- □ incorporate 動 取り入れる

1. 正解：(C) ★ 文脈依存

動詞の形問題です。

(A) flied 過去形   (B) have been flying 現在完了進行形
(C) are flying 現在進行形   (D) will be flying 未来進行形

`速解 Point!` 述語動詞の時制を選ぶ問題です。**冒頭の Every night, と次の文に注目します。**

`解説` 次 の 文 で は、We, Stardust Airways, believe airplanes are more than just a means of transportation 〜と、航空機の一般的な話を現在形でしています。ということは、空所文の Every night は現在の繰り返される事象です。現在進行形の (C) are flying が正解です。

---

2. 正解：(D) ★★★ 独立型

名詞の単語問題です。

(A) ingredient 材料   (B) digit 桁
(C) material 材料   **(D) component** 要素

`速解 Point!` 空 所 は they have been a key ------- of pleasurable travel experiences にあります。they はこの文の前半から airplanes のことです。**つまり、「飛行機は快適な旅行体験の重要な〜である」と言っているのです。**

`解説` (D) component は物に使えば「部品」の意味ですが、抽象的に「要素 (factor)」の意味でも使えるので、これが最適です。

(A) ingredient（材料）や (C) material（材料）は key との結びつきは問題ありませんが、experiences（体験）との関係が不適です。(B) digit（桁）は意味的に明らかにおかしいです。

3. 正解：(A) ★★ 独立型

代名詞の問題です。

(A) Anyone だれでも	(B) All すべての人
(C) Whoever だれでも	(D) Those 人々

速解 Point! ------ having experienced flying with us is eligible to apply for this offering. から、空所は主語の要素です。**動詞が is で単数の主語を受けていることに注目します。**

解説 (B) All（すべての人）や (D) Those（人々）は複数なので不可。(C) Whoever（だれでも）は単数扱いですが、関係代名詞なので、現在分詞が続くここでは使えません。

　(A) Anyone（だれでも）は現在分詞を続けることができ、単数扱いなので、これが正解です。

---

4. 正解：(D) ★★ 文選択

文選択の問題です。

(A) Successful applicants will be notified within a week.
　　採用になった候補者には1週間以内にお知らせします。
(B) Please refrain from applying for multiple openings.
　　複数の求人に応募するのはお控えください。
(C) We always put the highest customer service above anything else.
　　私たちはいつも最高の顧客サービスを他の何よりも重視しています。
(D) If possible, we would be grateful if you gave us your feedback.
　　可能であれば、感想をいただけますとありがたいです。

速解 Point! **空所の次の文に注目します。類似の表現がヒントになります。**

解説 次の文には your input（お客様の意見）という表現があり、「私たちのサービスをさらに改善するために、お客様のご意見をできるかぎり取り入れさせていただきます」という内容です。空所の文はその関連のことが述べられているはずです。(D) は your feedback（お客様の感想）という input の類似表現が使われ、感想を求める内容なので、これが正解です。

　他の選択肢は「お客様の感想」に関係のない内容です。

Questions 5-8 refer to the following letter.

Tina Le Conte, Area Manager
Defresh Supermarkets
61 Helvi Street
Glasston, GL 55023

Dear Ms. Le Conte,

I am writing in the hope that Defresh Supermarkets would be interested in supporting the work of the ------- action group, Friends of Glasston (FOG).
5.
Our group has done some amazing work cleaning and restoring the natural areas of Glasston.

Our next major cleanup will target the banks of Norwich River, where our members will be removing trash and renovating the walking paths. To
------- the materials and garbage removal, we rely on sponsorship from
6.
local businesses. ------- sponsoring FOG, you will be featured on our
7.
Web site, and you are free to use images from the cleanup in your own promotional material.

Today people want to use businesses which have strong social responsibility. -------. Thank you for your consideration, and we look
8.
forward to working with you.

Sincerely,

Joshua Brooks, Friends of Glasston

訳 設問5〜8は次のレターに関するものです。

ティナ・ル・コンテ、地域マネジャー
デフレッシュ・スーパーマーケッツ
ヘルヴィ・ストリート61
グラストン、GL 55023

ル・コンテ様

デフレッシュ・スーパーマーケッツが ⁽⁵⁾ 環境行動グループであるフレンズ・オブ・グラストン（FOG）の仕事を支援することに関心を持たれるのを期待しつつ書いています。私たちのグループは、グラストンの自然地区を清掃・修復する目覚ましい仕事をしてきました。

私たちの次の主要な清掃作業はノーウィッチ川の岸を予定しています。そこで、私たちのメンバーがゴミを除去して、散歩道を整備します。材料とゴミ除去 ⁽⁶⁾ の費用を賄うために、私たちは地元企業の経済的支援に頼っています。FOGをご支援いただくこと ⁽⁷⁾ によって、御社は私たちのウェブサイトで紹介され、販促素材に清掃作業の画像を自由に使用することができます。

今日、人々は強い社会的責任を持つ企業を使うことを望んでいます。⁽⁸⁾ FOGに寄付をすることは御社が地元社会を気遣っていることを示します。ご配慮に感謝しますとともに、一緒

157

に仕事ができることを期待しています。

敬具

ジョシュア・ブルックス、フレンズ・オブ・グラストン

重要語 □ amazing **形** すばらしい　□ restore **動** 修復する　□ bank **名** 岸
□ remove **動** 除去する　□ trash **名** ごみ　□ renovate **動** 修理する
□ path **名** 小道　□ garbage **名** ごみ　□ feature **動** 取り上げる
□ social responsibility　社会的責任

---

5. 正解：(B)　★　文脈依存

形容詞の単語問題です。

| (A) historical　歴史的な | **(B) environmental**　環境の |
| (C) educational　教育の | (D) international　国際的な |

速解 Point! 空所は the ------- action group, Friends of Glasston (FOG) にあり、**フレンズ・オブ・グラストン（FOG）が「どんな行動グループか」を考えます。次の文にヒントがあります。**

解説 次の文から DOG が「自然地区を清掃・修復する目覚ましい仕事をした」ことがわかるので、(B) environmental（環境の）が正解です。

---

6. 正解：(A)　★★　独立型

動詞の単語問題です。

| **(A) fund**　資金を提供する | (B) examine　検証する |
| (C) display　展示する | (D) convert　転換する |

速解 Point! 空所は To ------- the materials and garbage removal, we rely on sponsorship from local businesses. にあります。**sponsorship という単語に注目します。**

解説 sponsorship は「経済的支援」を表すので、(A) fund（資金を提供する）が適切です。「材料とゴミ除去の費用を賄うために、私たちは地元企業の経済的支援に頼っています」となって、文意が通ります。

7. 正解：(B) ★★ 独立型

接続詞と前置詞の混合問題です。

(A) So　それで（接続詞）
(B) By　〜によって（前置詞）
(C) With　〜を伴って（前置詞）
(D) To　〜に（前置詞）

速解 Point! 空所はカンマまでの ------- sponsoring FOG,（FOG を支援する〜）にあり、この部分と主文との関係を考えます。

解説 主文は「御社は私たちのウェブサイトで紹介され、御社は販促素材に清掃作業の画像を自由に使用することができます」という意味です。カンマまでの部分は主文の you（御社）の行為と考えられるので、(B) By（〜によって）を入れれば前後がうまくつながります。

空所の後が動名詞であることに注目して、動名詞と親和性の高い by を想定すれば時間を短縮できます。

8. 正解：(D) ★★ 文選択

文選択の問題です。

(A) The way of doing business has changed in recent years.
　事業を運営する方法は近年、変化しました。
(B) Your contribution was spent on training new members.
　あなたの寄付は新規メンバーの訓練に使われました。
(C) People of all ages help us in our campaigns.
　あらゆる年齢層の人々が私たちのキャンペーンを支援してくれます。
(D) Donating to FOG shows you care about the community.
　FOGに寄付をすることは御社が地元社会を気遣っていることを示します。

速解 Point! 前文は「今日、人々は強い社会的責任を持つ企業を使うことを望んでいます」と、「社会的責任の意義」を述べています。

解説 「FOGに寄付をすることは御社が地元社会を気遣っていることを示します」と、「社会的責任の意義」を強調して寄付を求める (D) が最適です。

(A) は本文と関係のない内容です。本文全体から相手企業はまだ寄付をしていないと考えられるので「寄付が使われた」とする (B) は不適です。(C) は個人の寄付について述べていますが、本文の内容は企業の寄付なので、これも不適です。

DAY 7

Questions 9-12 refer to the following invitation.

We wish to invite all members of the sales division to a company barbecue on Saturday, April 11. The event, ------- on the grounds of the company, is to show appreciation to our long-standing customers. We expect over thirty clients to come, and so your help is needed to ------- everything runs smoothly. That includes chatting to guests and showing people where to sit. It will be a professionally catered affair, with delicious grilled meats for you to enjoy. -------. Due to the nature of the event, it will be treated as a work activity. As a result, ------- who attend will receive a paid vacation day to be used anytime this year. To confirm your attendance, please e-mail Josh in Human Resources by April 5.

訳 設問9〜12は次の招待状に関するものです。

私たちは販売部のメンバー全員を4月11日土曜日の社内バーベキューに招待いたします。このイベントは会社の敷地で ⁽⁹⁾ 行われるもので、長くお付き合いのあるお客様に感謝を示すためのものです。30人以上のお客様が来る予定で、すべてが円滑に進むことを ⁽¹⁰⁾ 確実にするために皆様の手助けが必要です。それには、お客様との雑談や座席への案内も含まれます。これは専門業者が仕出しで対応するイベントで、グリルされたおいしい肉を楽しむことができます。⁽¹¹⁾ ベジタリアンの食材も用意します。イベントの性質上、これは業務として扱われます。結果として、出席 ⁽¹²⁾ 者は年内にいつでも使える有給休暇を一日取得することになります。あなたの参加を確認するために、4月5日までに人事部のジョシュまでメールをください。

重要語
- [ ] appreciation **名** 感謝　　[ ] long-standing **形** 長期にわたる
- [ ] run **動** 進行する　　[ ] cater **動** 仕出しをする
- [ ] affair **名** 行事；イベント　　[ ] grill **動** 網焼きにする　　[ ] treat **動** 扱う
- [ ] as a result 結果として　　[ ] paid vacation 有給休暇
- [ ] confirm **動** 確認する　　[ ] attendance **名** 参加

9. 正解：(C) ★★ 文脈依存

動詞の形問題です。

(A) will be held 未来形（受動態）　　(B) holding 現在分詞
(C) to be held 不定詞（受動態）
(D) which was held which + 過去形（受動態）

速解Point! 空所部分は挿入されています。**The event とつながる動詞の形が必要で、前後の文脈からこのイベントは未来のことです。また、event は「開催される」ので受動態である必要もあります。**

解説 これら3つの条件を満たすのは、不定詞で受け身の形の (C) to be held です。不定詞の形容詞用法として前の event を修飾させることが可能です。
　他の選択肢はこれら条件を満たしません。

10. 正解：(C) ★★ 独立型

動詞の単語問題です。

(A) insure 保証する　　(B) encourage 促進する
(C) ensure 確かなものにする　　(D) convince 納得させる

速解Point! 空所は ------- everything runs smoothly にあります。**空所の動詞の後に that が省略されていて、文が続いていることに気づくことがポイントです。つまり、that 節を導ける動詞が必要になります。**

解説 選択肢の動詞で〈動詞 that ～〉の形がとれるのは (C) ensure（確かなものにする）のみです。「すべてが円滑に進むことを確実にする」と適切な文になるので、これが正解です。

　(D) convince（納得させる）は意味も合いませんが、〈convince A that ～〉（A に～を納得させる）という形で that 節をとります。(A) insure（保証する）や (B) encourage（促進する）には that 節を導く用法がありません。

DAY 7

11. 正解：(B) ★★ 文選択

文選択の問題です。

(A) Please bring some cooking equipment from home.
調理器具をご自宅から持参してください。

(B) There will be vegetarian options also.
ベジタリアンの食材も用意します。

(C) The clients must be contacted directly by you.
クライアントにはあなたから直接、連絡を取らなければなりません。

(D) Everyone seemed to enjoy the event.
だれもがこのイベントを楽しんだようです。

速解 Point! 空所の前文は「これは専門業者が仕出しで対応するイベントで、グリルされたおいしい肉を楽しむことができます」と、「イベントの食事」に関する内容です。

解説 (B) の「ベジタリアンの食材も用意します」は、イベントの食事の追加説明なので、これが適切です。

(A) は「専門業者が仕出しで対応する」という前文と矛盾します。(C) は内容的に文脈に合いません。(D) はこれから行われるイベントが過去のことになっていて不適切です。

---

12. 正解：(A) ★★ 独立型

名詞・代名詞を選ぶ問題です。

(A) those 人々   (B) several 数人
(C) most 大多数   (D) anything すべてのもの

速解 Point! 空所は As a result, ------- who attend will receive a paid vacation day to be used anytime this year. にあります。**関係代名詞の先行詞として、意味的にどれが適切かを考えます。**

解説 文脈から「有給休暇を一日取れる」のは、イベントに参加した社員です。(A) those は「（それらの）人々」と限定する機能があるので、ここでは「出席した人々」と適切な表現をつくれます。

有給休暇は参加した社員全員が取れると考えられるので、(B) several（数人）や (C) most（大多数）は不適です。(D) anything（すべてのもの）は人には使いません。

Questions 13-16 refer to the following e-mail.

To: Regina Wighton <wighton.r@rushredint.com>
From: Miguel Montero <miguel@destino-trans.com>
Date: September 6
Subject: RE: Translation of Web site

Hello Ms. Wighton,

Please accept my apologies for replying so late to your e-mail. I was away from my office on vacation for five days. -------. I would be glad to perform the translation of your shop's Web site into Spanish. -------, I am finishing up a small job and will be able to start on the 8th. Having looked at your site, I estimate it will take approximately three days to complete the Spanish version. Therefore, the budget you proposed in your last e-mail is -------. ------- we can discuss the finer details of the project, I would like to arrange a video chat for either today or tomorrow. When is convenient for you?

I look forward to hearing from you again.

Miguel Montero, Destino Translation Services

訳 設問13〜16は次のメールに関するものです。

受信者：レジーナ・ワイトン <wighton.r@rushredint.com>
発信者：ミゲル・モンテロ <miguel@destino-trans.com>
日時：9月6日
件名：RE: ウェブサイトの翻訳

ワイトン様

あなたのメールへの返信が遅れましたことをお詫びいたします。休暇で5日ほど会社を離れておりました。(13)そのことを私のウェブ上に載せておくべきでした。あなたの店のウェブサイトをスペイン語に翻訳できることを嬉しく思っています。(14)現在、私はちょっとした仕事を片付けているところで、8日から仕事を始められます。あなたのサイトを見たところ、スペイン語版を完了するのに約3日かかると見積もっています。そういうわけで、あなたが最後のメールで提示された予算で(15)十分です。この仕事の詳細を話し合う(16)ために、今日か明日にでもビデオチャットを設定できればと思います。いつがご都合がよろしいですか。

お返事をお待ちしております。

ミゲル・モンテロ、デスティノ翻訳サービシズ

重要語 □ be away from　〜を離れている　　□ perform 動 実行する
□ estimate 動 見積もる　　□ approximately 副 約
□ complete 動 完了する　　□ fine 形 細かい　　□ arrange 動 設定する

13. 正解：(A) ★★ 文選択

文選択の問題です。

(A) I should have posted it on my Web site.
  そのことを私のウェブ上に載せておくべきでした。
(B) There was a problem with the e-mail server.
  メールサーバーに問題がありました。
(C) Thank you for asking about my trip.
  私の旅行についてお聞きいただきありがとうございます。
(D) My colleague started work on your project.
  私の同僚が御社の仕事を始めました。

速解 Point! **空所は第3文にあり、それまでの文脈を確認します。**

解説 空所までの2文の内容は「メールの返事が遅れたことのお詫び」→「バケーションという遅れた理由」です。お詫びの流れで、「そのことを私のウェブ上に載せておくべきでした」としている (A) が適切です。

(B) の「メールサーバーに問題がありました」はメールが遅れた理由の説明ですが、第2文ですでに「バケーション」という理由を挙げていることと矛盾します。(C) や (D) は内容が文脈に合いません。

---

14. 正解：(B) ★★ 文脈依存

副詞の単語問題です。

(A) Moreover さらに   **(B) Currently** 現在
(C) However しかし   (D) Unfortunately 残念ながら

速解 Point! **選択肢にはつなぎ言葉もあるので、前文との関係を考えながら、絞っていきます。**

解説 前文は「あなたの店のウェブサイトをスペイン語に翻訳できることを嬉しく思っています」で、空所文は「〜私はちょっとした仕事を片付けているところで、8日から仕事を始められます」です。前文に対して何かを付け加えているわけではないので、(A) Moreover（さらに）は不可。逆の内容になっていないので、(C) However（しかし）も不可。空所文でネガティブなことを述べているわけでもないので、(D) Unfortunately（残念ながら）も不可です。

消去法で残りは (B) Currently（現在）です。Currently を入れれば、空所文は適切な流れになります。

15. 正解：(D) ★★ 文脈依存

形容詞の単語問題です。

(A) disappointing 失望させる	(B) relevant 関係する
(C) practical 実際的な	**(D) sufficient** 十分な

速解 Point! 空所は Therefore, the budget you proposed in your last e-mail is -------. にあり、**the budget（予算）を説明する形容詞を選びます。前文も参考にします。**

解説 前文は「あなたのサイトを見ましたところ、スペイン語版を完了するのに約３日かかると見積もっています」で、特に問題が指摘されているわけではありません。よって、(A) disappointing（失望させる）は不適で、(D) sufficient（十分な）が適切です。

　(B) relevant（関係する）や (C) practical（実際的な）では budget の説明になりません。

----

16. 正解：(A) ★★ 独立型

接続詞系と副詞系の表現が混在しています。

(A) So that 〜するために	(B) Even if たとえ〜でも
(C) By then そのときまで	(D) Not only 〜だけでなく

速解 Point! 空所は ------- we can discuss the finer details of the project. までの冒頭にあります。**カンマまでの従属節を後続の主節につなぐ必要があるので、接続詞が必要です。まず、副詞として使う (C) By then（そのときまで）と (D) Not only（〜だけでなく）を外せます。**

解説 カンマまでの前半は「この仕事の詳細を話し合う」、後半は「今日か明日にでもビデオチャットを設定できればと思います」です。前半は「目的」だと考えられるので、(A) So that（〜するために）を入れれば、前後がうまくつながります。

　(B) Even if（たとえ〜でも）は「譲歩」で、ここでは文脈に合いません。

DAY 7

 **つなぎ言葉**

　Part 6では文脈を制御する「つなぎ言葉」を選ぶ問題がよく出ます。基本的なつなぎ言葉の用法を知っておきましょう。

〈順接〉
☐ therefore（それゆえに）　　　☐ hence（それゆえに）
☐ consequently（その結果）　　☐ as a result（その結果）
☐ then（そして）　　　　　　　☐ accordingly（それを受けて）
☐ thus（したがって）

〈逆接・譲歩〉
☐ however（しかしながら）　　☐ still（にもかかわらず）
☐ yet（それでも；しかし）
☐ nonetheless / nevertheless / notwithstanding（にもかかわらず）
☐ even so（そうは言っても）
☐ regardless（それにもかかわらず；それでもなお）

〈付加〉
☐ besides（そのうえ）　　　　　☐ in addition（そのうえ）
☐ likewise（同様に）　　　　　　☐ furthermore / moreover（さらに）
☐ along with this（これとともに）

〈その他〉
☐ anyway（とにかく）［話題の転換］
☐ meanwhile（一方で）［対比］
☐ otherwise（そうでなければ）［否定の条件］
☐ subsequently（その後に）［時間の前後関係］
☐ instead（そうではなくて）［否定・対比］
☐ incidentally（ちなみに）［話題の導入］
☐ in fact（実際に）［強調］　（それどころか）［否定・訂正］
☐ in contrast（対照的に）［比較］
☐ on the other hand（一方）［比較］
☐ that is to say（すなわち）［言い換え］
☐ to sum up（要約すると）［要約］

DAY 8

Part 5•6

模擬テスト1

学習の仕上げに Part 5・6 の
模擬テストにトライしましょう。
時間も意識しながら解いてみましょう。

解答時間 記入欄	1回目	2回目	3回目	目標時間
	分　　秒	分　　秒	分　　秒	18分00秒

1. Chuwan Noodles Co. ------- its main products in the Thai factory until the new Vietnam plant started operation last May.
   (A) manufactured
   (B) has been manufacturing
   (C) had been manufacturing
   (D) would have manufactured

2. Some delivery services give you the option to sign ------- your package online, so you are free to leave your house.
   (A) up
   (B) in
   (C) on
   (D) for

3. The president of Mandarin Airlines ------- that the number of passengers traveling in East Asia will increase in the next quarter.
   (A) demands
   (B) amends
   (C) predicts
   (D) recovers

4. ------- to this e-mail are a list of our office furniture and the quotation for the Nordic X3 high-back ergonomic chair.
   (A) Attached
   (B) Attaching
   (C) Attachment
   (D) Attach

5. When returning faulty goods, we ask that they ------- in their original packaging.
   (A) be put
   (B) put
   (C) are putting
   (D) had been put

6. In Metal Build Europe, the CEO at Fairmont Steel delivered a keynote speech for the third ------- year.
   (A) approximate
   (B) separate
   (C) particular
   (D) consecutive

7. Under the contract's -------, the contractor must complete the first phase of the construction by the end of the year.
   (A) parties
   (B) provisions
   (C) sealing
   (D) representatives

8. Some participants in the meeting demanded more ------- data to show that the sales target for the new product could be achieved.
   (A) convince
   (B) convinced
   (C) convincing
   (D) convincer

9. ------- is unique about the movie is that the director shot all the scenes by himself.
   (A) That
   (B) What
   (C) Whatever
   (D) If it

10. Home Energy Assistance Program allows qualified households to apply for grants towards their utility bills ------- Aug. 31.
    (A) among
    (B) within
    (C) inside
    (D) through

DAY 8

11. For the next campaign to be successful, team members must come up with ------- out of the blue.
(A) one
(B) it
(C) anyone
(D) something

12. ------- the following Monday, employees may work up to three days a week from home.
(A) Effective
(B) Prior
(C) Immediately
(D) Concerning

13. Lawrence Boulevard will close to traffic to ------- replacing an existing water main.
(A) bring up
(B) account for
(C) allow for
(D) hand in

14. Aurora Hansen had no clear ------- of what to do next when she quit her former company.
(A) credential
(B) account
(C) notion
(D) form

15. Gabriel Sloane is the only author to ------- who has received all three mystery prizes for the first novel.
(A) day
(B) date
(C) datable
(D) dated

16. Countries that fail to attract educated immigrants, i.e., those with sought-after skills, tend to perform poorly -------.

(A) considerably

(B) domestically

(C) economically

(D) successively

17. ------- at Midtown Tower has increased as the demand for office space recovered.

(A) Occupant

(B) Occupied

(C) Occupancy

(D) Occupation

18. Sales of Brilliance Motors last year ------- a record high of 3 million vehicles.

(A) reported

(B) hit

(C) grew

(D) escalated

19. ------- customers for Ernst Jewelry are invited to a meet and greet party that will be held at its Ku'damm shop on March 10th.

(A) Preferably

(B) Preference

(C) Preferring

(D) Preferred

20. To ensure fairness, inquires from potential clients should be ------- assigned to each sales agent.

(A) evenly

(B) wholly

(C) well

(D) early

DAY 8

21. Until its ------- last year, Yamato Socks had been operating in the small town of Koryo.

(A) founding

(B) renovations

(C) relocation

(D) transformation

22. Cars at Nathan Dealership are sold as -------, without any warranties.

(A) be

(B) is

(C) are

(D) were

23. Union Bank's technology advisor Carlos Iniesta ------- some weaknesses in its online banking security.

(A) identified

(B) divided

(C) confused

(D) afforded

24. Lighter paint colors on the walls can make your room appear more -------.

(A) lengthy

(B) durable

(C) moody

(D) spacious

25. Agnes Wang would rather go to the opera after attending the Köln Auto Show ------- joining an evening river cruise.

(A) along with

(B) instead of

(C) on account of

(D) much more than

26. Regarding smartphone use, the findings showed that parents believed their children were -------.
(A) promising
(B) knowledgeable
(C) compulsory
(D) respective

27. Security staff on duty will be alerted ------- any abnormalities are detected on the premises.
(A) now that
(B) anytime
(C) while
(D) the moment

28. Any supplier must sign a ------- agreement before working with the manufacturer.
(A) confidence
(B) confident
(C) confidential
(D) confidentiality

29. As for the ------- outlook, the struggling firm has not only top-notch technology but a competent and motivated workforce.
(A) shorter
(B) entire
(C) wider
(D) official

30. The booklet available at every tourist office provides a quick ------- of the history and culture of the tropical island.
(A) overview
(B) advantage
(C) prospect
(D) outcome

Questions 31-34 refer to the following e-mail.

To: <mailinglist>
From: pr@somer-city.org
Date: August 11
Subject: Family Fun Run

Dear Community Members,

Mark September 1 in your calendar! It's time again for Somer City's annual 5km Fun Run. As always, everyone is welcome ------- ₃₁. experience or fitness level. The race starts at 10:00 A.M. in Sky Park, and there will be food and drink stands plus ------- ₃₂. by local musicians to create a party atmosphere.

------- ₃₃. They will distribute water to the runners and guide them around the course. For race participants there is a $20 entry fee, which includes free water and a ------- ₃₄. of completion. All the money collected will go to Somer Wildlife Charity. Register for the run or to help out by going online at www.somer-city.org/funrun by August 25.

See you there!

Somer City Public Relations Department

31. (A) as well
(B) no matter
(C) in fact
(D) most of

32. (A) performed
(B) performers
(C) perform
(D) performances

33. (A) We also need help in the medical tent.
(B) Paxxon Bank is sponsoring the event.
(C) Instead of running, why not become a volunteer?
(D) Did you know the course has changed?

34. (A) survey
(B) application
(C) certificate
(D) guarantee

Questions 35-38 refer to the following notice.

Turbot-Laing Ltd. employees are advised that the staff cafeteria will not be able to offer meals for the week commencing May 10. This is ------- essential modernization of the kitchens. The cafeteria seating
35.
area will remain open, so employees are welcome to use the area to eat food brought from outside. Please ------- this will only be
36.
permitted for the week of the closure. To make it easier to order food, we ------- for a local catering firm to provide a delivery service.
37.
Menus are placed in each department and lunches can be ordered by telephone. The cafeteria is scheduled to reopen on Monday, May 17. -------.
38.

35. (A) only if
  (B) in terms of
  (C) due to
  (D) in order that

36. (A) inform
  (B) require
  (C) remind
  (D) note

37. (A) arrange
  (B) will arrange
  (C) have arranged
  (D) would have arranged

38. (A) Thereafter, a wider selection of food will be available.
  (B) Accordingly, please make reservations as soon as possible.
  (C) However, you will still need to pay in cash.
  (D) If so, coffee can be enjoyed in the 3rd floor café.

Questions 39-42 refer to the following information.

Congratulations on your purchase. ------- their high quality and
39.
durability, you can trust Everest vehicle luggage racks for your
transportation needs. To attach the rack to the top of your vehicle,
please read the enclosed instructions carefully. Make sure not to
skip any steps. -------. Should you be in any doubt, we advise -------
40.   41.
a car mechanic or dealer fit it for you. The product warranty is valid
for ten years ------- loads do not exceed 100 kilograms. For an
42.
animated guide on installation, visit www.everest-racks.com.

39. (A) With
(B) At
(C) As
(D) By

40. (A) The entire construction is coated with rustproof paint.
(B) The base frame must have no movement in any direction.
(C) Our design has won many awards for its user friendliness.
(D) Cars with a loaded rack can be legally driven on national
expressways.

41. (A) allowing
(B) having
(C) making
(D) using

42. (A) provided
(B) included
(C) maintained
(D) limited

Questions 43-46 refer to the following advertisement.

Joy Gyms Ltd. is running a special promotion for the month of January. For new members who sign up for the basic plan, 30 days' use of our pool, spa, and sauna will be free of charge. Access to these ------- is normally limited to members who purchase our
43.
Platinum monthly plan. -------.
44.

You will also be entitled to a free one-hour session with one of our ------- trained personal trainers. They'll ------- a step-by-step training
45.   46.
schedule to meet your goal of either fitness or weight loss. Visit www.joy-gyms.co.ee today to sign up.

43. (A) results
(B) bonuses
(C) devices
(D) facilities

44. (A) We noticed the pool was mostly used on weekends.
(B) This offer does not apply to those renewing their membership.
(C) The gym has rooms to hire for private events.
(D) You will be given your uniform on the first day.

45. (A) high
(B) highly
(C) higher
(D) height

46. (A) assist
(B) enable
(C) indicate
(D) compile

1. 正解：(C)　★　時制の選択

Chuwan Noodles Co. ------- its main products in the Thai factory until the new Vietnam plant started operation last May.

チュワン・ヌードルズ社は、去年の5月にベトナム新工場が稼働する前までは、タイ工場で主力製品を製造していた。

(A) manufactured　過去形
(B) has been manufacturing　現在完了進行形
(C) had been manufacturing　過去完了進行形
(D) would have manufactured　仮定法過去完了

速解Point! 選択肢の述語動詞の並びから時制に注目します。until 以降の従属節は started と過去形です。

解説 until は「〜まで」の意味なので、主節は過去形よりも前の時制でなければなりません。また、動作は until 〜まで継続するので、過去完了進行形の (C) had been manufacturing が正解になります。

重要語 □ operation　名 操業

---

2. 正解：(D)　★★　sign for（〜に受領のサインをする）

Some delivery services give you the option to sign ------- your package online, so you are free to leave your house.

配送サービスの中にはオンラインで荷物にサインをする選択肢を提供するものがあるので、あなたは自由に自宅を留守にできます。

(A) (sign) up　登録する
(B) (sign) in　サインして入る
(C) (sign) on　契約する
(D) (sign) for　〜に受領のサインをする

速解Point! 空所は sign ------- your package online にあり、続くのが名詞の package なので sign と一緒に使う前置詞がどれかを考えます。

解説 package のような荷物などの「受領」には〈sign for A〉の形を使います。よって、(D) が正解になります。

(A) で sign up なら「登録する」、(B) で sign in なら「サインして入る」、(C) で sign on なら「契約する」で、いずれも意味が合いません。また、up、in、on はどれも副詞で、名詞を続けるには〈sign up for A〉、〈sign in for A〉、〈sign on with A〉などと別途、前置詞を介する必要があります。

重要語 □ option　名 選択肢

3. 正解：(C)　★　that 節を導く動詞

The president of Mandarin Airlines ------- that the number of passengers traveling in East Asia will increase in the next quarter.

マンダリン・エアラインズの社長は、次の四半期には東アジアで旅行する乗客数が伸びると予測する。

(A) demands　要求する　　　　　(B) amends　改正する
(C) predicts　予測する　　　　　(D) recovers　回復する

速解 Point! 空所は The president of Mandarin Airlines ------- that で、that 節を導いています。**選択肢で that 節を導く動詞は (A) demands（要求する）か (C) predicts（予測する）です。**

解説 that 節の意味は「次の四半期には東アジアで旅行する乗客数が伸びる」なので、社長が「要求する」ものではなく、「予測する」ものです。よって、(C) が正解です。

4. 正解：(A)　★★　倒置の文

------- to this e-mail are a list of our office furniture and the quotation for the Nordic X3 high-back ergonomic chair.

このメールに添付されているのは、当社のオフィス家具のリストとノーディック X3 ハイバック人間工学チェアのお見積もりです。

(A) Attached　過去分詞　　　　　(B) Attaching　現在分詞
(C) Attachment　名詞　　　　　(D) Attach　動詞原形

速解 Point! 空所は冒頭にあり、------- to this e-mail となっていますが、次に動詞の are があります。**ポイントは、この文の主語は a list 以下で、長いので倒置されて ------- to this e-mail が前に出ていると気づくことです。**

解説 A list 〜 are ------- to this e-mail. と考えれば、「A list 〜がこのメールに添付されている」という文が想定でき、過去分詞の (A) Attached が正解とわかります。

重要語 □ quotation 名 見積もり　　□ high-back 形 背もたれの高い
　　　　　□ ergonomic 形 人間工学に基づいた

5. 正解：(A) ★★★ 仮定法現在

When returning faulty goods, we ask that they ------- in their original packaging.
欠陥品を返品するときには、それらを元の包装に入れるようにお願いします。

(A) be put 原形（受動態）　　　　(B) put 原形
(C) are putting 現在進行形　　　　(D) had been put 過去完了（受動態）

速解 Point! 空所は that they ------- in their original packaging にあり、that 節の述語動詞の形を選びます。**この that 節を導く動詞が ask である点に着目します。**

解説 ask は「要求」を表す動詞で、この種類の動詞が導く that 節は仮定法現在で、動詞は原形または〈should + 原形〉になります。また、they は faulty goods（欠陥品）を指し、動詞 put は受け身でなければなりません。この２つの条件を満たすのは (A) be put です。

重要語 □ faulty 形 欠陥のある

---

6. 正解：(D) ★★ consecutive（連続する）の用法

In Metal Build Europe, the CEO at Fairmont Steel delivered a keynote speech for the third ------- year.
メタル・ビルド・ヨーロッパで、フェアモント・スチールのCEOは3年連続で基調スピーチをした。

(A) approximate おおよその　　　　(B) separate 個々の
(C) particular 特定の　　　　　　　(D) consecutive 連続する

速解 Point! 空所は for the third ------- year にあり、〈the 助数詞 ------- 単数名詞〉の形がポイントになります。

解説 (D) consecutive（連続する）を使うポピュラーな形は〈数詞 + consecutive + 複数名詞〉ですが、〈the + 助数詞 + consecutive + 単数名詞〉でも同じ意味で「連続する（名詞）」を表せます。ここでは「3年連続して」となり、「CEOが基調スピーチをした」にも合うので、(D) が正解です。

　他の選択肢はこの形がとれず、また意味から考えてもどれも文意に合わないので消去できるでしょう。

重要語 □ keynote speech 基調スピーチ

7. 正解：(B) ★★ provisions（条項）

Under the contract's -------, the contractor must complete the first phase of the construction by the end of the year.

契約書の条項に基づいて、請負業者は建設の第1工期を年末までに完了しなければならない。

(A) parties　当事者　　　　　　　　(B) provisions　条項
(C) sealing　押印すること　　　　　(D) representatives　代理人

速解Point! 空所は冒頭の Under the contract's -------. にあります。the contract's から、この Under が「（規則などに）基づいて」の意味であることに気づけば簡単です。

解説 the contract's が修飾している名詞であることも考えて、(B) provisions（条項）を選びます。

(A) parties（当事者）、(C) sealing（押印すること）、(D) representatives（代理人）はいずれも契約に関係しそうな言葉ですが、Under と結びつかず、文脈にも合いません。

重要語 □ phase 名 工期；段階

8. 正解：(C) ★★ convincing（説得力のある）

Some participants in the meeting demanded more ------- data to show that the sales target for the new product could be achieved.

会議の何人かの参加者は、新製品の売り上げ目標が達成できることを示すもっと説得力のあるデータを求めた。

(A) convince　動詞原形　　　　　　(B) convinced　過去分詞
(C) convincing　現在分詞　　　　　(D) convincer　名詞

速解Point! 空所は more ------- data にあり、data を修飾する要素です。また、more で修飾されているので、入るのは分詞です。動詞原形の (A) convince と名詞の (D) convincer を外します。

解説 動詞 convince は「納得させる」の意味で、過去分詞の (B) convinced で「納得した」、現在分詞の (C) convincing で「納得させる」→「説得力のある」なので、(C) が data を修飾するのに適切です。

重要語 □ achieve 動 達成する

9. 正解：(B) ★★ what は先行詞を兼ねる

------- is unique about the movie is that the director shot all the scenes by himself.
この映画のユニークなところは、映画監督がすべてのシーンを自分一人で撮影したことだ。

(A) That　指示代名詞　　　　　　　　(B) What　関係代名詞（先行詞を兼ねる）
(C) Whatever　複合関係代名詞　　　　(D) If it　if + 代名詞

速解 Point! 空所は ------- is unique about the movie にあり、次が is なので空所の部分は主語になります。**------- is unique about the movie を主語とするには〈先行詞 + 関係詞の主格〉が必要です。**

解説 (B) What か (C) Whatever の選択になりますが、What では「この映画のユニークなところは」、Whatever では「この映画のユニークなところは何でも」で、後続の「映画監督がすべてのシーンを自分一人で撮影したことだ」と合うのは What です。よって、(B) が正解です。

　(A) That は指示代名詞で、is unique 〜を従えて主語になれないので不可。(D) If it では、the movie までが従属節になってしまい、主文の主語がなくなります。

10. 正解：(D) ★★ through［特定の時］まで）

Home Energy Assistance Program allows qualified households to apply for grants towards their utility bills ------- Aug. 31.
家庭エネルギー支援プログラムによって、資格のある家庭は8月31日まで公共料金の助成金を申請することができる。

(A) among　〜の間に　　　　　　　　(B) within　〜以内に
(C) inside　〜の中に　　　　　　　　(D) through　〜まで

速解 Point! 空所は ------- Aug. 31 にあり、特定の日付を導く前置詞を選びます。

解説 8月31日が「期限」と考えられるので、「〜まで」と「終点を含む範囲」表せる (D) through が正解です。

　(A) among（〜の間に）や (C) inside（〜の中に）では時間を表せません。(B) within（〜以内に）では8月31日だけが申請できる日になって不可解です。

重要語 □ qualified 形 資格のある　□ household 名 家庭
□ grant 名 助成金　□ utility bills　公共料金の請求書

11. 正解：(D) ★★ 不定代名詞の something

For the next campaign to be successful, team members must come up with ------- out of the blue.
次のキャンペーンが成功するように、チームのメンバーは意外な何かを考え出さなければならない。

(A) one　もの
(B) it　それ
(C) anyone　だれでも
(D) something　何か

速解Point! 空所は team members must come up with ------- out of the blue にあります。**out of the blue は「意外な」の意味で、この部分は「チームのメンバーは意外な〜を考え出さなければならない」となります。**

解説 (D) something は未知のものを示して「何か」の意味で使えるので、空所に入れると、「意外な何かを考え出さなければならない」となって文意が通ります。

(A) one は名詞の言い換えに使うので、空所でいきなり使っても何を示すかがわかりません。(B) it は前出の名詞を指しますが、ここでは the next campaign しか指せるものはなく不可。(C) anyone は人なので、考え出す対象になりません。

重要語 □ come up with　〜を考え出す　□ out of the blue　意外な

12. 正解：(A) ★★ effective の用法

------- the following Monday, employees may work up to three days a week from home.
次の月曜から実施されると、社員は週に3日まで在宅勤務をすることができる。

(A) Effective　実施されて（形容詞）
(B) Prior　前の（形容詞）
(C) Immediately　すぐに（副詞）
(D) Concerning　〜に関して（前置詞）

速解Point! 空所は ------- the following Monday, にあって、カンマで切れています。**主文とどう接続するかがポイントです。**

解説 副詞の (C) Immediately（すぐに）は単独でなら主文につながりますが、the following Monday と合いません。前置詞の (D) Concerning（〜に関して）は文法的には可能ですが、意味的に主文と齟齬を来します。

残りは形容詞ですが、形容詞なら〈Being 形容詞 〜〉の分詞構文の Being が省略された形で主文とつなげます。意味を見ると (A) Effective は「実施されて」、(B) Prior は「前の」で、(A) が適切です。

effective の用法を知っていればすぐに解ける問題です。

重要語 □ up to　〜まで　□ work from home　在宅勤務をする

DAY 8

解答・解説

13. 正解：(C) ★★ allow for（〜を可能にする）

Lawrence Boulevard will close to traffic to ------- replacing an existing water main.

ローレンス・ブルバードは、既存の水道管を交換することを可能にするために通行ができなくなる。

(A) bring up　〜を持ち出す　　(B) account for　〜を説明する
(C) allow for　〜を可能にする　　(D) hand in　〜を提出する

速解 Point! 空所は不定詞の部分にあって、「既存の水道管を交換すること〜ために」の意味です。**前半の主文との意味的なつながりを考えます。**

解説 主文は「ローレンス・ブルバードは交通が遮断される」となっています。(C) allow for には「〜を可能にする」の意味があり、「既存の水道管を交換することを可能にするために」となって、主文ともうまくつながります。これが正解です。

重要語 □ replace　動 交換する　　□ existing　形 既存の
□ water main　水道管

---

14. 正解：(C) ★★ 〈have a notion of A〉（Aの考えがある）

Aurora Hansen had no clear ------- of what to do next when she quit her former company.

オーロラ・ハンセンは、前の会社を辞めたときには次に何をするか明確な考えがなかった。

(A) credential　実績　　(B) account　説明
(C) notion　考え　　(D) form　形式

速解 Point! 空所は had no clear ------- of what to do next にあります。この部分は「次に何をするか明確な〜がなかった」です。**「明確な何がなかったか」を考えます。**

解説 「オーラ・ハンセンという人が前の会社を辞めたとき」であることも考えて、(C) notion（考え）を選んで、「次に何をするか明確な考えがなかった」とすれば文意が通ります。notion は〈have a notion of A〉（Aの考えがある）の形でよく使います。

他の選択肢はすべてこの文脈に合いません。

重要語 □ quit　動 辞める

184

15. 正解：(B)　★★　to date（これまでで）

Gabriel Sloane is the only author to ------- who has received all three mystery prizes for the first novel.

ガブリエル・スローンは、最初の小説で3つすべてのミステリー賞を獲得したこれまでで唯一の作家だ。

(A) day　名詞

(B) date　名詞・動詞

(C) datable　形容詞

(D) dated　過去分詞

速解Point! 空所は to の後ろにあり、to との結びつきを考えることが先決です。

解説 to は (B) date と結びついて to date（これまでで）のイディオムになり、これを入れれば「ガブリエル・スローンは、最初の小説で3つすべてのミステリー賞を獲得したこれまでで唯一の作家だ」と文意も通るので、(B) が正解です。なお、to date の date は名詞として使われています。

---

16. 正解：(C)　★★　全体の文意から判断する

Countries that fail to attract educated immigrants, i.e., those with sought-after skills, tend to perform poorly -------.

教育のある移民、言い換えれば、引く手あまたの技能を持った人々を引きつけることに失敗している国は経済的に実績が乏しい傾向がある。

(A) considerably　かなり

(B) domestically　国内的に

(C) economically　経済的に

(D) successively　連続して

速解Point! 空所は perform poorly ------- にあり、poorly（不十分に）が修飾する副詞を選ぶ問題です。**全体の文意も踏まえて「教育のある移民を引きつけることに失敗している国にどんな傾向があるか」**を考えます。

解説 perform poorly ------- で「教育のある移民を引きつけることに失敗している国」の傾向を表現しなければならないので、空所には具体的な状況を表す副詞が入ると考えられます。(A) considerably（かなり）や (D) successively（連続して）では具体的な状況を表せないので、どちらも不可です。

　(C) economically（経済的に）入れると、perform poorly economically で「経済的に実績が乏しい」の意味になり、主語の具体的な状況を表せます。

　(B) domestically（国内的に）では意味のある文がつくれません。

重要語 □ immigrant　名 移民　　□ i.e.　言い換えれば
　　　　　□ sought-after　形 引く手あまたの

DAY 8

17. 正解：(C)　★★　occupancy（入居率）

------- at Midtown Tower has increased as the demand for office space recovered.

ミッドタウン・タワーの入居率は、オフィススペースの需要が回復するにつれて高くなった。

(A) Occupant 名詞（入居者）	(B) Occupied 過去分詞（埋まった）
(C) Occupancy 名詞（入居率）	(D) Occupation 名詞（職業・占有）

速解 Point! 空所のある ------- at Midtown Tower が主語になっています。分詞構文ではないので、まず過去分詞の (B) occupied を外せます。**名詞は3種類あり、それぞれの意味を確認します。**

解説 (A) occupant は「入居者」、(C) occupancy は「入居率」、(D) occupation は「職業；占有」です。ここでは、「オフィススペースの需要が回復するにつれて高くなった」ということなので、(C) が正解です。

重要語 □ demand 名 需要　　□ recover 動 回復する

---

18. 正解：(B)　★★　hit（達する）

Sales of Brilliance Motors last year ------- a record high of 3 million vehicles.

ブリリアンス・モーターズの昨年の売り上げは、300万台という史上最高に達した。

(A) reported 報告した	**(B) hit** 達した
(C) grew 成長させた	(D) escalated 段階的に上昇させた

速解 Point! **述語動詞を選ぶ問題で、主語の Sales（売り上げ）と目的語の a record high of 3 million vehicles（300万台という史上最高）との関係を考えます。**

解説 (B) hit には「（ある数値・レベルに）達する」の意味があり、これを入れると Sales とも a record high ともうまくつながり、適切な文になります。

(A) reported（報告した）は主語の Sales に合いません。(C) grew や (D) escalated は自動詞だけでなく他動詞としても使いますが、それぞれ「成長させた」「段階的に上昇させた」の意味になり、主語の Sales だけでなく、目的語の a record high にも合いません。

重要語 □ vehicle 名 車両

19. 正解：(D) ★★ preferred customers（優良顧客）

------- customers for Ernst Jewelry are invited to a meet and greet party that will be held at its Ku'damm shop on March 10th.

エルンスト・ジュエリーの優良顧客は、3月10日にクーダム店で開催される懇親パーティーに招待されている。

(A) Preferably 副詞	(B) Preference 名詞
(C) Preferring 現在分詞	**(D) Preferred** 過去分詞

速解 Point! 空所は文頭にあり、------- customers for Ernst Jewelry となっています。**文法・意味の両面からアプローチします。**

解説 動詞 prefer は「より好む」の意味で、受け身の過去分詞 preferred にすると「より好まれている→優良の」の意味になります。ここは「懇親パーティーに招待されている」顧客なので、Preferred customers（優良顧客）とするのが適切です。(D) が正解。

(C) の現在分詞では「より好む顧客」となって意味をなしません。

副詞の (A) Preferably は「できれば」の意味で、後続の文と合いません。名詞の (B) Preference（好み）は customers と組み合わせられず、これも不可。

重要語 □ meet and greet party 懇親パーティー

20. 正解：(A) ★★ 文脈から判断する

To ensure fairness, inquires from potential clients should be ------- assigned to each sales agent.

公正さを保証するため、見込み客からの質問は各販売担当者に均等に割り振られるべきだ。

(A) evenly 均等に	(B) wholly 完全に
(C) well よく	(D) early 早く

速解 Point! 空所は inquires from potential clients should be ------- assigned to each sales agent にあり、**「見込み客からの質問が各販売担当者にどのように割り振られるか」**を考えます。

解説 冒頭の不定詞句は To ensure fairness.（公正さを保証するため）で、fairness（公正さ）を考慮すれば、割り振り方は (A) evenly（均等に）になると考えられます。

重要語 □ ensure 動 保証する　　□ fairness 名 公正さ
　　　　□ inquiry 名 質問；問い合わせ　　□ assign 動 割り振る

DAY 8

21. 正解：(C) ★★ 時制がヒントに

Until its ------- last year, Yamato Socks had been operating in the small town of Koryo.

昨年に移転するまで、ヤマト・ソックスはコーリョウという小さな町で営業していた。

(A) founding　設立
(B) renovations　改修
(C) relocation　移転
(D) transformation　変換

速解 Point! 空所は Until its ------- last year, にあります。ここは「昨年のその〜まで」の意味です。**また後続の主文は「ヤマト・ソックスはコーリョウという小さな町で営業していた」で、時制が過去完了になっている点に注目します。**

解説 過去完了ということは、今はコーリョウという町で営業していないということです。空所の単語はその根拠になると考えられるので (C) relocation（移転）が適切です。

　(A) founding（設立）は文意に合いません。(B) renovations（改修）では今もその町で営業していることになります。(D) transformation（変換）は「形やシステムの変更」に使い、「移転」の意味はありません。

---

22. 正解：(B) ★★ as is（現品のまま）

Cars at Nathan Dealership are sold as -------, without any warranties.

ネイサン・ディーラーシップの車は、保証なしで現品のまま販売されている。

(A) be　原形
(B) is　現在形（単数）
(C) are　現在形（複数）
(D) were　過去形（複数）

速解 Point! 空所は as ------- にあります。**ここの as は「〜のように」の意味で、「ネイサン・ディーラーシップで売られている車」の様態を表します。**

解説 as に〈主語＋動詞〉が続くと仮定すれば as they (= cars) are（それらのように→現品のまま）となるわけですが、ここには主語の they がないので簡略的な表現として as is が使われると考えます。この場合、主語の単複の影響は受けません。(B) が正解です。as is は慣用表現として使われます。

　as are とはできないので、(C) は不可です。

重要語 □ warranty　名 保証

23. 正解：(A)　★★　目的語との相性

Union Bank's technology advisor Carlos Iniesta ------- some weaknesses in its online banking security.

ユニオン・バンクの技術顧問のカルロス・イニエスタは、同行のオンライン・バンキング・システムのいくつかの脆弱点を特定した。

(A) identified　特定した　　　　　(B) divided　分割した
(C) confused　混乱させた　　　　(D) afforded　余裕があった

速解 Point!　空所は ------- some weaknesses in its online banking security にあり、**目的語の「オンライン・バンキング・システムの脆弱点」との関係を考えます。**
解説　(A) の identify には「特定する」の意味があり、「オンライン・バンキング・システムのいくつかの脆弱点を特定した」になり文意が通るので、これが正解です。
　他の選択肢は weaknesses との相性から不適切と判断できるでしょう。

重要語　□ weakness　名 脆弱点

24. 正解：(D)　★★　主語がヒントに

Lighter paint colors on the walls can make your room appear more -------.
壁にもっと明るい塗料を使えば、あなたの部屋はもっと広く見えるようになる。

(A) lengthy　長く続く　　　　　(B) durable　耐久性のある
(C) moody　不機嫌な　　　　　(D) spacious　広々とした

速解 Point!　空所は can make your room appear more ------- にあり、「あなたの部屋をもっと～に見えるようにできる」の意味です。**主語は「壁のもっと明るい塗料」なので、「明るい色だと部屋がどうなるか」を考えます。消去法が有効です。**
解説　(A) lengthy（長く続く）は部屋の形容には不適切です。(B) durable（耐久性のある）や (C) moody（不機嫌な）は明るい色に対応しません。
　明るい色だと部屋が (D) spacious（広々とした）となるのはありうることなので、(D) が正解です。

重要語　□ appear　動 見える

DAY 8

25. 正解：(B) ★★ would rather と instead of の呼応

Agnes Wang would rather go to the opera after attending the Köln Auto Show ------- joining an evening river cruise.

アグネス・ワンはケルン・オートショーに出席した後、夜のリバークルーズに参加するのではなくオペラに行きたいと思っている。

(A) along with ～とともに　　　　　　(B) instead of ～ではなく
(C) on account of ～のために　　　　　(D) much more than ～よりさらに多く

速解Point! 空所は ------- joining an evening river cruise（夜のリバークルーズに参加する～）にあります。この部分に対応するのは主文の would rather go to the opera（オペラのほうに行きたい）です。**would rather がヒントになります。**

解説 would rather（むしろ～したい）は2つの事象を比較して一方を選ぶ表現なので than とよく呼応しますが、than は選択肢にはありません。ただ、対比の機能があればいいので、後続を否定する (B) instead of（～ではなく）でも than の代わりを務めます。これが正解です。

26. 正解：(B) ★★ knowledgeable（理解力のある）は人を形容する

Regarding smartphone use, the findings showed that parents believed their children were -------.

スマホの使用について、調査結果は、親たちは彼らの子供たちが理解力を持っていると信じていることを示していた。

(A) promising 前途有望な　　　　　　(B) knowledgeable 理解力のある
(C) compulsory 義務の　　　　　　　(D) respective それぞれの

速解Point! 空所は their children were ------- にあります。**主語は children と人なので、人を形容できる形容詞であることが前提です。**

解説 (C) compulsory（義務の）や (D) respective（それぞれの）は人の形容には不向きなので外します。

全体の文意を見ると、「スマホの使用について、調査結果は、親たちは彼らの子供たちが～と信じていることを示していた」なので、(B) knowledgeable（理解力のある）が文意に適います。

重要語 □ regarding 前 ～について　　□ finding 名 調査結果

27. 正解：(D)　★★　the moment（～するとすぐに）

Security staff on duty will be alerted ------- any abnormalities are detected on the premises.

敷地内で異常事態が検知されるとすぐに、勤務中の警備員は警告を受ける。

(A) now that　今や～なので
(B) anytime　いつでも
(C) while　～をする間
(D) the moment　～するとすぐに

速解 Point! 空所は ------- any abnormalities are detected on the premises にあり、この従属節は「敷地内で異常事態が検知される」の意味です。前半の「勤務中の警備員は警告を受ける」との関係を考えます。

解説　「敷地内で異常事態が検知される」→「勤務中の警備員は警告を受ける」という時間の順番で、かつ状況から緊急性があると考えられるので、(D) the moment（～するとすぐに）を入れると、前後がうまくつながります。

　(B) anytime（いつでも）は副詞なので、後続文を導けません。

重要語　□ on duty　勤務中の　　□ alert 動 警告する
□ abnormality 名 異常事態　　□ detect 動 検知する
□ on the premises　敷地内で

---

28. 正解：(D)　★★★　〈名詞 + 名詞〉の表現

Any supplier must sign a ------- agreement before working with the manufacturer.

どのサプライヤーも、その製造業者とともに働く前に機密保持契約に署名しなければならない。

(A) confidence　名詞
(B) confident　形容詞
(C) confidential　形容詞
(D) confidentiality　名詞

速解 Point! 空所は a ------- agreement にあり、次が名詞なので入るのは形容詞か名詞ですが、選択肢は形容詞と名詞なので、意味からのアプローチが必要です。

解説　(A) confidence は「自信」、(B) confident は「自信がある」で、この2つは agreement（契約）につながらず不可です。

　(C) confidential（機密の）なら「機密の契約」になり、(D) confidentiality（機密保持）なら「機密保持契約」になるので、(D) が意味的に適切です。

重要語　□ supplier 名 納入業者；サプライヤー　　□ manufacturer 名 製造業者

DAY 8

29. 正解：(C) ★★ 文脈から絞る

As for the ------- outlook, the struggling firm has not only top-notch technology but a competent and motivated workforce.

より広い視点で見れば、その不振企業は最高水準の技術だけでなく、有能で士気の高い人材も有している。

(A) shorter より短い | (B) entire 全体の
(C) wider より広い | (D) official 公的な

速解Point! 空所は As for the ------- outlook, にあり、ここは「～の視点では」の意味です。**どんな視点が適当なのか、カンマ以下の主文との関係から考えます。**

解説 主文は「その不振企業は最高水準の技術だけでなく、有能で士気の高い人材も有している」となっています。(C) wider（より広い）を選べば「より広い視点では」→「視野を広げれば」となり、不振企業の長所を述べる主文につながります。

(A) shorter（より短い）や (D) official（公的な）といった視点では不振企業の長所を見いだせません。(B) entire（全体の）は直後の名詞の全体性を表現するので「その視点全体」となって意味をなしません。

重要語 □ outlook 名 視点：見方 □ struggling 形 不振の
□ top-notch 形 最高水準の □ competent 形 有能な

---

30. 正解：(A) ★★★ overview（概要）

The booklet available at every tourist office provides a quick ------- of the history and culture of the tropical island.

どの観光事務所でも手に入るその小冊子は、その熱帯の島の歴史と文化について簡潔な概要を紹介している。

(A) overview 概要 | (B) advantage 優位
(C) prospect 見通し | (D) outcome 結果

速解Point! 空所は a quick ------- of the history and culture of the tropical island にあります。**主語は The booklet で、小冊子が提供する「歴史と文化の簡潔な～」に当てはまる名詞を考えます。**

解説 (A) overview（概要）なら「歴史や文化の簡潔な概要」となり、小冊子が提供するものとして適切です。

(B) advantage（優位）や (D) outcome（結果）は後続の「歴史や文化」とつながりません。(C) prospect（見通し）は将来のことを対象とするので、この文脈には不適です。

重要語 □ booklet 名 小冊子

Part 6

Questions 31-34 refer to the following e-mail.

To: <mailinglist>
From: pr@somer-city.org
Date: August 11
Subject: Family Fun Run

Dear Community Members,

Mark September 1 in your calendar! It's time again for Somer City's annual 5km Fun Run. As always, everyone is welcome --‑---- experience or fitness level. The race starts at 10:00 A.M. in Sky Park, and there will be food and drink stands plus --‑---- by local musicians to create a party atmosphere.
 31. ... **32.**

--‑----. They will distribute water to the runners and guide them around the course. For race participants there is a $20 entry fee, which includes free water and a --‑---- of completion. All the money collected will go to Somer Wildlife Charity. Register for the run or to help out by going online at www.somer-city.org/funrun by August 25.
 33. ... **34.**

See you there!

Somer City Public Relations Department

訳 設問31〜34は次のメールに関するものです。

受信者：<mailinglist>
発信者：pr@somer-city.org
日時：8月11日
件名：ファミリー・ファンラン

コミュニティの皆様

9月1日をあなたのカレンダーにマークしてください！　ソーマー市で毎年恒例で行われる5キロのファンランがまたやって来ます。いつも通り、経験や運動水準 (31) にかかわらずだれでも参加できます。レースは午前10時にスカイパークをスタートします。そして、飲食物のスタンドが置かれるほか、地元ミュージシャンがパーティーの雰囲気を盛り上げる (32) 演奏を行います。

(33) 走るのではなく、ボランティアはいかがですか。ボランティアはランナーに水を配り、コースのあちこちで彼らを誘導します。レース参加者の登録費は20ドルで、これには無料の水と完走 (34) 証明書が含まれます。集められた金額すべてがソーマー野生動物チャリティーに寄付されます。8月25日までに、ネット上で www.somer-city.org/funrun に行くことで、ランまたは支援に登録してください。

会場でお会いしましょう！

ソーマー市広報部

重要語 □ distribute 動 配る　□ completion 名 完走
□ register for 〜に登録する　□ public relations 広報

31. 正解：(B) ★★ 独立型

さまざまな表現が並びます。

(A) as well 同じように	**(B) no matter** どんな〜でも
(C) in fact 事実	(D) most of 〜のほとんど

速解Point! 空所は everyone is welcome ------- experience or fitness level に
あります。**空所の前後をつなぐ表現を選ぶのがポイントです。**

解説 (B) no matter は「どんな〜でも」という「譲歩」の意味を表し、後ろに
名詞を続けられるので、ここでは「どんな経験や運動水準<u>でも</u>」となり、前の「だ
れでも参加できます」につながります。これが正解。

　他の選択肢はどれも適切に前後をつなぐことができません。

---

32. 正解：(D) ★ 独立型

品詞識別と動詞の形の混合問題です。

(A) performed 過去分詞	(B) performers 名詞
(C) perform 動詞原形	**(D) performances** 名詞

速解Point! 空所は there will be food and drink stands plus ------- by local
musicians となっていて、**plus で food and drink stands と並列されています。**

解説 plus（〜に加えて）は前置詞として、前後の言葉をつなぐことができます。
前置詞の後なので、空所に入るのは名詞です。また「地元の音楽家による」とあるので、
(D) performances（演奏）が正解です。

33. 正解：(C) ★★ 文選択

文選択の問題です。

(A) We also need help in the medical tent.
　私たちは医療テントでの支援が必要です。

(B) Paxxon Bank is sponsoring the event.
　パクソン銀行がこのイベントを後援しています。

(C) Instead of running, why not become a volunteer?
　走るのではなく、ボランティアはいかがですか。

(D) Did you know the course has changed?
　コースが変更になったことをご存じでしたか。

速解 Point! 空所は第2パラグラフの冒頭にあります。**第1パラグラフと第2パラグラフ冒頭の内容を確認します。**

解説 第1パラグラフでは「ソーマー市のファンラン」の内容が述べられています。一方、第2パラグラフの次の文は「彼らはランナーに水を配り、コーナーで彼らを誘導します」です。話題が「ランナー支援の役割」に転換されているので、空所には新しい話題を導入する文が必要です。「走るのではなく、ボランティアはいかがですか」と提案している (C) が適切です。

---

34. 正解：(C) ★★ 文脈依存

名詞の単語問題です。

(A) survey　調査　　　　　(B) application　申請書
(C) certificate　証明書　(D) guarantee　保証書

速解 Point! 空所は For race participants there is a \$20 entry fee, which includes free water and a ------- of completion. にあり、**a ------- of completion は水とともに参加者が20ドルの登録費でもらえるものです。**

解説 completion は文脈からファンランの「完走」と考えられます。よって、(C) certificate（証明書）を選んで「完走証明書」とするのが適切です。

Questions 35-38 refer to the following notice.

Turbot-Laing Ltd. employees are advised that the staff cafeteria will not be able to offer meals for the week commencing May 10. This is ------- _{35.} essential modernization of the kitchens. The cafeteria seating area will remain open, so employees are welcome to use the area to eat food brought from outside. Please ------- _{36.} this will only be permitted for the week of the closure. To make it easier to order food, we ------- _{37.} for a local catering firm to provide a delivery service. Menus are placed in each department and lunches can be ordered by telephone. The cafeteria is scheduled to reopen on Monday, May 17. -------. _{38.}

訳 設問35～38は次の告知に関するものです。

5月10日に始まる週の間、社員食堂で食事を提供できなくなることを、ターボット・レイン社の社員の皆さんにお知らせいたします。これは厨房の不可欠な刷新作業 (35) を理由とするものです。社員食堂の座席エリアは開放されたままになりますので、社員の皆さんは外から持ち込んだ食べ物を食べるのにこのエリアを使っていただいてかまいません。これは食堂閉鎖の週に限って認められることに (36) ご留意ください。食事の注文を簡単にするために、私たちは配送サービスを提供する地元の仕出し会社を (37) 手配しています。メニューはそれぞれの部署にあり、ランチを電話で注文できます。社員食堂は5月17日の月曜日に再開します。(38) それ以後はより多彩な料理を食べられるようになります。

重要語 □ staff cafeteria　社員食堂　　□ commence　**動** 始まる
□ essential　**形** 不可欠な　　□ modernization　**名** 刷新
□ catering firm　仕出し会社

35. 正解：(C) ★★ 文脈依存

接続詞・前置詞の問題です。

(A) only if もし〜だけなら（接続詞）　(B) in terms of 〜という点で（前置詞）
(C) due to 〜の理由で（前置詞）　(D) in order that 〜するために（接続詞）

速解 Point! 空所は This is ------- essential modernization of the kitchens. に
あります。**この文の This は前文で述べた「5月10日に始まる週の間、社員食堂で
食事を提供できなくなること」を指します。また、空所には名詞の要素が続いてい
るので、入るのは前置詞です。**

解説 空所文は essential modernization of the kitchens（厨房の大幅な刷新
作業）という This の理由を述べていると考えられるので、「理由」を導く前置詞の (C)
due to（〜の理由で）が正解です。

---

36. 正解：(D) ★★ 独立型

動詞の単語問題です。

(A) inform 知らせる　(B) require 必要とする
(C) remind 思い出させる　(D) note 留意する

速解 Point! 空所は Please ------- this will only be permitted for the week of
the closure. にあり、**this 以下は that が省略された that 節と考えられます。**

解説 選択肢の動詞はすべて that 節を導くことができますが、Please と一緒に
命令文の形で that 節を導けるのは (D) note（留意する）のみです。

(A) inform（知らせる）や (C) remind（思い出させる）は受け身にすれば命令文
で that 節を導けます。be informed や be reminded なら正解になります。

37. 正解：(C) ★ 文脈依存

動詞の形問題です。

(A) arrange　現在形
(B) will arrange　未来形
(C) have arranged　現在完了
(D) would have arranged　仮定法過去完了

速解 Point! 空所は To make it easier to order food, we ------ for a local catering firm to provide a delivery service. にありますが、**この文からだけでは判断できないので、次の文を見ます。**

解説 次の文には Menus are placed in each department とあって、「メニューはすでに各部署に置かれている」ことがわかります。つまり、仕出し会社の手配はすでになされているわけです。よって、現在完了の (C) have arranged が正解です。

---

38. 正解：(A) ★★ 文選択

文選択の問題です。

(A) Thereafter, a wider selection of food will be available.
それ以後は、より多彩な料理を食べられるようになります。

(B) Accordingly, please make reservations as soon as possible.
それに合わせて、できるだけ早く予約をするようにしてください。

(C) However, you will still need to pay in cash.
しかし、あなたはまだ現金で支払いをする必要があります。

(D) If so, coffee can be enjoyed in the 3rd floor café.
もしそうなら、3階のカフェでコーヒーを召し上がることができます。

速解 Point! 空所は最後にあります。**前文は** The cafeteria is scheduled to reopen on Monday, May 17. と「**社員食堂の再開日**」を伝えます。この前文との関係を考えます。

解説 前文を受けて、社員食堂再開後の状況を「それ以後はより多彩な料理を食べられるようになります」と述べる (A) が正解です。

(B)、(C)、(D) はともに社員食堂に関係のありそうな内容ですが、本文の内容と合わないので、いずれも不適です。

Questions 39-42 refer to the following information.

Congratulations on your purchase. -------- their high quality and durability,
_{39.}
you can trust Everest vehicle luggage racks for your transportation needs.
To attach the rack to the top of your vehicle, please read the enclosed
instructions carefully. Make sure not to skip any steps. --------. Should you
_{40.}
be in any doubt, we advise -------- a car mechanic or dealer fit it for you.
_{41.}
The product warranty is valid for ten years -------- loads do not exceed 100
_{42.}
kilograms. For an animated guide on installation, visit www.everest-racks.
com.

訳 設問39〜42は次の情報に関するものです。

ご購入に感謝いたします。その高品質と耐久性 (39) から、あなたの輸送ニーズにとってエベ
レストの車載ラックは信頼するに足るものです。あなたの車の上にラックを取り付けるため
には、同封のマニュアルを注意深く読んでください。どのステップも省くことがないように
お願いします。(40) 基盤のフレームはどの方向にも動かないようにしなければなりません。
疑わしい場合には、自動車整備工かディーラーに調整して (41) もらうことをお勧めします。
製品保証は、荷物が100キロを超えない (42) という条件で、10年間有効です。設置のため
の動画案内が必要でしたら、www.everest-racks.com をご覧ください。

重要語 □ durability **名**耐久性　　□ luggage rack　荷物ラック
□ transportation **名**輸送　　□ enclose **動**同封する
□ instructions **名**マニュアル　　□ mechanic **名**整備工
□ valid **形**有効な　　□ load **名**荷物　　□ exceed **動**超える
□ animate **動**動画化する　　□ installation **名**設置

39. 正解：(A)　★★　独立型

前置詞の問題です。

(A) With　〜を伴って	(B) At　〜に
(C) As　〜として	(D) By　〜によって

> **速解 Point!**　空所は ------- their high quality and durability,（〜その高品質と耐久性）と、カンマまでの部分の冒頭にあります。**their は後続の Everest vehicle luggage racks（エベレストの車載ラック）を指します。**

> **解説**　「高品質と耐久性」は「車載ラック」の属性です。車載ラックに属するものなので、(A) With を使えばうまくつながります。

---

40. 正解：(B)　★★　文選択

文選択の問題です。

(A) The entire construction is coated with rustproof paint.
建造物全体にさび止めの塗装が施されています。

(B) The base frame must have no movement in any direction.
基盤のフレームはどの方向にも動かないようにしなければなりません。

(C) Our design has won many awards for its user friendliness.
当社のデザインはその使いやすさから数多くの賞を獲得しました。

(D) Cars with a loaded rack can be legally driven on national expressways.
積載ラックを搭載する車は国の高速道路を合法的に走行できます。

> **速解 Point!**　空所文の前までの文脈を確認します。**「車載ラックの取り付けにはマニュアルに従う」→「どのステップも省かない」という流れです。**

> **解説**　この流れに沿って、車載ラックの取り付けについて記述している (B)「基盤のフレームはどの方向にも動かないようにしなければなりません」が適切です。

　(A) は「塗装」のことを説明していて流れに合いません。(C) の「受賞」や (D) の「法律の規定」も前後の文脈と関係のない内容です。

41. 正解：(B) ★ 独立型

動詞の単語問題です。

(A) allowing 許可すること
(B) having してもらうこと
(C) making させること
(D) using 使うこと

速解Point! 空所は we advise ------- a car mechanic or dealer fit it for you にあります。**空所に入るのは動名詞なので、空所以降は〈V O C（動詞原形）〉という形になります。この形で C に動詞原形が置ける動詞はどれかを考えます。**

解説 (B) の have と (C) の make はどちらも使役動詞として〈V O 動詞原形〉が可能ですが、意味は have が「してもらう」、make が「させる」です。ここでは a car mechanic or dealer に「頼んでしてもらう」と考えられるので、(B) が適当です。

---

42. 正解：(A) ★★ 独立型

動詞の過去分詞が並びます。

(A) provided ～という条件で
(B) included 含まれて
(C) maintained 維持されて
(D) limited 限定されて

速解Point! 空所は The product warranty is valid for ten years ------- loads do not exceed 100 kilograms. にあります。**空所の後が loads を主語とする文になっていることに気づくことがポイントです。**

解説 文を導くのは接続詞ですが、選択肢の過去分詞で接続詞の機能を持つのは (A) provided（～という条件で）のみです。これを入れれば、「製品保証は、荷物が100キロを超えないという条件で、10年間有効です」と適切な文になります。

Questions 43-46 refer to the following advertisement.

Joy Gyms Ltd. is running a special promotion for the month of January. For new members who sign up for the basic plan, 30 days' use of our pool, spa, and sauna will be free of charge. Access to these ------- is normally limited to members who purchase our Platinum monthly plan. -------.
43.   44.

You will also be entitled to a free one-hour session with one of our ------- trained personal trainers. They'll ------- a step-by-step training schedule to 45. meet your goal of either fitness or weight loss. Visit www.joy-gyms.co.ee 46. today to sign up.

訳 設問43～46は次の広告に関するものです。

ジョイ・ジムズ社は1月の間、特別プロモーションを行っています。ベーシック・プランに登録した新しい会員の皆様には、当社のプール、スパ、サウナの使用が30日間無料になります。こうした (43) 施設の利用は通常、プラチナ月次プランを購入する会員に限定されています。(44) この特典は会員資格を更新する方には適用されません。

あなたはまた、私たちの (45) 高度に訓練された個人トレーナーの一人と1時間の無料セッションをする権利があります。彼らは、あなたのフィットネスまたは減量の目標を達成するための段階的なトレーニング・スケジュールを (46) 作成します。今日にも www.joy-gyms. co.ee を訪れ、ご登録ください。

重要語 □ sign up for　〜に登録する　　□ free of charge　無料で
□ normally　圓 通常は　　□ be limited to　〜に限定される
□ be entitled to　〜の権利がある　　□ step-by-step　厖 段階的な

43. 正解：(D) ★ 文脈依存

名詞の単語問題です。

(A) results 結果
(B) bonuses ボーナス
(C) devices 機器
(D) facilities 施設

速解Point! 空所は Access to these ------- にあり、この部分は「こうした〜の利用」の意味です。**前文の 30 days' use of our pool, spa, and sauna will be free of charge がヒントになります。**

（解説）use of が Access to に言い換えられていると考えれば、our pool, spa, and sauna も these ------- に言い換えられるはずです。「プール、スパ、サウナ」は (D) facilities（施設）と言い換えることができます。

44. 正解：(B) ★★ 文選択

文選択の問題です。

(A) We noticed the pool was mostly used on weekends.
   私たちはプールがたいてい週末に使われるのに気づきました。
(B) This offer does not apply to those renewing their membership.
   この特典は会員資格を更新する方には適用されません。
(C) The gym has rooms to hire for private events.
   ジムには個人的なイベントに貸し出す部屋があります。
(D) You will be given your uniform on the first day.
   あなたは初日に制服を支給されます。

速解Point! 空所は第1パラグラフの最後にあります。**第1パラグラフでは空所文までに、a special promotion（特別プロモーション）の内容が述べられています。表現の言い換えがヒントになります。**

（解説）promotion を offer に言い換えて、「この特典は会員資格を更新する方には適用されません」としている (B) が正解です。

　(A) や (C) はプロモーションに関係する施設のことを述べていますが、問題文の文脈に合いません。(D) は新規採用者に向けた内容で、本文と関係ありません。

45. 正解：(B)　★　独立型

品詞識別・比較の混合問題です。

(A) high　形容詞・副詞	**(B) highly**　副詞
(C) higher　形容詞（比較級）	(D) height　名詞

速解 Point!　空所は our ------- trained personal trainers にあります。**このブロックは our を除くと〈------- 過去分詞 + 名詞〉の形です。**

解説　過去分詞を修飾する副詞が必要なので、(B) highly（高度に）が適切です。(A) high（高く）も副詞で使いますが、動詞の後で用いるのがふつうで、直後の分詞を修飾できません。

---

46. 正解：(D)　★★　独立型

動詞の単語問題です。

(A) assist　援助する	(B) enable　可能にする
(C) indicate　指示する	**(D) compile**　作成する

速解 Point!　空所は They'll ------- a step-by-step training schedule to meet your goal of either fitness or weight loss. にあります。**schedule との相性を考えます。**

解説　選択肢の中で、schedule とすんなり結びつくのは (D) compile（作成する）で、「彼らは、あなたのフィットネスまたは減量の目標を達成するための段階的なトレーニング・スケジュールを作成します」と適切な文になるので、これが正解です。
　compile の意味がわからなくても、消去法で正解にたどり着けるでしょう。

DAY 9

Part 5•6

模擬テスト2

学習の仕上げに Part 5・6 の
模擬テストにトライしましょう。
時間も意識しながら解いてみましょう。

問題・・・・・・・・・・・・・・・・・・・・・・・・・・・・・・206
解答・解説・・・・・・・・・・・・・・・・・・・・・・・216

解答時間	1回目	2回目	3回目	目標時間
記入欄	分　秒	分　秒	分　秒	18分00秒

1. Miranda Kim's cosmopolitan upbringing made ------- a valuable asset to the trading company.
   (A) her
   (B) herself
   (C) it
   (D) itself

2. We cannot share customers' personal information with our affiliated companies without their written -------.
   (A) authority
   (B) authoritative
   (C) authorizing
   (D) authorization

3. The ratings of the TV drama series have been gradually decreasing ------- the channel's expectations.
   (A) into
   (B) off
   (C) against
   (D) down to

4. Considering ------- his own business, Juan Rodriguez decided to quit his present job within the year.
   (A) start
   (B) starting
   (C) to start
   (D) started

5. According to the historic heritage laws, the Bank Negara building falls ------- the definition of a historic property.
   (A) within
   (B) over
   (C) onto
   (D) among

6. A bit of a ------- is necessary for the signage to get people into our booth.
   (A) hook
   (B) pile
   (C) landmark
   (D) signal

7. We provide online and offline retailers with effective ------- marketing solutions that can strengthen their retail functions.
   (A) influence
   (B) influencing
   (C) influenceable
   (D) influencer

8. ------- those at the awards ceremony, Chandra Vilai was the only architect who had won the Mumbai Architecture Prize twice.
   (A) As far as
   (B) Rather than
   (C) Among
   (D) Throughout

9. Ericsson Transport has ------- track record of the three candidate couriers we are now negotiating with.
   (A) proven
   (B) more proven
   (C) the most proven
   (D) a proving

10. Given ------- occurred, the staff should have moved more quickly to restore the system.
    (A) what
    (B) that
    (C) anything
    (D) in which

11. Admission fees to the Historical Museum are ------- for all visitors on a special day that falls on the second Tuesday.
(A) abolished
(B) avoided
(C) incurred
(D) waived

12. The total cost for the trip, ------- with meals and accommodations, is 1,720 euros.
(A) inclusive
(B) complete
(C) attached
(D) covered

13. Thanks to the high ------- brought by a series of campaigns on social media, our new product has sold very well.
(A) purchase
(B) amount
(C) visibility
(D) outlook

14. Remember to clearly ------- your full name, visiting time, and phone number.
(A) sign
(B) illustrate
(C) print
(D) describe

15. The décor of Midtown Café is so unique and ------- that customers can eat and drink enjoying the atmosphere.
(A) inviting
(B) invited
(C) invitational
(D) invitee

16. ------- terms of service, your order will arrive in 3 to 5 business days.
    (A) Over
    (B) In connection with
    (C) As per
    (D) Regarding

17. A board meeting is scheduled to take place as soon as this week ------- all members on the same page regarding the planned merger.
    (A) it puts
    (B) putting
    (C) to put
    (D) will put

18. Shinano Electronics recently started two more assembly lines in the Nagano plant, thus allowing more orders to be -------.
    (A) placed
    (B) met
    (C) directed
    (D) purchased

19. A more ------- traffic system is needed in the metropolitan area to get rid of delays and disruptions.
    (A) primary
    (B) collective
    (C) affordable
    (D) integrated

20. It takes about forty minutes to climb up to the mountain-top ------- where you can enjoy spectacular panoramic views.
    (A) observing
    (B) observer
    (C) observatory
    (D) observation

DAY 9

21. Although her credentials didn't meet the requirements completely, Miranda Pritchard is still ------- the best candidate for the manager position.

(A) arguing
(B) argued
(C) arguable
(D) arguably

22. Eventually, after ------- discussions, the supplier rejected the prospective client's demands for substantial discounts.

(A) prolongs
(B) prolonging
(C) prolonged
(D) to prolong

23. ------- all corrections to figures are complete, our financial report is in place for posting.

(A) Now that
(B) While
(C) As long as
(D) Even though

24. ------- ignored by the tourist masses, the museum housed in the city center safeguards the most comprehensive collection of medieval sculptures.

(A) Surprisingly
(B) Gradually
(C) Understandably
(D) Accordingly

25. Effective land ------- is one of the reasons the city could achieve high economic growth by attracting new residents and businesses.

(A) zone
(B) zones
(C) zoning
(D) zoned

26. Because of considerably decreasing revenues, the management directed department heads to withhold spending ------- possible.
(A) whenever
(B) however
(C) somewhat
(D) whereas

27. One of the keys to success was a ------- program the company was recommended to take by its consultancy.
(A) refer
(B) referred
(C) referral
(D) referential

28. If the ------- weather conditions last long, the agricultural industry in this area will face serious difficulties.
(A) prevailing
(B) sustainable
(C) outgoing
(D) underway

29. Design changes ------- to the new demands from the client would delay the completion by at least two months.
(A) pertaining
(B) prior
(C) according
(D) regarding

30. Endorsers usually aren't bound to -------, meaning that they're allowed to promote similar brands or products in a similar time frame.
(A) anonymity
(B) formality
(C) exclusivity
(D) terms

Questions 31-34 refer to the following e-mail.

To: reinhart_clive@ipematech.com
From: fbrand@beemeeoutdoors.co.uk
Subject: Cash registers
Date: October 21

Dear Mr. Reinhart:

I want to thank you for allowing us to try your company's touchscreen cash registers in our Edmonton branch. The trial period went well, and the store staff were impressed with the system's ------- of use and by how much it improved the customer payment
       31.
experience. -------, they liked how customers could select the
             32.
method of payment by themselves.

After discussions with my fellow managers, we have decided to introduce the cash registers throughout our network of outdoor goods stores. -------. To proceed with the -------, I would like to
                  33.   34.
arrange a meeting so that we can discuss price estimates and a timeline for installing the machines.

Sincerely,

Fiona Brand

General Manager, BeeMee Outdoors

---

31. (A) easy
    (B) ease
    (C) easily
    (D) easiest

32. (A) In particular
    (B) Even so
    (C) Following this
    (D) At first

33. (A) Therefore, we will order a total of twenty-four units.
    (B) We expect an answer on possible discounts A.S.A.P.
    (C) Our store expansion program is ahead of schedule.
    (D) I hope you can view the goods in person.

34. (A) renewal
    (B) guarantee
    (C) trial
    (D) purchase

Questions 35-38 refer to the following brochure.

Most people buy their mobile phones and take out contracts from a local phone shop. Those stores have high running costs, such as rent and staff salaries. -------, their staff receive commissions on
35.
sales, and it's all added to the final price. Don't ------- your money
36.
on these costs. There's a better way. We at Rial Comms can sell the latest models on the cheapest terms because we have no physical stores. We operate ------- online, meaning we can pass all those
37.
savings on to you. Unlike other stores, you don't need to sign a lengthy two- or three-year contract. You'll even collect points to spend on apps and services. Visit www.rial-comms.org now. -------.
38.

35. (A) However
    (B) What's more
    (C) Even so
    (D) Eventually

36. (A) earn
    (B) receive
    (C) waste
    (D) save

37. (A) complete
    (B) completion
    (C) completely
    (D) completed

38. (A) Contact us now to apply for a career in phone sales.
    (B) The Expa-3 model can be charged in one hour.
    (C) Please write a product review by logging into your account.
    (D) With our fast delivery, you can have your phone tomorrow.

Questions 39-42 refer to the following instructions.

Office Waste Reduction Policies

Recycling bins for plastic bottles have been installed next to all break room vending machines. Bottles purchased from the machines must be disposed of in these bins and not among regular office trash. They will be ------- by the vendor on a regular basis. To further help to reduce waste, each employee will be given a free stainless steel water bottle to use at water coolers ------- paper cups.

To improve paper recycling efforts, waste copy paper must be placed in the box next to your section's copier. -------. This policy does not apply to documents containing personal or financial information, which should be shredded. Generally, try to avoid using paper for office communication. -------, e-mail your colleagues or use instant messaging.

39. (A) supplied
   (B) repaired
   (C) demolished
   (D) emptied

40. (A) in place of
   (B) along with
   (C) due to
   (D) on behalf of

41. (A) For high-quality copies, use the machine on the second floor.
   (B) Before doing so, please remove any paper clips and staples.
   (C) This will save on energy costs and thus reduce pollution.
   (D) If possible, we will switch to recycled paper next month.

42. (A) Instead
   (B) However
   (C) Lastly
   (D) Even so

Questions 43-46 refer to the following article.

Look After Yourself in Summer Heat

While summer is a great time to enjoy the outdoors, the hot sticky conditions can ------- energy from your body. The condition known
43.
as summer heat exhaustion has symptoms including loss of appetite and headaches. -------, there are simple measures we can take to
44.
combat the tiredness.

Staying hydrated is key to keeping your energy levels up, so eat foods that contain plenty of water such as watermelon. Also, try to avoid bread as it needs ------- to be digested. Carbohydrates
45.
cooked in water, like noodles, are a better choice. Finally, carry water or a sports drink around with you and drink small amounts frequently. -------.
46.

43. (A) restore
(B) worsen
(C) affect
(D) drain

44. (A) Definitely
(B) Normally
(C) Luckily
(D) Possibly

45. (A) ingredients
(B) fluid
(C) fibers
(D) nutrition

46. (A) It can be dangerous to skip meals in hot weather.
(B) It will improve your comfort level on journeys.
(C) It allows your body to absorb the liquid better.
(D) It is important to keep your living space cool and dry.

1. 正解：(A)　★　文構造から選ぶ

Miranda Kim's cosmopolitan upbringing made ------- a valuable asset to the trading company.

ミランダ・キムは国際的な教育を受けているので、彼女はその貿易会社にとって貴重な人材になった。

(A) her　彼女
(B) herself　彼女自身
(C) it　それ
(D) itself　それ自体

速解 Point! 空所の後の a valuable asset to the trading company は「その貿易会社にとっての貴重な人材」で、asset は人のことです。

解説 使役動詞の made が使われているので、〈空所〉＝〈a valuable asset〉（貴重な人材）となります。空所が指す人は Miranda Kim しかなく、made の目的語なので目的格の (A) her が正解です。

重要語 □ cosmopolitan 形 国際的な　　□ upbringing 名 教育
□ asset 名 貴重な存在

2. 正解：(D)　★　前置詞の後は名詞

We cannot share customers' personal information with our affiliated companies without their written -------.

私どもは、顧客の個人情報について、顧客の書面での承認なしには関連会社と共有できません。

(A) authority　名詞
(B) authoritative　形容詞
(C) authorizing　動名詞
(D) authorization　名詞

速解 Point! 空所は without their written ------- と、**前置詞の後にあり、空所の前に名詞はないので空所が名詞になります。**

解説 名詞は2つあり、(A) authority は「権威」、(D) authorization は「承認」です。written に続くので (D) が正解になります。

動名詞の (C) authorizing は「承認すること」で written に続けるのに不適当です。

重要語 □ affiliated 形 関連する

3. 正解：(C) ★★　against one's expectations（〜の期待に反して）

The ratings of the TV drama series have been gradually decreasing -------
the channel's expectations.

そのテレビドラマ・シリーズの視聴率は、チャンネルの期待に反して、徐々に下がって
きている。

(A) into　〜の中に　　　　　　　　　(B) off　〜から離れて
(C) against　〜に反して　　　　　　 (D) down to　〜まで下がって

速解Point! 空所は ------- the channel's expectations にあり、「そのチャンネル
の期待〜」の意味です。空所の前の部分との意味関係を考えます。

解説 空所の前は「そのテレビドラマ・シリーズの視聴率は徐々に下がってきて
いる」です。空所の前後は相反する内容なので、expectations（期待）を否定す
る前置詞が必要です。(C) against（〜に反して）が正解です。

重要語 □ ratings 名 視聴率　　□ expectation 名 期待

4. 正解：(B) ★　consider には動名詞が続く

Considering ------- his own business, Juan Rodriguez decided to quit his
present job within the year.

自分のビジネスを始めることを考えて、フアン・ロドリゲスは年内に今の仕事を辞める
ことを決めた。

(A) start　原形　　　　　　　　　　(B) starting　動名詞
(C) to start　不定詞　　　　　　　　(D) started　過去分詞

速解Point! 空所は Considering ------- his own business, と、分詞構文のブロック
にあり、consider に続く動詞の形を選ぶ問題です。**consider の用法がポイントです。**

解説 consider に動詞を続けるときには、その動詞は動名詞で使うのがルールで、
不定詞は使えません。よって、(B) starting が正解になります。

重要語 □ quit 動 辞める

DAY 9

217

5. 正解：(A) ★★ within の用法

According to the historic heritage laws, the Bank Negara building falls ------- the definition of a historic property.

歴史遺産法によれば、バンク・ネガラの建物は歴史不動産の定義の範ちゅうに入る。

(A) within ～の範囲内に   (B) over ～の上に
(C) onto ～の上のほうに   (D) among ～の間に

速解 Point! 空所は falls ------- the definition of a historic property にあります。ここの意味は「歴史不動産の定義～入る」です。**「歴史不動産の定義」との関係を考えます。**

解説 「歴史不動産の定義」には一定の範囲があると考えられるので、「～の範囲内に」の意味を持つ (A) within が正解です。

(D) among（～の間に）の後には複数の物・人がきて、「定義」のような抽象的なものの範囲を表すことはできません。

重要語 □ according to ～によれば   □ heritage 名 遺産
               □ definition 名 定義   □ property 名 不動産

---

6. 正解：(A) ★★ hook（引きつける魅力）

A bit of a ------- is necessary for the signage to get people into our booth.

案内看板が人々を我々のブースに導き入れるには少し引きが必要だ。

(A) hook 引き   (B) pile 山
(C) landmark 画期的な出来事   (D) signal 合図；動機

速解 Point! 空所は主語にあり、A bit of a -------（少しの～）です。**後続の内容から「案内看板が人々をブースに導き入れるには少しの何が必要か」を考えます。**

解説 (A) の hook は具体的なものとしては「釣り針」ですが、そのイメージから「引きつける魅力」→「引き」の意味で使います。これを入れれば「少しの引き」になって、後続の内容ともつながります。

(B) pile は「（書類などの）山」の意味で不可。(C) landmark（画期的な出来事）や (D) signal（合図；動機）では「ブースに導き入れる」につながりません。

重要語 □ a bit of 少しの～   □ signage 名 案内看板

7. 正解：(D) ★★ influencer marketing（インフルエンサー・マーケティング）

We provide online and offline retailers with effective ------- marketing solutions that can strengthen their retail functions.

私たちは、オンライン及び実店舗の小売業者に彼らの小売り機能を強化する効果的なインフルエンサー・マーケティング・ソリューションを提供しています。

(A) influence　名詞
(B) influencing　現在分詞
(C) influenceable　形容詞
(D) influencer　名詞

速解 Point! 空所は effective ------- marketing solutions にあります。**選択肢の名詞、現在分詞、形容詞は文法的にはすべて当てはまるので、意味からアプローチします。**

（解説）marketing solution（マーケティング・ソリューション）を修飾することを考えれば、(D) influencer（インフルエンサー＝SNS上などで影響力を持つ有名人）を選ぶのが適切です。

重要語 □ retailer 名 小売業者　□ effective 形 効果的な
□ strengthen 動 強化する

---

8. 正解：(C) ★★ among（〜の中で）

------- those at the awards ceremony, Chandra Vilai was the only architect who had won the Mumbai Architecture Prize twice.

授賞セレモニーに出席している人々の中で、チャンドラ・ヴィライはムンバイ建築賞を2回獲得したただ一人の建築家だった。

(A) As far as　〜のかぎりでは
(B) Rather than　〜よりむしろ
(C) Among　〜の中で
(D) Throughout　〜を通してずっと

速解 Point! 空所は文頭の ------- those at the awards ceremony, にあり、those は「人々」を表します。後続はその中の一人の Chandra Vilai についての記述です。

（解説）空所はチャンドラ・ヴィライをその中に含む「同類」を表すと考えられるので、(C) Among（〜の中で）が適切です。「授賞セレモニーに出席している人々の中で」となって、主文につながります。

重要語 □ awards ceremony　授賞セレモニー

DAY 9

219

9. 正解：(C) ★★ proven（定評のある）

Ericsson Transport has ------- track record of the three candidate couriers we are now negotiating with.

エリクソン・トランスポートは、私たちが今交渉している3社の宅配業者候補の中で最も定評のある実績を持っている。

(A) proven　定評のある　　　　　　(B) more proven　より定評のある
(C) the most proven　最も定評のある　　(D) a proving　証明する

速解 Point!　空所は has ------- track record にあります。**動詞 prove の分詞の形と冠詞の有無の両面から考えます。**

解説　prove は「証明する」の意味で、現在分詞の proving で「証明する」、過去分詞の proven で「証明された」→「定評のある」です。track record は「実績」の意味ですから、適切なのは proven です。

　冠詞の有無については、track record は個別の実績のことなので、可算名詞で使います。すると、(A) proven や (B) more proven では無冠詞になってしまうのでいずれも不可。定冠詞が付いた最上級の形の (C) the most proven が正解です。

重要語　□ track record　実績　　□ courier　**名** 宅配業者

....

10. 正解：(A) ★★ what は先行詞を含む

Given ------- occurred, the staff should have moved more quickly to restore the system.

起こったことを考えれば、スタッフはもっと早くシステムを改修するために動くべきだった。

(A) what　関係代名詞（先行詞を含む）　　(B) that　関係代名詞（主格・目的格）
(C) anything　不定代名詞　　　　　　　　(D) in which　in + 関係代名詞（目的格）

速解 Point!　空所は Given ------- occurred, にあります。**冒頭の Given が「〜と考えれば」という意味の前置詞であることがわかれば一気に解けます。**

解説　前置詞の次は名詞です。そして、occurred という動詞が続いているので、必要なのは先行詞と occurred の主語を兼ねる関係代名詞です。この機能を持つのは (A) what です。

　(C) anything だと occurred は過去分詞になりますが、occur は自動詞なので単独で過去分詞にできず、文構造から不可です。

重要語　□ occur　**動** 起こる　　□ restore　**動** 改修する

11. 正解：(D)　★★　waive（[料金・規則などを] 免除する）

Admission fees to the Historical Museum are ------- for all visitors on a special day that falls on the second Tuesday.

歴史博物館の入場料は、第2火曜日に当たる特別日にはすべての訪問客に対して免除される。

(A) abolished　廃止されて　　　　　(B) avoided　避けられて
(C) incurred　負わされて　　　　　**(D) waived　免除されて**

速解 Point! 空所は Admission fees to the Historical Museum are ------- にあり、「歴史博物館の入場料がどうなるか」を考えます。

解説 on a special day that falls on the second Tuesday（第2火曜日に当たる特別日には）という特殊な状況での措置なので、(D) waived（免除されて）が文意に合います。

(A) abolished（廃止されて）では永続的な措置になるので「特別日」に合いません。(B) avoided（避けられて）では「料金を意図的に避ける」ことになって、文意に合いません。(C) incurred（負わされて）では本来と逆の状況になってしまいます。

重要語 □ admission fees　入場料　　□ fall on　〜に当たる

12. 正解：(B)　★★　complete with（〜付きで）

The total cost for the trip, ------- with meals and accommodations, is 1,720 euros.

その旅行の総費用は、食事と宿泊施設込みで、1720ユーロである。

(A) inclusive　含む　　　　　　**(B) complete　付きで**
(C) attached　付けられた　　　　(D) covered　覆われた

速解 Point! 主語は「その旅行の総費用」なので、空所部分は「食事と宿泊施設を含んで」になると想定できます。**ポイントは前置詞の with です。**

解説 with と結びついて「〜を含んで；〜付きで」と表現できる形容詞は (B) complete です。(A) inclusive も同様の意味ですが、前置詞は of を使います。

(C) attached（付けられた）は意味的に合いません。前置詞も to が続きます。(D) covered（覆われた）は with を使いますが、意味が合いません。

重要語 □ accommodations　名 宿泊施設

解答・解説

13. 正解：(C)　★★　visibility（[商品などの] 露出）

Thanks to the high ------- brought by a series of campaigns on social media, our new product has sold very well.

ソーシャルメディアでの一連のキャンペーンによる高い露出のおかげで、当社の新製品は売れ行きがいい。

(A) purchase　購入　　　　　　　(B) amount　金額
(C) visibility　露出　　　　　　(D) outlook　見通し

速解Point!　空所は Thanks to the high ------- brought by a series of campaigns on social media, にあります。**キャンペーンによってもたらされるもので、そのおかげで「新製品は売れ行きがいい」という文脈です。**

解説　(C) visibility は「見えること」→「（製品などの）露出」の意味で使えるので、これを入れれば適切な文になります。

　(A) purchase（購入）を入れると、後続の sold very well と意味が重複します。(B) amount（金額）や (D) outlook（見通し）は文脈に合いません。

重要語　□ thanks to　〜のおかげで

---

14. 正解：(C)　★★　print は動詞で「ブロック体で書く」

Remember to clearly ------- your full name, visiting time, and phone number.

あなたの氏名、訪問時間、電話番号を読みやすくブロック体で書くようにしてください。

(A) sign　署名する　　　　　　　(B) illustrate　説明する
(C) print　ブロック体で書く　　　(D) describe　記述する

速解Point!　空所は clearly ------- your full name, visiting time, and phone number にあり、**空所の動詞の目的語は「氏名」「訪問時間」「電話番号」の3つです。**

解説　(C) の print は動詞で「ブロック体（活字体）で書く」の意味があり、clearly（読みやすく）とも相性がよく、また3つの目的語のどれともつながります。(C) が正解。

　(A) sign（署名する）の目的語は「契約書」や「会社」で、ここでは不適です。(B) illustrate（説明する）や (D) describe（記述する）はこうした単純な記載には合いません。

重要語　□ remember to　忘れずに〜する

222

15. 正解：(A) ★★ inviting（引きつける）

The décor of Midtown Café is so unique and ------- that customers can eat and drink enjoying the atmosphere.

ミッドタウン・カフェの内装はきわめて独特で引きつけるものがあるので、顧客は雰囲気を楽しみながら飲食ができる。

(A) inviting　形容詞　　　　　　　　(B) invited　過去分詞
(C) invitational　形容詞　　　　　　 (D) invitee　名詞

速解 Point!　空所は〈so ～ that …〉（とても～なので…）の構文の中にあります。**等位接続詞の and で形容詞の unique と結びついているので、空所は形容詞（分詞）になります。**

解説　(D) invitee（招待客）は名詞なので外せます。

　残りの3つの意味は (A) inviting（引きつける）、(B) invited（招待された）、(C) invitational（招待の）なので、意味が合うのは (A) です。

重要語　□ décor 名 内装　　□ atmosphere 名 雰囲気

---

16. 正解：(C) ★★ as per（～に従って）

------- terms of service, your order will arrive in 3 to 5 business days.

サービス条項に従って、お客様の注文品は3～5営業日で届きます。

(A) Over　～にわたって　　　　　　 (B) In connection with　～に関連して
(C) As per　～に従って　　　　　　 (D) Regarding　～に関して

速解 Point!　空所は ------- terms of service,（サービス条項～）にあります。「**サービス条項に従って」になると推測できます。**

解説　(C) As per は「（規則など）に従って」の意味で使うので、これが正解です。(A) Over は不適ですが、Under なら「（規則など）に基づいて」の意味があるので正解になります。

　仮に as per の意味を知らなくても、消去法で対応できる問題です。

重要語　□ terms 名 条項　　□ business days　営業日（土日や祝日を含まない）

17. 正解：(C) ★★★ 文構造を理解して選ぶ

A board meeting is scheduled to take place as soon as this week ------- all members on the same page regarding the planned merger.

計画中の合併についてすべてのメンバーが同じ考えになるように、取締役会議は早ければ今週にも開催される予定だ。

(A) it puts it + 現在形   (B) putting 現在分詞
(C) to put 不定詞   (D) will put will + 原形

速解 Point! 空所は ------- all members on the same page regarding the planned merger にあり、これを前半とどうつなぐかを考えます。**as soon as の役割を見抜くことが先決です。**

解説 as soon as は「早ければ」の意味で this week を修飾します。as soon as は文を従える接続詞ではありません。すると、空所以下を前につなぐには現在分詞の (B) putting か不定詞の (C) to put が候補になります。現在分詞で分詞構文にすると「計画中の合併についてすべてのメンバーを同じ考えにしながら」となって、前半にうまくつながりません。不定詞だと「計画中の合併についてすべてのメンバーが同じ考えになるように」で前半との関係が適切です。よって、(C) が正解です。

重要語 □ put ～ on the same page ～を同じ考えにする

---

18. 正解：(B) ★★ meet orders（注文に対応する）を見抜く

Shinano Electronics recently started two more assembly lines in the Nagano plant, thus allowing more orders to be -------.

シナノ・エレクトロニクスは最近、長野工場に組み立てラインを2本新たに稼働させたので、さらに多くの注文に対応できるようになった。

(A) placed 発注された   **(B) met 応じられた**
(C) directed 指揮された   (D) purchased 購入された

速解 Point! 空所はカンマ以下にあり、thus allowing more orders to be ------- となっています。ここは「そうして、さらに多くの注文を～できるようにした」の意味です。**全体の文脈を把握する必要があります。**

解説 前半から「シナノ・エレクトロニクスは最近、長野工場に組み立てラインを2本新たに稼働させた」ことで、この会社は「さらに多くの注文をとれるようになった」という文脈になります。meet は meet an order で「注文に対応する」の意味で使えるので、orders が主語で受け身になったと考えて (B) met を選びます。

(A) placed（発注された）では顧客側の立場になります。(C) directed（指揮された）と (D) purchased（購入された）は orders との相性も悪く、意味も合いません。

重要語 □ assembly line 組み立てライン

19. 正解：(D) ★★ integrated（統合された）

A more ------- traffic system is needed in the metropolitan area to get rid of delays and disruptions.

遅れや混乱を取り除くためには、首都圏にはもっと統合された交通システムが必要とされる。

(A) primary　主要な　　　　　　　(B) collective　共同の
(C) affordable　手ごろな価格の　　**(D) integrated**　統合された

速解 Point! 空所は主語の中にあり、A more ------- traffic system（もっと〜な交通システム）となっています。**どんな交通システムか考えますが、ヒントは to get rid of delays and disruptions にあります。**

解説 「遅れや混乱を避けるために」必要とされる交通システムなので、交通システムの機能性を示す (D) integrated（統合された）が最適です。

他の選択肢は交通システムの機能性を表現できません。

重要語 □ metropolitan 形 首都圏の　　□ get rid of 〜を取り除く
□ disruption 名 混乱

20. 正解：(C) ★★ observatory（展望台）

It takes about forty minutes to climb up to the mountain-top ------- where you can enjoy spectacular panoramic views.

すばらしいパノラマの展望が楽しめる山上の展望台に上るには約40分かかります。

(A) observing　動名詞（観察すること）　(B) observer　名詞（観察者）
(C) observatory　名詞（展望台）　　(D) observation　名詞（観察）

速解 Point! 空所は climb up to the mountain-top ------- にあります。**次が関係副詞の where なので、入るのは先行詞になる名詞ですが、mountain-top（山上の）が修飾していることに注目します。**

解説 where 以下は「すばらしいパノラマの展望が楽しめる」なので「山上の展望台」と推測できます。「展望台」を表すのは (C) observatory です。

重要語 □ spectacular 形 すばらしい
□ panoramic 形 全景が見渡せる；パノラマの

解答・解説

21. 正解：(D) ★★ arguably（間違いなく）

Although her credentials didn't meet the requirements completely, Miranda Pritchard is still ------- the best candidate for the manager position.

ミランダ・プリチャードは、彼女の資格が要件を完全には満たしていなかったが、それでも間違いなくそのマネジャー職に最高の候補者だ。

(A) arguing　現在分詞　　　　　　　　(B) argued　過去分詞
(C) arguable　形容詞　　　　　　　　(D) arguably　副詞

速解 Point! 空所は is still ------- the best candidate にあります。**空所の前後の接続と意味の両面からアプローチします。**

解説 過去分詞の (B) argued や形容詞の (C) arguable では前後がつながらないので、まずこの2つを外します。

次に意味を考えると、現在分詞の (A) arguing だとこの文は現在進行形になりますが、候補者であるはずの「ミランダ・プリチャードが最良の候補者について論じる」という奇妙な状況になるので、(A) は不可。

副詞の (D) arguably は「間違いなく」の意味で、still とともに the best candidate を強調して適切な文をつくれます。これが正解です。

重要語 □ credential **名** 資格；実績　　□ requirement **名** 要件
　　　　　□ completely **副** 完全に

---

22. 正解：(C) ★★★ prolong は他動詞で「延長する」

Eventually, after ------- discussions, the supplier rejected the prospective client's demands for substantial discounts.

長い話し合いの後、結果的に、その納入業者は見込み客の大幅な値引き要請を拒否した。

(A) prolongs　現在形（三単現）　　　　(B) prolonging　現在分詞
(C) prolonged　過去分詞　　　　　　　(D) to prolong　不定詞

速解 Point! 空所は after ------- discussions にあり、**前置詞と名詞に囲まれているので、選択肢で可能性があるのは discussions を修飾できる分詞の2つです。動詞 prolong の用法を考えます。**

解説 prolong は他動詞のみで使い、「延長する」の意味です。discussions を基準に考えると「会議」は「延長される」もので自ら「延長する」ものではありません。よって、過去分詞の (C) prolonged が正解で、現在分詞の (B) prolonging は不可です。

重要語 □ eventually **副** 結果的に；最後には
　　　　　□ supplier **名** サプライヤー；納入業者　　□ reject **動** 拒否する
　　　　　□ prospective **形** 見込みのある　　□ substantial **形** 大幅な

23. 正解：(A) ★★ now that（今や〜なので）

------- all corrections to figures are complete, our financial report is in place for posting.

今や数字のすべての修正が完了したので、当社の財務報告書は発表準備が整っている。

(A) Now that 今や〜なので   (B) While 〜の間に；〜の一方
(C) As long as 〜するかぎり   (D) Even though たとえ〜でも

速解 Point! 空所は ------- all corrections to figures are complete, とカンマまでの冒頭にあります。**選択肢はすべて接続詞なので、後続の主節との関係を考えます。**

解説 空所の従属節は「数字のすべての修正が完了した」、主節は「当社の財務報告書は発表準備が整っている」です。従属節と主節は因果関係で結びつくと考えられるので、「理由・結果」を表す (A) Now that（今や〜なので）が正解です。

(B) While は「〜の間に」（同時進行）と考えても「〜の一方」（対比）と考えても文脈に合いません。(C) As long as（〜するかぎり）は「条件」、(D) Even though（たとえ〜でも）は「譲歩」を表し、どちらも前後をうまくつなげません。

重要語 □ correction 名 修正   □ in place 整って   □ post 動 発表する

---

24. 正解：(A) ★★★ 分詞句と主文の関係から解く

------- ignored by the tourist masses, the museum housed in the city center safeguards the most comprehensive collection of medieval sculptures.

驚くことに観光客の大半には無視されているが、市の中心部にあるその博物館は、中世の彫刻の最も完全なコレクションを所蔵している。

(A) Surprisingly 驚くことに   (B) Gradually 徐々に
(C) Understandably 理解できることだが
(D) Accordingly それに応じて

速解 Point! 空所はカンマまでの ------- ignored by the tourist masses, にあり、ここは「観光客の大半には無視されて」の意味です。**「どう無視されているか」を後続の主文との関係から突き止めます。**

解説 主文は「市の中心部にあるその博物館は、中世の彫刻の最も完全なコレクションを所蔵している」です。前後で矛盾したことを述べているので、この矛盾を示唆する (A) Surprisingly（驚くことに）を入れれば前後がうまくつながります。

他の選択肢では前後をうまくつなぐことができません。

重要語 □ masses 名 大多数   □ house 動 拠点とさせる
□ safeguard 動 所蔵する   □ comprehensive 形 完全な
□ medieval 形 中世の   □ sculpture 名 彫刻

DAY 9

25. 正解：(C) ★★★ 冠詞と動詞がヒントに

Effective land ------- is one of the reasons the city could achieve high economic growth by attracting new residents and businesses.

効果的な土地区画整備は、その市が新しい住民や企業を引きつけることによって高い経済成長を実現することができた理由の一つだ。

(A) zone　名詞（単数）　　　　　　(B) zones　名詞（複数）
(C) zoning　動名詞　　　　　　　(D) zoned　過去分詞

速解 Point! 空所は Effective land ------- にあり、主語を構成します。**ポイントは冠詞がないことと、動詞が is になっていることです。**

解説 冠詞がないことから、単数の可算名詞である (A) zone を外せます。動詞が is ということから複数の形の (B) zones も外せます。

動名詞の (C) zoning であれば「効果的な土地区画整備」という意味になり、無冠詞で is につながるので、これが正解です。

過去分詞の (D) zoned では、Effective が land を修飾することになり、適切な表現になりません。

重要語 □ achieve　動 実現する　　□ attract　動 引きつける

---

26. 正解：(A) ★★ 〈接続詞＋形容詞〉のパターン

Because of considerably decreasing revenues, the management directed department heads to withhold spending ------- possible.

大きく収益が減少しているため、経営陣は部門長に可能なときはいつでも支出を控えるように指示した。

(A) whenever　〜のときはいつでも（接続詞）
(B) however　しかし（副詞）
(C) somewhat　いくぶん（副詞）　　(D) whereas　〜の一方で（接続詞）

速解 Point! 空所は withhold spending ------- possible にあります。**possible は形容詞なので、これを withhold spending につなぐには副詞は不適で、接続詞が必要です。**

解説 (A) whenever は「〜のときはいつでも」の意味で、「可能なときはいつでも支出を控える」と正しい表現をつくれます。これが正解です。

(D) whereas（〜の一方で）だと「可能である一方で支出を控える」と文意をなしません。

重要語 □ considerably　副 かなり　　□ revenues　名 収入
　　　　　□ direct　動 指示する　　□ withhold　動 控える　　□ spending　名 支出

27. 正解：(C)　★★★　referral program（人材紹介プログラム）

One of the keys to success was a ------- program the company was recommended to take by its consultancy.

成功のカギの一つは、その会社がコンサルタント会社に勧められて採用した人材紹介プログラムだった。

(A) refer　動詞原形
(B) referred　過去分詞
(C) referral　名詞
(D) referential　形容詞

速解 Point! 空所は a ------- program にあり、program を修飾する形を選びます。**分詞、名詞、形容詞が該当するので、意味からのアプローチが必要です。**

解説 過去分詞の (B) referred は「優先的な」、名詞の (C) referral は「（人材）紹介」、形容詞の (D) referential は「関連のある」で、program と組み合わせて使えて、かつ文脈から「成功のカギの一つ」になり、「コンサルタント会社に勧められた」ものなので、a referral program とするのが適切です。(C) が正解。

(B) referred は具体的なプログラムを示せず文脈にも合わないので不可です。

重要語 □ recommend 動 勧める　□ consultancy 名 コンサルタント会社

---

28. 正解：(A)　★★★　prevailing（現状の）

If the ------- weather conditions last long, the agricultural industry in this area will face serious difficulties.

現状の気候条件が長く続けば、この地域の農業は深刻な困難に直面するだろう。

(A) prevailing　現状の
(B) sustainable　持続可能な
(C) outgoing　出ていく
(D) underway　進行中で

速解 Point! 空所は If the ------- weather conditions last long, にあり、「どんな気候条件か」を文脈から考えます。

解説 全体の文意は「～の気候条件が長く続けば、この地域の農業は深刻な困難に直面するだろう」です。ネガティブな形容詞が必要ですが、選択肢にはありません。ただ現状をネガティブなものだとすれば、(A) prevailing（現状の）でも適切な文意になることがわかります。

(B) sustainable（持続可能な）はポジティブな形容詞なので不可。(C) outgoing（出ていく）は weather conditions を修飾するのに不適で、(D) underway（進行中で）は補語として使う用法しかありません。

重要語 □ last 動 続く　□ face 動 直面する

29. 正解：(A)　★★★　pertaining to（〜に関係する）

Design changes ------- to the new demands from the client would delay the completion by at least two months.

クライアントからの新しい要求に関係する設計の変更によって、完成は少なくとも2カ月遅れることになるだろう。

(A) pertaining　関係する　　　　　　(B) prior　前の
(C) according　応じて　　　　　　　　(D) regarding　〜に関して

速解 Point!　空所は Design changes ------- to the new demands from the client という長い主語に中にあります。**前置詞の to との結びつきと意味の両面から考えます。**

解説　to と結びつく表現は (A) pertaining、(B) prior、(C) according で、それぞれ pertaining to（〜に関係する）、prior to（〜の前の）、according to（〜に応じて）となります。文意に合うのは (A) で「クライアントからの新しい要求に関係する設計の変更」と正しい表現になります。

(D) regarding は前置詞で、単独で「〜に関して」の意味なので to が不要です。

重要語　□ demand **名** 要求　　□ completion **名** 完了

---

30. 正解：(C)　★★★　文脈から判断する

Endorsers usually aren't bound to -------, meaning that they're allowed to promote similar brands or products in a similar time frame.

推奨者は通常、専属性に縛られないが、それは彼らが同様の時間枠で同様のブランドや商品を宣伝することが許されることを意味する。

(A) anonymity　匿名性　　　　　　　(B) formality　形式性
(C) exclusivity　専属性　　　　　　(D) terms　条件

速解 Point!　空所は Endorsers usually aren't bound to -------, にあります。Endorsers は「（商品などの）推奨者」のことで、「推奨者が通常、何に縛られないのか」を考えます。後続の meaning 以下がヒントです。

解説　meaning 以下は「彼らが同様の時間枠で同様のブランドや商品を宣伝することが許されることを意味する」なので、Endorsers は一つのブランドや商品に縛られないということです。これを言い換えるのには (C) exclusivity（専属性）が適切です。

(A) anonymity（匿名性）や (B) formality（形式性）は文意に合いません。(D) terms（条件）ではどんな条件かがわからず、これも不適です。

重要語　□ endorser **名** 推奨者　　□ bind **動** 縛る；拘束する

Part 6

Questions 31-34 refer to the following e-mail.

To: reinhart_clive@ipematech.com
From: fbrand@beemeeoutdoors.co.uk
Subject: Cash registers
Date: October 21

Dear Mr. Reinhart:

I want to thank you for allowing us to try your company's touchscreen cash registers in our Edmonton branch. The trial period went well, and the store staff were impressed with the system's -------- of use and by how much
31.
it improved the customer payment experience. --------, they liked how
32.
customers could select the method of payment by themselves.

After discussions with my fellow managers, we have decided to introduce the cash registers throughout our network of outdoor goods stores. --------.
33.
To proceed with the --------, I would like to arrange a meeting so that we
34.
can discuss price estimates and a timeline for installing the machines.

Sincerely,

Fiona Brand
General Manager, BeeMee Outdoors

訳 設問31～34は次のメールに関するものです。

受信者：reinhart_clive@ipematech.com
発信者：fbrand@beemeeoutdoors.co.uk
件名：キャッシュ・レジスター
日時：10月21日

ラインハルト様

御社のタッチスクリーンのキャッシュレジスターを当社のエドモントン支店で試用させていただいたことに感謝を申し上げたいと思います。試用期間は成功で、店舗スタッフは、このシステムの使い ⁽³¹⁾ やすさとそれが顧客の支払い体験を大きく向上させたことに感心していました。⁽³²⁾ 特に、スタッフは、顧客が支払い方法を自分で選ぶことができるやり方を気に入っていました。

私の同僚のマネジャーたちとの話し合いの後、私たちは当社のアウトドア用品店のネットワークのすべてにこのキャッシュレジスターを導入することを決定しました。⁽³³⁾ そこで、全部で24台を注文いたします。この ⁽³⁴⁾ 購入を進めるために、価格の見積もりと機械を設置するスケジュールを話し合うために会議を設定したいと思います。

敬具
フィオーナ・ブランド　本部長、ビーミー・アウトドアズ

重要語 □ be impressed with ～に感銘を受ける　□ improve 動 向上させる
□ proceed with ～を進める　□ install 動 設置する

31. 正解：(B) ★ 独立型

品詞識別問題です。

(A) easy 　形容詞	**(B) ease** 　名詞
(C) easily 　副詞	(D) easiest 　形容詞（最上級）

速解 Point! 空所は the system's ------- of use にあり、**名詞の所有格と前置詞に挟まれています。**

解説 名詞の所有格が修飾するのは名詞だけです。よって、(B) ease が正解です。ease of use で「使いやすさ」の意味です。

---

32. 正解：(A) ★★ 文脈依存

つなぎ言葉になる副詞系の表現が並びます。

(A) In particular 　特に	(B) Even so 　それでも
(C) Following this 　これに続いて	(D) At first 　最初のうちは

速解 Point! 空所は -------, they liked how customers could select the method of payment by themselves. と、この文の冒頭にあります。**つなぎ言葉を選ぶために、前文との関係を探ります。**

解説 前文では「システムの使いやすさと顧客の支払い体験の向上」を評価し、空所文では「顧客が支払い方法を選べること」を好ましいとしています。前文は全般的な評価、空所文は個別の機能の評価なので、(A) In particular（特に）を入れるとうまくつながります。

33. 正解：(A)　★★　文選択

文選択の問題です。

(A) Therefore, we will order a total of twenty-four units.
　　そこで、全部で24台を注文いたします。

(B) We expect an answer on possible discounts A.S.A.P.
　　可能なディスカウントについての回答をできるだけ早くお願いします。

(C) Our store expansion program is ahead of schedule.
　　私たちの店舗拡大計画は予定より早く進んでいます。

(D) I hope you can view the goods in person.
　　あなたに直接、商品をご覧いただきたいと思います。

速解Point!　空所は第2パラグラフの第2文にあります。**前文にヒントを探ります。**

解説　前文は「キャッシュレジスターを導入することを決定した」という内容です。これを受けて、具体的な注文を出している (A)「そこで、全部で24台を注文いたします」が最適です。

　(B) は注文の意思を述べてからの話なので、順序として不適です。(C) は本文にまったく関係のない内容です。(D) は売り買いの立場が逆になっています。

---

34. 正解：(D)　★★　文脈依存

名詞の単語問題です。

| (A) renewal　更新 | (B) guarantee　保証 |
| (C) trial　試用 | **(D) purchase　購入** |

速解Point!　空所は To proceed with the -------. にあり、「進行するものが何か」を考えます。**2つ前の文にヒントがあります。**

解説　2つ前の文には we have decided to introduce the cash registers とあって、「私たちはキャッシュレジスターを導入することを決定した」としています。つまり、買うことにしたわけなので、(D) purchase（購入）を進めるとするのが適切です。

　第1パラグラフから試用期間はすでに終わっているので、(C) trial（試用）は不可です。

Questions 35-38 refer to the following brochure.

Most people buy their mobile phones and take out contracts from a local phone shop. Those stores have high running costs, such as rent and staff salaries. ---35.---, their staff receive commissions on sales, and it's all added to the final price. Don't ---36.--- your money on these costs. There's a better way. We at Rial Comms can sell the latest models on the cheapest terms because we have no physical stores. We operate ---37.--- online, meaning we can pass all those savings on to you. Unlike other stores, you don't need to sign a lengthy two- or three-year contract. You'll even collect points to spend on apps and services. Visit www.rial-comms.org now. ---38.---.

訳 設問35～38は次のパンフレットに関するものです。

たいていの人は地元の携帯電話店から携帯電話を購入して、契約を結びます。こうした店は、家賃や社員給与など高い運営コストを負担しています。(35) さらに、店のスタッフは販売コミッションを受け取っていて、それは最終価格にすべて付加されています。こうしたコストにお金を (36) 浪費してはいけません。よりよい方法があるのです。私たちリアル・コムズは実店舗を持っていないので、最安の条件で最新モデルを販売することができます。私たちは (37) 完全にオンラインで運営しているので、これら節約分をお客様に還元できるということです。他の店とは違って、お客様は2～3年という長期間の契約を結ぶ必要はありません。お客様はアプリやサービスで使うポイントを貯めることもできます。すぐにも www.rial-comms.org を訪問してください。(38) 当社の素早い配送によって、明日にはお手元に電話が届きます。

重要語 □ take out （契約）を結ぶ　　□ running costs　運営コスト
□ rent **名** 家賃　　□ commission **名** 歩合の手数料；コミッション
□ terms **名** 条件　　□ physical store　実店舗　　□ pass **動** 回す
□ savings **名** 節約　　□ lengthy **形** 長い

35. 正解：(B) ★★ 文脈依存

つなぎ言葉の副詞系の表現が並びます。

| (A) However　しかし | (B) What's more　さらに |
| (C) Even so　そうは言っても | (D) Eventually　結果的に |

速解 Point! 空所はこの文の冒頭にあり、つなぎ言葉を選ぶために前文との関係を探ります。

解説 前文は「こうした店は、家賃や社員給与など高い運営コストを負担しています」で、空所文は「～店のスタッフは販売コミッションを受け取っていて、それは最終価格にすべて付加されています」です。流れは順接で、空所文で「販売コミッション」という要素が付加されています。(B) What's more（さらに）が適切です。

　(A) However（しかし）や (C) Even so（そうは言っても）は論旨が転換されるときに使います。(D) Eventually（結果的に）は their staff receive commissions on sales, and の部分がなければ、結論だけになるので、正解になりえます。

36. 正解：(C) ★ 文脈依存

動詞の単語問題です。

| (A) earn　稼ぐ | (B) receive　受け取る |
| (C) waste　浪費する | (D) save　節約する |

速解 Point! 空所は Don't ------- your money on these costs. にあり、適当な動詞を選ぶ問題です。**Don't ------- でポジティブな内容になると予測できます。**

解説 また、空所文の前では携帯電話にかかるさまざまな経費について述べているので、(C) waste（浪費する）を選んで「こうしたコストにお金を浪費してはいけません」とすれば文意が通ります。

37. 正解：(C) ★ 独立型

品詞識別問題です。

(A) complete 動詞原形・形容詞	(B) completion 名詞
(C) completely 副詞	(D) completed 過去分詞

速解 Point! 空所は We operate ------- online, にあります。**空所は動詞と副詞に挟まれた位置なので、入るのは目的語の名詞か、副詞を修飾する副詞かに絞れます。(B) か (C) が候補です。**

解説 operate は「運営する」の意味ですが、(B) completion（完了）とは意味的に結びつかないので、これは不可。

副詞の (C) completely なら online を修飾して「完全にオンラインで」と適切な表現をつくれます。

---

38. 正解：(D) ★★ 文選択

文選択の問題です。

(A) Contact us now to apply for a career in phone sales.
  電話セールスの仕事に応募するには今すぐ私どもにご連絡ください。
(B) The Expa-3 model can be charged in one hour.
  エクスパ3モデルは1時間で充電できます。
(C) Please write a product review by logging into your account.
  あなたのアカウントにログインして、製品レビューを書いてください。
(D) With our fast delivery, you can have your phone tomorrow.
  当社の素早い配送によって、明日にはお手元に電話が届きます。

速解 Point! 空所は最後にあります。**空所までは「携帯電話販売のサービス」について一貫して述べてきています。また、前文では購入のためにウェブサイトに誘導しています。**

解説 最後の文は、購入後のサービスを述べると考えられるので、「素早い配送」を紹介する (D) が適切です。

(B) の「エクスパ3モデルは1時間で充電できます」は、突然、携帯電話のモデルの話になり、それまでの流れとかみ合いません。

Questions 39-42 refer to the following instructions.

Office Waste Reduction Policies

Recycling bins for plastic bottles have been installed next to all break room vending machines. Bottles purchased from the machines must be disposed of in these bins and not among regular office trash. They will be --------- by the vendor on a regular basis. To further help to reduce waste, **39.** each employee will be given a free stainless steel water bottle to use at water coolers -------- paper cups. **40.**

To improve paper recycling efforts, waste copy paper must be placed in the box next to your section's copier. --------. This policy does not apply to **41.** documents containing personal or financial information, which should be shredded. Generally, try to avoid using paper for office communication. --------, e-mail your colleagues or use instant messaging. **42.**

訳 設問39〜42は次の説明に関するものです。

オフィスの廃棄物削減方針

プラスチックボトルのリサイクル箱は休憩室のすべての自販機のそばに設置されています。自販機から購入したボトルはこれらの箱に廃棄して、通常のオフィス内のゴミと一緒に捨てないでください。それらは業者によって定期的に ⁽³⁹⁾ <u>回収されます</u>。廃棄物削減をさらに進めるために、紙コップ ⁽⁴⁰⁾ <u>の代わりに</u>冷水機で使うステンレススチール製の無料の水筒を全社員に配布します。

紙のリサイクル努力を促進するために、廃棄するコピー用紙はあなたの部のコピー機のそばにある箱に入れるようにしてください。⁽⁴¹⁾ <u>そうする前に、ペーパークリップとホチキスの針を除去してください</u>。この方針は、個人情報や財務情報を含む書類には適用されません。それらはシュレッダーにかけてください。通常は、オフィス内のコミュニケーションに紙を使わないようにしてください。⁽⁴²⁾ <u>その代わりに</u>、同僚にはメールをしたり、インスタントメッセージを使ったりするようにしてください。

重要語
- waste **名** 廃棄物　□ bin **名** 箱
- vending machine 自動販売機　□ dispose of 〜を廃棄する
- trash **名** ごみ　□ vendor **名** 販売業者
- on a regular basis 定期的に　□ water bottle 水筒
- improve **動** よくする　□ place **動** 置く　□ contain **動** 含む
- financial **形** 財務の　□ shred **動** シュレッダーにかける
- colleague **名** 同僚

39. 正解：(D) ★★ 文脈依存

動詞の単語問題です。

(A) supplied 供給される	(B) repaired 修理される
(C) demolished 解体される	**(D) emptied** 回収される

速解 Point! 空所は They will be ------- by the vendor on a regular basis. にあります。**They は前文から「ボトル廃棄用の箱」を指します。**

解説 「ボトル廃棄用の箱が定期的に業者にどうされるか」を考えると、(D) emptied（回収される）とするのが適切です。

----

40. 正解：(A) ★ 独立型

前置詞系のイディオムを選ぶ問題です。

(A) in place of 〜の代わりに	(B) along with 〜とともに
(C) due to 〜のために	(D) on behalf of 〜を代表して

速解 Point! 空 所 は each employee will be given a free stainless steel water bottle to use at water coolers ------- paper cups にあります。**a free stainless steel water bottle（ステンレススチール製の水筒）は paper cups（紙コップ）と対比関係にあります。**

解説 廃棄物を削減するという文脈なので、「紙コップ」をなくして「ステンレススチール製の水筒」を使うということです。紙コップを否定しなければならないので、(A) in place of（〜の代わりに）が正解です。

41. 正解：(B) ★★ 文選択

文選択の問題です。

(A) For high-quality copies, use the machine on the second floor.
質の高いコピーをとるためには、2階の機械を使ってください。

(B) Before doing so, please remove any paper clips and staples.
そうする前に、ペーパークリップとホチキスの針を除去してください。

(C) This will save on energy costs and thus reduce pollution.
これはエネルギーの費用を節約し、そうして汚染を削減します。

(D) If possible, we will switch to recycled paper next month.
もし可能なら、私たちは来月から再生紙に切り替えます。

速解 Point! 空所は第2パラグラフの第2文です。**前文にヒントがあります。**

解説 前文は「紙のリサイクル努力を促進するために、廃棄するコピー用紙はあなたの部のコピー機のそばにある箱に入れるようにしてください」です。コピー用紙の処分について、「そうする前に、ペーパークリップとホチキスの針を除去してください」とする (B) が流れに合います。

(A) はコピー機の使用の話で、コピー用紙の廃棄とは直接的につながりません。(C) と (D) もコピー用紙廃棄とは関係のない内容です。

42. 正解：(A) ★★ 文脈依存

つなぎ言葉を選ぶ問題です。

(A) Instead そうではなくて   (B) However しかし
(C) Lastly 最後に   (D) Even so そうは言っても

速解 Point! 空所は -------, e-mail your colleagues or use instant messaging. と最後の文の冒頭にあります。**前文との関係を考えます。**

解説 前文は Generally, try to avoid using paper for office communication. ですが、空所文は avoid using paper を受けるのではなく、using paper を受けている点に注意が必要です。using paper を受けるなら、それを打ち消す (A) Instead（そうではなくて）が適切とわかります。

Questions 43-46 refer to the following article.

Look After Yourself in Summer Heat

While summer is a great time to enjoy the outdoors, the hot sticky conditions can -------- energy from your body. The condition known as summer heat exhaustion has symptoms including loss of appetite and headaches. --------, there are simple measures we can take to combat the tiredness.

43.

44.

Staying hydrated is key to keeping your energy levels up, so eat foods that contain plenty of water such as watermelon. Also, try to avoid bread as it needs -------- to be digested. Carbohydrates cooked in water, like noodles, are a better choice. Finally, carry water or a sports drink around with you and drink small amounts frequently. --------

45.

46.

訳 設問43～46は次の記事に関するものです。

夏の暑さの中でご自分をいたわってください

夏は外出を楽しむすばらしい時期である一方、蒸し暑い気候条件があなたの身体からエネルギーを ⁽⁴³⁾ 消耗させる可能性があります。夏の熱中症として知られるこの状態は、食欲減退や頭痛などの症状を含みます。⁽⁴⁴⁾ 幸い、この消耗と戦うために使える簡単な方策があります。

水分が十分あることはあなたのエネルギーのレベルを保つカギであり、スイカのような水分たっぷりの食品を食べてください。また、消化するのに ⁽⁴⁵⁾ 水分を必要とするパンを避けるようにしてください。麺類のような水を使って調理する炭水化物はよりよい選択です。最後に、水かスポーツドリンクを持ち歩き、頻繁に少量ずつ飲むようにしましょう。⁽⁴⁶⁾ そうすることによって、あなたの身体は液体をよりよく吸収できるようになります。

重要語
- ☐ look after ～の世話をする ☐ sticky 形 蒸す；べたつく
- ☐ heat exhaustion 熱中症 ☐ symptom 名 症状
- ☐ appetite 名 食欲 ☐ measure 名 方策
- ☐ combat 動 戦う ☐ tiredness 名 疲労；消耗
- ☐ hydrate 動 水分を与える ☐ watermelon 名 スイカ
- ☐ digest 動 消化する ☐ carbohydrate 名 炭水化物
- ☐ frequently 副 頻繁に

43. 正解：(D) ★★ 独立型

動詞の単語問題です。

(A) restore 修復する	(B) worsen 悪化させる
(C) affect 影響を与える	**(D) drain 消耗させる**

速解Point! 空所は the hot sticky conditions can ------- energy from your body にあります。「蒸し暑い気候条件があなたの身体からエネルギーをどうするか」を考えます。**文脈からネガティブな動詞が必要です。**

解説 ネガティブなのは (B) worsen（悪化させる）と (D) drain（消耗させる）ですが、energy との結びつきを考えると drain が適切です。(D) が正解。

44. 正解：(C) ★★ 文脈依存

副詞の単語問題です。

(A) Definitely 確かに	(B) Normally 普通は
(C) Luckily 幸運にも	(D) Possibly もしかすると

速解Point! 空所は -------, there are simple measures we can take to combat the tiredness. と文頭にあり、適切な副詞を選ぶ問題です。**前文と内容を比較します。**

解説 前文は「夏の熱中症として知られるこの状態は、食欲減退や頭痛などの症状を含みます」と熱中症の症状を示します。空所文は「この消耗と戦うために使える簡単な方策があります」です。「ネガティブ」→「ポジティブ」という流れなので、空所文がポジティブな内容であることを示すために、(C) Luckily（幸運にも）を選びます。

45. 正解：(B) ★★★ 文脈依存

名詞の単語問題です。

| (A) ingredients 材料 | **(B) fluid** 液体；水分 |
| (C) fibers 繊維 | (D) nutrition 栄養 |

速解 Point! 空所は Also, try to avoid bread as it needs ------- to be digested. にあります。文意は「また、消化するのに〜を必要とするパンを避けるようにしてください」です。**前文にヒントがあります。**

解説 前文では「水分を多く含むスイカなどを食べること」を勧めています。bread（パン）はスイカの反対の食べ物として例示されています。消化するのに必要とするのは「水分」と考えられるので、同様の意味の (B) fluid（液体；水分）を選びます。

----

46. 正解：(C) ★★ 文選択

文選択の問題です。

(A) It can be dangerous to skip meals in hot weather.
　　暑い天気のときに食事を抜くのは危険です。

(B) It will improve your comfort level on journeys.
　　それは旅行中のあなたの快適さを高めます。

(C) It allows your body to absorb the liquid better.
　　そうすることによって、あなたの身体は液体をよりよく吸収できるようになります。

(D) It is important to keep your living space cool and dry.
　　あなたの居住空間を涼しく乾燥した状態に保つことが重要です。

速解 Point! 空所は最後にあります。その前の文は「水かスポーツドリンクを持ち歩き、頻繁に少量ずつ飲む」ことを勧めています。**どの選択肢にもある冒頭の It はこの内容を指します。**

解説 「水かスポーツドリンクを持ち歩き、頻繁に少量ずつ飲む」ことで得られるのは、「身体は液体をよりよく吸収できる」ことなので (C) が文脈に合います。

　(A) は水分のことではなく食事のことを書いているので不可。(B) は旅行、(D) は居住空間がテーマになっていて、また水分のことも述べていないので、いずれも不適です。

DAY 10

Part 5●6

模擬テスト3

学習の仕上げに Part 5・6 の
模擬テストにトライしましょう。
時間も意識しながら解いてみましょう。

解答時間	1回目	2回目	3回目	目標時間
記入欄	分　秒	分　秒	分　秒	18分00秒

1. At the retro café in the art gallery, it's fun to imagine ------- back in the 50s.
   (A) for you
   (B) yourself
   (C) your own
   (D) yours

2. Tomson Shoe Store will be closed on March 31 to take -------.
   (A) leave
   (B) charge
   (C) inventory
   (D) patronage

3. The board of Hamm Retail all agreed that launching an online sales division was ------- the best option.
   (A) clear
   (B) clearly
   (C) clearing
   (D) cleared

4. If the city had approved the construction plan by last March, it ------- next month.
   (A) will be complete
   (B) would be complete
   (C) would have completed
   (D) will complete

5. In the evening, Mt. Hakodate, the most notable spot of the city, ------- with tourists who enjoy the stunning views from its top.
   (A) expands
   (B) abounds
   (C) grows
   (D) fills

6. Taxpayers can amend their return ------- if there is change to their submitted information.
   (A) electronically
   (B) intentionally
   (C) beforehand
   (D) automatically

7. Anna Preston, who is typically a shy and ------- type, thinks the analyst position is perfect for her.
   (A) retired
   (B) retiring
   (C) retiree
   (D) retirement

8. The state rescue unit supplied the affected residents in the flood-stricken village ------- basic necessities.
   (A) and
   (B) with
   (C) for
   (D) from

9. Hamilton Consulting's business outlook will certainly have you rethink how enterprises evolve and ------- the future of business is heading.
   (A) what
   (B) where
   (C) whichever
   (D) then

10. Menu items at Ristorante da Fiore may vary according to season and ingredient -------.
    (A) availability
    (B) prosperity
    (C) portability
    (D) feasibility

11. Ralph Stern's recent offering is ------- audio files, enabling users to listen to financial advice.

(A) downloads
(B) downloaded
(C) downloading
(D) downloadable

12. If you wish to ------- from our services, please log into 'My Page' and complete the procedures as instructed.

(A) authorize
(B) observe
(C) renew
(D) unsubscribe

13. Even an amateur painting, ------- in a proper place, can make your room more attractive.

(A) placing
(B) placed
(C) to place
(D) if placing

14. These numbers are ------- until the firm unveils its official financial results next week.

(A) preliminary
(B) nominal
(C) expendable
(D) valuable

15. If you choose not to receive these e-mail notifications, it could make it ------- for you to detect fraudulent activities.

(A) more serious
(B) less critical
(C) inevitable
(D) harder

16. Laney's Fast Burgers has rethought its offerings, with freshly ground coffee ------- part of its overhauled menu.
(A) forms
(B) formed
(C) forming
(D) has formed

17. Nicole Baker is usually an active member, ------- she organizes year-end parties or golf competitions.
(A) but
(B) whereas
(C) so that
(D) or rather

18. No plan has succeeded as ------- as the recent investment in the solar power plants in the Philippines.
(A) comprehended
(B) comprehension
(C) comprehensive
(D) comprehensively

19. It is ------- that each employee ask the company to reimburse him or her for business expenses within one month.
(A) time
(B) workable
(C) usual
(D) advisable

20. If, for any reason, you are not satisfied with your purchase, you can return it to Melissa Clothing within 14 calendar days of ------- of the item.
(A) receipt
(B) release
(C) refunding
(D) redeeming

21. Clover Co., which has started various rental services, targets the younger segment ------- to share things with others.
(A) opting
(B) opted
(C) optional
(D) options

22. Occasionally, local hotels in the city ------- the highest possible room rates during the high season.
(A) experiment
(B) are experimenting
(C) experiment with
(D) are experimenting to

23. A churn rate is a crucial metric that offers ------- into a subscription business's performance.
(A) impact
(B) statistics
(C) search
(D) insight

24. ------- the deadline is approaching, the planning team decided to work over the weekend.
(A) Only when
(B) Given that
(C) Such as
(D) As soon as

25. ------- the prototype creation faces some problems, we will be forced to change the launching schedule.
(A) On the grounds that
(B) So that
(C) Provided that
(D) In order that

26. The planning phase is an important ------- in scheduling the construction.
(A) timeline
(B) prospect
(C) consideration
(D) scheme

27. Limited budgets -------, the marketing division intends to carry out another series of advertising campaigns.
(A) nonetheless
(B) notwithstanding
(C) aside
(D) considering

28. Conducting the renowned orchestra at the national theater was a ------- moment in Arthur Lew's musical career.
(A) culminate
(B) culminating
(C) culminated
(D) culmination

29. One of the best places to ------- customer loyalty is on your social media profile.
(A) educate
(B) draw up
(C) browse
(D) nurture

30. When Earnest Ho became the company president, the general ------- was that drastic changes would occur.
(A) measure
(B) assumption
(C) feature
(D) popularity

Questions 31-34 refer to the following e-mail.

To: james.macgregor@truscott-publishing.com
From: violet.patel@truscott-publishing.com
Date: February 11
Subject: Online security

Dear Mr. MacGregor,

Thank you for entrusting me with the task of improving the company's online security. I fully realize the importance of this in today's business environment. With your permission, I ------- a survey of your employees. I want to make sure no one has any unsafe -------, such as downloading attachments from unknown e-mail addresses or using the same password for multiple applications. Once I have gathered the results, I will be better ------- to decide on what measures are needed. Of course, I will keep you updated throughout. -------. However, I hope to be able to present my initial report by the end of next week.

Violet Patel

31. (A) conduct
(B) conducted
(C) will conduct
(D) should have conducted

32. (A) locations
(B) opinions
(C) habits
(D) equipment

33. (A) interested
(B) developed
(C) skilled
(D) placed

34. (A) An assistant would be of great help.
(B) People may take time to complete the questionnaire.
(C) I found two examples of poor security.
(D) Kindly provide a convenient time to meet.

Questions 35-38 refer to the following job listing.

Delatto Online Groceries, Inc. is looking to hire motivated individuals to work in its order fulfilment center. ------- for a position, you must be over 21 years old and be available to work at least 20 hours per week. ------- exist for order packers and delivery drivers. Packers must be physically fit since the job involves heavy lifting and frequent walking, ------- drivers are required to have a full and clean driving license. Pay rates are very competitive and employees enjoy great flexibility in their working hours. As the center is open 24 hours per day, there are various shift patterns to choose from. -------. To start the application process, visit www.delattogrocery.com/jobs.

35. (A) To consider
(B) Considering
(C) Considered
(D) To be considered

36. (A) Candidates
(B) Priorities
(C) Openings
(D) Applications

37. (A) because
(B) while
(C) although
(D) so that

38. (A) You may need to demonstrate your driving skills.
(B) Working at night has a higher pay rate.
(C) Delatto expects to open ten new stores.
(D) Many people enjoy working from home.

Questions 39-42 refer to the following advertisement.

Come to Zelkova Houses show home park in Scottsdale, where houses to suit all tastes are available to view in one convenient place. -------. Its large kitchen-diner and four spacious bedrooms offer the perfect solution for those with children. ------- using the latest energy-saving materials, its classic design offers the best of modern and traditional. -------, the Hillbank is a three-story sleek townhouse which fits into small ------- great for city living! Our knowledgeable and friendly staff look forward to serving you at the show home park, located just off the Scottsdale exit on expressway I-93.

39. (A) We are proud of the skills of our craftspeople.
(B) There is also free parking for 20 vehicles.
(C) Prices begin at $180,000 including bathroom fittings.
(D) Our most popular model is the Eastwind II.

40. (A) Construct
(B) Constructed
(C) Construction
(D) Constructing

41. (A) In contrast
(B) That is to say
(C) Besides
(D) Rather

42. (A) plots
(B) outfits
(C) venues
(D) measurements

Questions 43-46 refer to the following article.

REDGRAVE (May 17)—The Redgrave Parks and Recreation Department has ------- a business agreement with Nitro Retail for the firm to construct and operate kiosks in each of the city's parks. The kiosks will be small booths selling refreshments, newspapers and other handy items to park goers. The department realized the need for some form of retail outlet at parks ------- conducting surveys which asked citizens how public facilities could be improved. According to a department press release, teaming up with Nitro Retail ------- Redgrave can avoid the initial construction costs and can benefit from the company's years of experience.

-------. One park visitor said the chance to buy a snack would make him visit the park more often. Another whom we interviewed hoped the shops would open late in summer.

43. (A) met
(B) launched
(C) consented
(D) reached

44. (A) as a result of
(B) on behalf of
(C) in place of
(D) in case of

45. (A) causes
(B) finds
(C) means
(D) leads

46. (A) The response from residents has been positive so far.
(B) Popular items include gum and ice cream.
(C) Nitro Retail made over $1 million sales last year.
(D) There may be a review of the plan after six months.

1. 正解：**(B)**　★★　　目的語で使う yourself

At the retro café in the art gallery, it's fun to imagine ------- back in the 50s.

その美術館のレトロなカフェでは、自分自身が50年代に戻ったように想像することを楽しめる。

(A) for you　for + 目的格　　　　　　　　　**(B) yourself**　再帰代名詞
(C) your own　所有格 + own　　　　　　　　(D) yours　所有代名詞

速解 Point!　空所は it's fun to imagine ------- back in the 50s にあります。**代名詞 you の形を選ぶわけですが、空所は目的語なので、入る可能性があるものは (B) yourself と (D) yours に絞れます。**

解説　再帰代名詞 yourself を入れると、「自分自身が50年代に戻ったように想像することを楽しめる」と適切な文になるので、(B) が正解です。

所有代名詞の yours では「自分自身のものを想像する」と意味不明の文になります。

重要語　□ retro　**形**　復古調の；レトロな

---

2. 正解：**(C)**　★　　take inventory（棚卸しをする）

Tomson Shoe Store will be closed on March 31 to take -------.

トムソン・シュー・ストアは棚卸しをするために3月31日は閉店になります。

(A) leave　休暇　　　　　　　　　　　　(B) charge　責任
(C) inventory　在庫　　　　　　　　　(D) patronage　愛顧

速解 Point!　空所は to take ------- にあります。to の前は「トムソン・シュー・ストアは3月31日は閉店になります」となっています。**「何をするために閉店するか」を考えます。動詞 take との結びつきがポイントです。**

解説　(C) inventory は「在庫」の意味で、take inventory で「在庫調査をする＝棚卸しをする」となるので、店が閉店する適切な理由を表せます。

(A) leave は人の「休暇」に使うので、ここでは不可。(B) charge は take とは結びつきますが「責任」の意味で文脈に合いません。(D) patronage（愛顧）は文脈に合わず、また take の目的語としても不適です。

3. 正解：(B) ★★ 文の主要素ではない→副詞

The board of Hamm Retail all agreed that launching an online sales division was ------- the best option.

ハム・リテールの取締役会は全員が、オンライン販売部門を立ち上げることが明らかに最良の選択であることに合意した。

(A) clear　形容詞
(B) **clearly**　副詞
(C) clearing　現在分詞
(D) cleared　過去分詞

速解Point! that 以下の従属節は〈S V C〉の第2文型で、文の要素はすべて揃っています。**空所に入るのは、文の主要素にならない品詞です**

解説 副詞は強調したり、意味を添えたりする付属の機能なので、なくても文は成立します。ここには副詞の (B) clearly（明らかに）が入って、後続の the best option（最良の選択肢）を強調すると考えられます。

現在進行形をつくる (C) clearing ですが、入れてみると「オンライン販売部門を立ち上げることが最良の選択だと明らかにしつつあった」となって意味をなしません。

重要語 □ launch　動 始める　□ option　名 選択（肢）

---

4. 正解：(B) ★★ 仮定法過去完了と仮定法過去の混在

If the city had approved the construction plan by last March, it ------- next month.

市が建設計画を去年の3月までに承認していたなら、それは来月には完了することになっただろう。

(A) will be complete　未来形
(B) **would be complete**　仮定法過去
(C) would have completed　仮定法過去完了
(D) will complete　未来形

速解Point! 空所は it ------- next month と、仮定法の帰結節にあります。**If 節は had approved で、仮定法過去完了の形です。complete の用法にも注意が必要です。**

解説 complete は動詞（完了する）、形容詞（完了した）で使いますが、動詞では他動詞でしか使わず、it（= the construction plan）が主語のここでは受動態にしなければなりません。また、帰結節は next month と未来のことです。

この条件を満たすのは、complete を形容詞で使って、仮定法過去の形の (B) would be complete です。

重要語 □ approve　動 承認する

解答・解説

5. 正解：(B) ★★ 〈abound with A〉（Aであふれている）

In the evening, Mt. Hakodate, the most notable spot of the city, ------- with tourists who enjoy the stunning views from its top.

市の最も有名なスポットである函館山は夜、その頂上からのすばらしい眺望を楽しむ観光客たちでいっぱいになる。

(A) expands 拡大する (B) **abounds** いっぱいになる
(C) grows 成長する (D) fills 満たす

速解 Point! 空所は Mt. Hakodate, the most notable spot of the city, ------- with tourists となっています。**「市で最も有名なスポットである函館山は旅行客でどうなるか」を考えます。前置詞の with との結びつきもポイントです。**

解説 (B) abounds は「（場所が）あふれている」という意味の自動詞で、with であふれているものを導きます。「（函館山が）観光客でいっぱいになる」と適切な意味になるので、これが正解です。

(A) expands（拡大する）や (C) grows（成長する）は意味が合いません。(D) fills は他動詞で「満たす」の意味でこのままでは不適。受動態にして is filled with とすれば「〜に満たされている」となって正解になります。

重要語 □ notable 形 有名な □ stunning 形 すばらしい

---

6. 正解：(A) ★★ 消去法で絞る

Taxpayers can amend their return ------- if there is change to their submitted information.

納税者は、もし提出した情報に変更があれば、納税申告書を電子的に修正できます。

(A) **electronically** 電子的に (B) intentionally 意図的に
(C) beforehand 前もって (D) automatically 自動的に

速解 Point! 空所は Taxpayers can amend their return ------- にあります。return は「納税申告書」のことで、「納税者が納税申告書をどのように修正するか」を考えます。if 以下が決め手になります。

解説 if 以下は「もし提出した情報に変更があれば」なので、修正するのは「提出後」のことです。ここから (C) beforehand（前もって）がおかしいことがわかります。また、(B) intentionally（意図的に）や (D) automatically（自動的に）もこの状況に合いません。

消去法で (A) electronically（電子的に）しか適切なものはありません。

重要語 □ taxpayer 名 納税者 □ amend 動 修正する
□ return 名 （納税）申告書

7. 正解：(B) ★★ retiring（控えめな）

Anna Preston, who is typically a shy and ------- type, thinks the analyst position is perfect for her.

典型的に内気で控えめな性格であるアンナ・プレストンは、アナリストの仕事が彼女にぴったりだと思っている。

(A) retired　過去分詞 　　　　　　(B) retiring　現在分詞
(C) retiree　名詞 　　　　　　　　(D) retirement　名詞

速解 Point! 空所は a shy and ------- type にあります。**shy と and で結ばれているので、空所には shy と同質の単語が入ります。選択肢では分詞のどちらかになります。**

解説 動詞の retire は自動詞で「引退する」「引き下がる」の意味があります。現在分詞の (B) retiring は「引き下がる」→「控えめな」で人の性格を表せます。これが正解。

retire は他動詞では「引退させる」の意味で使い、過去分詞の (A) retired は「引退した」になりますが、type に合いません。

重要語 □ typically 副 典型的に　　□ type 名 性格

---

8. 正解：(B) ★★ 〈supply A with B〉（AにBを供給する）

The state rescue unit supplied the affected residents in the flood-stricken village ------- basic necessities.

州の救助隊は、洪水に襲われた村の被災民に生活必需品を支給した。

(A) and　～と～（接続詞） 　　　　(B) with　～を（前置詞）
(C) for　～のために（前置詞） 　　(D) from　～から（前置詞）

速解 Point! 空所は ------- basic necessities にあります。the affected residents （被災民）と basic necessities（生活必需品）は同列に結べないので、まず接続詞の (A) and を外せます。**ポイントは supply という動詞の用法です。**

解説 supply は 〈supply A with B〉（AにBを供給する）という形をとることができます。この形に合わせて (B) with を選びます。

また、〈supply B for A〉（AにBを供給する）という形も可能です。provide と同じように使えると覚えておきましょう。

重要語 □ affect 動 影響する　　□ flood-stricken 形 洪水に襲われた
　　　　　□ basic necessities 生活必需品

9. 正解：(B)　★★　疑問詞の選択

Hamilton Consulting's business outlook will certainly have you rethink how enterprises evolve and ------- the future of business is heading.

ハミルトン・コンサルティングのビジネス展望は、企業がどのように進化するか、またビジネスの未来がどこに向かっているかを確実にあなたに再考させるだろう。

(A) what　何

(B) where　どこ

(C) whichever　どれでも

(D) then　そして

速解 Point! 空所は ------- the future of business is heading にあります。**この部分は how enterprises evolve と and で並列されていて、どちらも動詞 rethink の目的語になっています。**

解説 how enterprises evolve が疑問詞で始まっているので、------- the future of business is heading も疑問詞で始まると考えられます。副詞の (D) then は不適です。

　動詞 head は「向かう」の意味なので、疑問詞は向かう「行き先」を示すはずです。「場所」の疑問詞の (B) where が正解です。

重要語　□ outlook 名 展望　□ certainly 形 確実に　□ enterprise 名 企業　□ evolve 動 進化する　□ head 動 向かう

10. 正解：(A)　★★　availability（入手可能性）

Menu items at Ristorante da Fiore may vary according to season and ingredient -------.

リストランテ・ダ・フィオーレのメニューの項目は、季節と材料の入手可能性によって変わることがある。

(A) availability　入手可能性

(B) prosperity　繁栄

(C) portability　携帯性

(D) feasibility　実現可能性

速解 Point! 空所は according to season and ingredient ------- にあります。**ingredient（材料）との組み合わせがポイントです。**

解説 選択肢をそれぞれ入れてみると、(A) availability →「材料の入手可能性」、(B) prosperity →「材料の繁栄」、(C) portability →「材料の携帯性」、(D) feasibility →「材料の実現可能性」となります。(A) が適切です。

重要語　□ vary 動 変わる　□ ingredient 名 材料

11. 正解：(D) ★★ 〈-able〉が語尾の形容詞

Ralph Stern's recent offering is ------- audio files, enabling users to listen to financial advice.

ラルフ・スターンが最近、提供しているものは、ユーザーが金融のアドバイスを聞ける ダウンロードできるオーディオ・ファイルだ。

(A) downloads　現在形（三単現）　(B) downloaded　過去分詞
(C) downloading　現在分詞　**(D) downloadable**　形容詞

速解Point! 空所は is ------- audio files, と、be 動詞と名詞に挟まれています。 offering（提供しているもの）が主語なので進行形ではおかしく、まず (C) を外して、**空所が audio files を修飾していると考えます。**

解説 過去分詞の (B) downloaded か形容詞の (D) downloadable が候補ですが、「ダウンロードしたオーディオファイル」を提供するというのもおかしく（downloaded と書かなくてもいい）、downloadable を選んで「ダウンロードできるオーディオファイル」とすれば文意が通ります。(D) が正解です。

この位置に動詞の現在形の (A) downloads は入る余地がありません。

重要語 □ offering 图 提供（するもの）　□ enable 動 可能にする

12. 正解：(D) ★★ 自動詞 vs. 他動詞

If you wish to ------- from our services, please log into 'My Page' and complete the procedures as instructed.

当社のサービスから脱会することをお望みでしたら、「マイ・ページ」にログインして、指示通りの手順を完了してください。

(A) authorize　許可する　(B) observe　観察する
(C) renew　更新する　**(D) unsubscribe**　脱会する

速解Point! 空所は If you wish to ------- from our services, にあり、「当社のサービスから～ことをお望みでしたら」の意味です。**前置詞の from があるので入るのは自動詞です。**

解説 選択肢で自動詞として使えるのは (B) observe（観察する）と (D) unsubscribe（脱会する）ですが、意味が合うのは (D) です。「当社のサービスから脱会することをお望みでしたら」と正しい文になります。

重要語 □ procedure 图 手続き　□ instruct 動 指示する

13. 正解：(B)　★　place は動詞で「置く」

Even an amateur painting, ------- in a proper place, can make your room more attractive.
素人作の絵画でも、適切な場所に置かれれば、あなたの部屋を素敵なものにすることができる。

(A) placing　現在分詞
(B) placed　過去分詞
(C) to place　不定詞
(D) if placing　if + 現在分詞

速解 Point!　空所は, ------- in a proper place, と挿入句の中にあります。**主語の an amateur painting（素人作の絵画）との関係から空所の動詞の形を考えます。**

解説　place は「置く」という意味の他動詞なので、「絵画」は「置かれる」という関係です。選択肢で受け身の形は (B) placed だけで、分詞構文として挿入句で使えるので、これが正解です。

重要語　□ proper　形 適切な　　□ attractive　形 魅力的な

14. 正解：(A)　★★★　preliminary（予備の）

These numbers are ------- until the firm unveils its official financial results next week.
その会社が来週、公式の財務結果を発表するまで、これら数字は予備のものです。

(A) preliminary　予備の
(B) nominal　名目上の
(C) expendable　消耗品の
(D) valuable　貴重な

速解 Point!　空所は These numbers are ------- にあります。**「数字がどんなものか」を考えますが、until 以下から「その会社が来週、公式の財務結果を発表するまで」という条件がつきます。**

解説　「公式の財務結果」が出るまでのものなので、数字は (A) preliminary（予備の）ということになります。

(B) nominal は「名目上の」の意味で、「数字」との相性はいいですが、この文脈には合いません。

重要語　□ unveil　動 発表する

15. 正解：(D) ★★ 文脈から判断する

If you choose not to receive these e-mail notifications, it could make it ------- for you to detect fraudulent activities.

もしあなたがこれらのメールの通知を受けないことを選択するなら、あなたが不正行為を検知することがより難しくなるでしょう。

(A) more serious　より深刻な　　(B) less critical　より重要でない
(C) inevitable　避けられない　　**(D) harder**　より難しい

速解 Point! 空所は it could make it ------- for you to detect fraudulent activities にあり、make it の it は to 以下を指し、「そうすればあなたが不正行為を検知することが～なるでしょう」という意味になります。**主語の it は前半の If 節を指すので、If 節の内容を確認します。**

解説 If 節は「もしあなたがこれらのメールの通知を受けないことを選択するなら」なので、不正行為を検知することは (D) harder（より難しい）とするのが適切です。

「不正行為を検知する」という行動を表現するのに (A) more serious（より深刻な）は不適です。

重要語 □ notification 名 通知　□ detect 動 検知する
□ fraudulent 形 不正の

16. 正解：(C) ★★ 付帯状況の with

Laney's Fast Burgers has rethought its offerings, with freshly ground coffee ------- part of its overhauled menu.

レイニーズ・ファストバーガーは、挽き立てのコーヒー豆を改革されたメニューの一部とすることで、提供品を見直した。

(A) forms　動詞（三単現）　　(B) formed　過去分詞
(C) forming　現在分詞　　(D) has formed　現在完了

速解 Point! 空所は with freshly ground coffee ------- part of its overhauled menu にあります。**文は完結していて、with 以下は付属の要素です。この位置に述語動詞の形はこないので、まず (A) forms と (D) has formed を外せます。**

解説 with 以下の構造は、freshly ground coffee（挽き立てのコーヒー豆）が意味上の主語で、part of its overhauled menu（改革されたメニューの一部）が意味上の目的語です。目的語を続けることを考えれば、動詞の form は現在分詞でなければならず、(C) forming が正解になります。

重要語 □ rethink 動 再考する　□ offering 名 提供品
□ ground 形 挽かれた　□ overhaul 動 改革する

DAY 10

261

17. 正解：(D)　★★　or rather は後続文を強調する

Nicole Baker is usually an active member, ------- she organizes year-end parties or golf competitions.

ニコル・ベイカーはいつも積極的なメンバーだと言うよりも、彼女が忘年会やゴルフコンペを企画している。

(A) but　しかし

(B) whereas　〜の一方で

(C) so that　その結果〜

(D) or rather　と言うよりも

速解 Point! 空所の前後のつながりを考えます。カンマまでは「ニコル・ベイカーはいつも積極的なメンバーだ」、カンマの後は「彼女が忘年会やゴルフコンペを企画している」です。

解説 どちらもメンバーとしてポジティブな様態を述べています。順接の接続詞が必要ですが、それに近いのは、後続をさらに強調する (D) or rather（と言うよりも）です。前後どちらもポジティブに表現することに変わりはないので、これが正解です。

　(A) but（しかし）や (B) whereas（〜の一方で）は前後が相反する内容でないといけません。カンマの後の (C) so that（その結果〜）は後続が結果の記述である必要があります。

重要語 □ organize 動 企画する　□ competition 名 コンペ

----

18. 正解：(D)　★★　動詞との関係から選ぶ

No plan has succeeded as ------- as the recent investment in the solar power plants in the Philippines.

最近のフィリピンの太陽光発電所への投資ほど、完全に成功した計画はなかった。

(A) comprehended　過去分詞

(B) comprehension　名詞

(C) comprehensive　形容詞

(D) comprehensively　副詞

速解 Point! 空所は No plan has succeeded as ------- as the recent investment にあります。〈as 〜 as〉という同等比較の中に空所があるので、入るのは形容詞（分詞）か副詞です。

解説 この同等比較の形は動詞の has succeeded の後にあります。補語の形容詞（分詞）がくることはなく、必要なのは副詞です。よって、(D) comprehensively が正解になります。

重要語 □ recent 形 最近の　□ power plant 発電所

19. 正解：(D)　★★★　仮定法現在を導く形容詞

It is ------- that each employee ask the company to reimburse him or her for business expenses within one month.

どの社員も1カ月以内に経費の払い戻しを会社に依頼するようにしてください。

(A) time　時だ
(B) workable　実行可能な
(C) usual　ふつうの
(D) advisable　勧められる

速解 Point! 空所は It is ------- that ～にあり、that 節を導く形容詞を選ぶ問題です。**ポイントは that 節の主語が each employee と単数なのに動詞が原形であることです。**

解説 これは仮定法現在の形で、形容詞は「要請・推奨」などの意味を持つものが必要です。選択肢でこの意味があるのは (D) advisable（勧められる）です。

　(A) time を使うときには that 節は仮定法過去になり動詞は asked になります。time は意味の上からも外せるでしょう。(B) workable（実行可能な）は that 節を導けません。(C) usual（ふつうの）の場合は that 節は現在形です。

重要語 □ reimburse 動 払い戻す　　□ expense 名 経費

---

20. 正解：(A)　★★　文脈から判断する

If, for any reason, you are not satisfied with your purchase, you can return it to Melissa Clothing within 14 calendar days of ------- of the item.

もしどんな理由であれ、あなたが購入品に満足できなかったら、商品を受け取ってから14日以内にメリッサ・クロージングに返品することができます。

(A) receipt　受領
(B) release　発売
(C) refunding　返金
(D) redeeming　交換

速解 Point! 空所は within 14 calendar days of ------- of the item にあり、「その商品の～から14日以内に」の意味です。**何の期日を示すのか、文脈から探ります。**

解説 within までは「もしどんな理由であれ、あなたが購入品に満足できなかったら、あなたはメリッサ・クロージングに返品することができます」となっていて、商品の返品の説明だとわかります。返品の期日を示すためには (A) receipt（受領）を選んで、「商品の受領から」とするのが適切です。

　(B) release（発売）や (C) refunding（返金）は文脈に合いません。(D) redeeming（交換）は商品券などを商品に交換することなので、この空所には不適です。

重要語 □ calendar days　カレンダー上の日（土日・祝日も含む）

解答・解説

21. 正解：(A)　★★★　〈opt to do〉（～することを選択する）

Clover Co., which has started various rental services, targets the younger segment ------- to share things with others.
さまざまなレンタル・サービスを開始したクローバー社は、他人と物を共有することを選ぶ若い層を顧客対象にしている。

(A) opting　現在分詞
(B) opted　過去分詞
(C) optional　形容詞
(D) options　名詞

速解 Point! targets the younger segment は「若い層を顧客対象にする」で、空所以下は segment に後ろからかかる要素です。**空所に不定詞が続くことがポイントです。**

解説 動詞 opt は「選択する」の意味で、〈opt to do〉（～することを選択する）の形で使います。ということは現在分詞にすれば前の名詞にも、後ろの不定詞にもつながるので、(A) opting が正解です。

opt は自動詞なので過去分詞の (B) opted は名詞を修飾する形では使えません。形容詞の (C) optional には不定詞を続ける用法がありません。名詞の (D) options（選択肢）では the younger segment options という表現になって、文意が崩れます。

重要語 □ target　動 対象とする　　□ segment　名 層

---

22. 正解：(C)　★★　〈experiment with A〉（Aの実験をする）

Occasionally, local hotels in the city ------- the highest possible room rates during the high season.
その市の地元のホテルはときどき、ピークシーズンにどれだけ高い客室料金を設定できるかを実験している。

(A) experiment　現在形
(B) are experimenting　現在進行形
(C) experiment with　現在形 + with
(D) are experimenting to　現在進行形 + to

速解 Point! 述語動詞の形を選ぶ問題で、動詞は experiment です。選択肢は現在形か現在進行形で時制はどれも問題なさそうです。**experiment という動詞の用法を考えます。**

解説 experiment は「実験する」の意味ですが、自動詞としてしか使いません。実験の対象は with で導くので、正解は (C) experiment with です。

重要語 □ occasionally　副 ときどき　　□ rate　名 料金

23. 正解：(D)　★★★　〈insight into A〉（Aについての見識）

A churn rate is a crucial metric that offers ------- into a subscription business's performance.
解約率はサブスクリプション・ビジネスの実績についての見識を提供する重要な指標だ。

(A) impact　影響

(B) statistics　統計数字

(C) search　追求

(D) insight　見識

速解 Point!　churn rate は「解約率」のことで、文意は「解約率はサブスクリプション・ビジネスの実績についての～を提供する重要な指標だ」です。**前置詞の into が続いていることが最大のヒントです。**

解説　(D) の insight は「見識」の意味で、〈insight into A〉（A についての見識）の形で使います。全体の文意にも合うのでこれが正解です。

　他の選択肢はどれも入れてみると意味が合わないので、消去法でも正解にたどり着けるでしょう。また、(A) impact（影響）が結びつく前置詞は on、(C) search（追求）は for や of なので、これら2つは前置詞の点からも除外できます。

重要語　□ churn rate　解約率　　□ crucial　形 重要な　　□ metric　名 指標
　　　　□ subscription　名 定期加入：サブスクリプション
　　　　□ performance　名 実績

---

24. 正解：(B)　★★　given that（～を考慮して）

------- the deadline is approaching, the planning team decided to work over the weekend.
締め切りが迫っていることを考慮して、計画チームは週末にも仕事をすることを決めた。

(A) Only when　～のときだけ

(B) Given that　～を考慮して

(C) Such as　～のような

(D) As soon as　～するとすぐに

速解 Point!　空所の部分は「締め切りが迫っていること～」の意味で、これを後続の「計画チームは週末にも仕事をすることを決めた」とどうつなぐかを考えます。

解説　(B) Given that（～を考慮して）を入れれば、前後がうまくつながるので、これが正解です。

重要語　□ deadline　名 締め切り

25. 正解：(A)　★★　on the grounds that（〜という理由で）

------- the prototype creation faces some problems, we will be forced to change the launching schedule.

試作品の製作がいくつかの問題に直面しているので、我々は発売スケジュールを変更せざるをえないだろう。

(A) On the grounds that　〜という理由で
(B) So that　〜するために　　　　　　(C) Provided that　〜という条件で
(D) In order that　〜するために

速解 Point! 空所は ------- the prototype creation faces some problems, と、従属節の冒頭にあります。**選択肢はすべて接続詞なので、従属節と主節の関係を考えます。**

解説 従属節は「試作品の製作がいくつかの問題に直面している〜」、主節は「我々は発売スケジュールを変更せざるをえないだろう」です。従属節は理由を表すと考えられるので、(A) On the grounds that（〜という理由で）が正解です。

(C) Provided that は「〜という条件で」の意味で、この文脈には合いません。

重要語 □ prototype **名** 試作品　　□ creation **名** 製作
　　　　　□ launch **動** 発売する

26. 正解：(C)　★★★　consideration（考慮すべき事柄）

The planning phase is an important ------- in scheduling the construction.
計画段階は建設工事の予定を立てる際の重要な検討項目だ。

(A) timeline　スケジュール表　　　　　(B) prospect　見通し
(C) consideration　検討項目　　　　(D) scheme　計画

速解 Point! 微妙な選択肢が並ぶので、全体の文意を確認します。文意は「計画段階は建設工事の予定を立てる際の重要な〜だ」です。

解説 (C) consideration は「考え」の意味で一般的に知られていますが、「考慮すべき事柄」→「検討項目」でも使い、この意味なら空所に合います。これが正解。

(A) timeline（スケジュール表）、(B) prospect（見通し）、(D) scheme（計画）ともに空所に入れても適切な文をつくれません。

重要語 □ phase **名** 段階

27. 正解：(B) ★★★ notwithstanding（～にもかかわらず）

Limited budgets -------, the marketing division intends to carry out another series of advertising campaigns.

予算が限られているにもかかわらず、マーケティング部はさらに一連の広告キャンペーンを実施するつもりだ。

(A) nonetheless それにもかかわらず（副詞）
(B) notwithstanding ～にもかかわらず（前置詞）
(C) aside ～はさておき（副詞）
(D) considering ～を考慮して（前置詞・接続詞）

速解 Point! 空所は Limited budgets -------, にあります。**空所の位置から、文頭で使う接続副詞の (A) nonetheless や前置詞・接続詞の (D) considering は入る余地がなく、まずこの２つを外します。**

解説 空所部分の意味は「限られた予算～」、後続の主文は「マーケティング部はさらに一連の広告キャンペーンを実施するつもりだ」です。相反する内容なので、(B) notwithstanding（～にもかかわらず）が正解です。notwithstanding は前置詞ですが、名詞の後でも使える変わり種です。もちろん、名詞の前でも使えます。

副詞の (C) aside は位置的には問題ありませんが、「～はさておき」という「話題転換」をする役割です。この空所には当てはまりません。

重要語 □ intend to ～するつもりである　□ carry out ～を実施する

28. 正解：(B) ★★★ culminate（最高潮に達する）

Conducting the renowned orchestra at the national theater was a ------- moment in Arthur Lew's musical career.

国立劇場で名だたるオーケストラの指揮をしたことは、アーサー・リュウの音楽キャリアの中で最高の時だった。

(A) culminate 動詞原形　　(B) **culminating** 現在分詞
(C) culminated 過去分詞　　(D) culmination 名詞

速解 Point! 空所は a ------- moment in Arthur Lew's musical career にあり、名詞を修飾しています。**動詞 culminate の用法がポイントです。**

解説 culminate は「（活動・行事などが）最高潮に達する」の意味で、自動詞として使います。moment を修飾できるのは現在分詞の (B) culminating の形です。「最高潮に達する時」→「最高の時」となります。

自動詞なので過去分詞は完了形でしか使わないので、(C) culminated は不可。名詞の (D) culmination（最高潮）は moment と結びつけることができません。

重要語 □ conduct 動 指揮する　□ renowned 形 著名な

29. 正解：(D)　★★★　nurture（育む）

One of the best places to ------- customer loyalty is on your social media profile.

顧客忠誠心を育む最良の場所の一つはあなたのソーシャルメディアのプロフィール紹介にある。

(A) educate　教育する
(B) draw up　〜を作成する
(C) browse　見て回る
(D) nurture　育む

速解 Point!　空所は ------- customer loyalty にあります。**空所に入る動詞と customer loyalty（顧客忠誠心）の相性を考えます。**

解説　(D) nurtureは「（子供を）養育する」という意味とともに「（感情・計画などを）育む」の意味でも使います。「顧客忠誠心」とも相性がよく、「顧客忠誠心を育む最良の場所の一つはあなたのソーシャルメディアのプロフィール紹介にある」と全体の文意にも合います。これが正解。

「顧客忠誠心」は「教育する」ものでも「作成する」ものでもないので、(A) educate も (B) draw up も不適です。(C) browse は「（店を）見て回る」の意味で customer とは関係しますが、これも「顧客忠誠心」を目的語にとれません。

重要語　□ customer loyalty　顧客忠誠心；カスタマーロイヤルティ

---

30. 正解：(B)　★★★　assumption（想定）

When Earnest Ho became the company president, the general ------- was that drastic changes would occur.

アーネスト・ホーがその会社の社長に就任したとき、一般的な想定は劇的な変化が起こるというものだった。

(A) measure　手段
(B) assumption　想定
(C) feature　特徴；機能
(D) popularity　人気

速解 Point!　空所は主節の主語の中にあり、the general ------- となっています。「一般的な何か」を考えますが、that 節がヒントになります。

解説　その that 節は that drastic changes would occur（劇的な変化が起こるということ）です。would が使われていることから今後のことを推測する内容です。(B) assumption は「想定」の意味で、今後のことを推測する内容に合います。これが正解。

(A) measure（手段）、(C) feature（特徴；機能）、(D) popularity（人気）はどれも that 以下の内容をうまく表せません。

重要語　□ drastic　形 劇的な

Part 6

Questions 31-34 refer to the following e-mail.

To: james.macgregor@truscott-publishing.com
From: violet.patel@truscott-publishing.com
Date: February 11
Subject: Online security

Dear Mr. MacGregor,

Thank you for entrusting me with the task of improving the company's online security. I fully realize the importance of this in today's business environment. With your permission, I ------- a survey of your employees.
31.
I want to make sure no one has any unsafe -------, such as downloading
32.
attachments from unknown e-mail addresses or using the same password for multiple applications. Once I have gathered the results, I will be better
------- to decide on what measures are needed. Of course, I will keep you
33.
updated throughout. -------. However, I hope to be able to present my
34.
initial report by the end of next week.

Violet Patel

訳 設問31〜34は次のメールに関するものです。

受信者：james.macgregor@truscott-publishing.com
発信者：violet.patel@truscott-publishing.com
日時：2月11日
件名：オンライン・セキュリティ

マグレガー様

会社のオンライン･セキュリティの向上の仕事を私にお任せいただきありがとうございます。私は、今日のビジネス環境におけるこの重要性を十分に認識しています。ご了解をいただければ、あなたの社員のアンケートを (31) 行います。私は、見知らぬメールアドレスから添付ファイルをダウンロードしたり、多数のアプリケーションに同じパスワードを使ったりするような危険な (32) 習慣をだれも持っていないことを確認したいのです。結果を集めることができれば、どんな対策が必要かを決め (33) やすくなります。もちろん、その間はあなたに最新情報をお伝えします。(34) 社員はアンケートを完了するのに時間がかかるでしょう。しかし、私は来週末には、最初の報告書を提出できると思います。

バイオレット・パテル

重要語 □ entrust 動 任せる　□ task 名 仕事　□ improve 動 向上させる
□ permission 名 許可　□ attachment 名 添付ファイル
□ multiple 形 多数の　□ gather 動 集める
□ update 動 最新情報を伝える　□ throughout 副 始めから終わりまで
□ initial 形 最初の

31. 正解：(C) ★★ 文脈依存

動詞の形問題です。

(A) conduct 原形	(B) conducted 過去形
(C) will conduct 未来形	
(D) should have conducted 仮定法過去完了	

速解Point! 空所は I ------- a survey of our employees にあり、選択肢から述語動詞の時制を選ぶ問題です。**他の文に時制のヒントを探します。**

解説 メールの後半に Once I have gathered the results, I will be better ~ とあることから、この survey（調査）はこれから行われることがわかります。よって、未来形の (C) will conduct が正解です。

---

32. 正解：(C) ★★ 独立型

名詞の単語問題です。

(A) locations 店舗	(B) opinions 意見
(C) habits 習慣	(D) equipment 機器

速解Point! 空所は I want to make sure no one has any unsafe -------, にあり、「危険な~」が何かを考えます。**後続の such as 以下で例が挙げられています。**

解説 such as 以下は「見知らぬメールアドレスから添付ファイルをダウンロードしたり、多数のアプリケーションに同じパスワードを使ったりすること」です。この行為をひと言で表せば (C) habits（習慣）です。

33. 正解：(D)　★★★　独立型

動詞の単語問題です。

(A) interested　関心がある	(B) developed　開発された
(C) skilled　技術がある	**(D) placed**　位置づけられた

速解 Point!　空所は I will be better ------- to decide on what measures are needed. にあります。**空所に入る過去分詞と不定詞との関係がカギです。**

解説　(D) の place は「位置づける」の意味ですが、受け身にして〈be placed to do〉（～する立場にある）という表現をつくれます。placed は well や better でよく修飾します。ここでは「どんな対策が必要かを決めるのによりよい立場になる」となって、文意も通ります。(D) が正解です。

　他の選択肢は不定詞の部分との関係が悪いうえに、意味も合いません。

---

34. 正解：(B)　★★★　文選択

文選択の問題です。

(A) An assistant would be of great help.
　アシスタントが大きな助けになるでしょう。

(B) People may take time to complete the questionnaire.
　社員はアンケートを完了するのに時間がかかるでしょう。

(C) I found two examples of poor security.
　脆弱なセキュリティの例を2つ見つけました。

(D) Kindly provide a convenient time to meet.
　お会いするのにご都合のいい時間をお教えください。

速解 Point!　**空所の次の文に注目すると、However が冒頭にきて「しかし、私は来週末には、最初の報告書を提示できると思います」と論旨が転換されています。**

解説　つまり、空所は「私は来週末には、最初の報告書を提示できる」と相反する状況が述べられていると推測できます。選択肢でこの相反する状況を述べるのは (B) の「社員はアンケートを完了するのに時間がかかるでしょう」です。

　(D) は前文との関係は問題ないですが、However で始まる次の文につながりません。(A) は assistant が前後の文脈と関係のない内容です。survey（アンケート）はこれから始まるので、結果を示す (C) も不適です。

Questions 35-38 refer to the following job listing.

Delatto Online Groceries, Inc. is looking to hire motivated individuals to work in its order fulfilment center. -------- for a position, you must be over 21 years old and be available to work at least 20 hours per week. -------- exist for order packers and delivery drivers. Packers must be physically fit since the job involves heavy lifting and frequent walking, -------- drivers are required to have a full and clean driving license. Pay rates are very competitive and employees enjoy great flexibility in their working hours. As the center is open 24 hours per day, there are various shift patterns to choose from. --------. To start the application process, visit www.delattogrocery.com/jobs.

訳 設問35～38は次の求人情報に関するものです。

デラト・オンライン・グロサリーズ社は、注文処理センターで働く意欲の高い人を採用したいと考えています。仕事に ⁽³⁵⁾ <u>考慮されるためには</u>、21歳超で、週20時間以上働けなければなりません。注文品梱包担当と配送ドライバーに ⁽³⁶⁾ <u>募集職</u>があります。梱包担当者は仕事で重量物を持ち上げたり、頻繁に歩いたりすることが求められるので身体的に丈夫でなければならない ⁽³⁷⁾ <u>一方</u>、ドライバーは無事故・無違反の運転免許証を所持していなければなりません。給与水準は他社に負けないもので、従業員は勤務時間で十分な柔軟性が認められます。同センターは24時間稼働しており、さまざまな交代勤務パターンを選択することができます。⁽³⁸⁾ <u>夜勤は割増賃金が支払われます</u>。応募手続きを始めるためには、www.delattogrocery.com/jobs をご覧ください。

重要語
- [ ] motivated 形 意欲の高い
- [ ] individual 名 個人
- [ ] order fulfilment center 注文処理センター
- [ ] exist 動 存在する
- [ ] packer 名 梱包担当者
- [ ] physically 副 身体的に
- [ ] involve 動 含む
- [ ] lift 動 持ち上げる
- [ ] frequent 形 頻繁な
- [ ] pay rates 給与水準
- [ ] competitive 形 他に負けない
- [ ] flexibility 名 柔軟性
- [ ] per day 一日あたり
- [ ] shift 名 交代勤務

35. 正解：(D) ★★★　独立型

動詞の形問題です。

(A) To consider　不定詞	(B) Considering　現在分詞
(C) Considered　過去分詞	**(D) To be considered**　不定詞（受動態）

速解 Point! 空所は ------- for a position, にあります。**後続の主文とのつながりを考えます。**

解説 主文は「あなたは21歳超で、週20時間以上働けなければなりません」です。これは仕事の条件ですから、------- for a position, は主語の you から見ると、「仕事に考えられる」と受け身でなければなりません。(C) Considered と (D) To be considered が候補ですが、Considered なら「仕事に考えられて」、To be considered なら「仕事に考えられるためには」で、目的の意味が表せる不定詞が適切です。(D) が正解です。

36. 正解：(C) ★★　文脈依存

名詞の単語問題です。

(A) Candidates　候補者	(B) Priorities　優先事項
(C) Openings　募集職	(D) Applications　応募書類

速解 Point! 空所は ------- exist for order packers and delivery drivers. にあります。**「注文品梱包担当と配送ドライバーのための何が存在するか」を考えます。この文までの内容を確認します。**

解説 第1文から、この会社は「its order fulfilment center（注文処理センター）で働く人材を募集している」ことがわかります。注文品梱包担当と配送ドライバーのために存在するのは (C) Openings（募集職）です。

　(A) Candidates（候補者）がすでに存在していたら、人材募集の必要がなくなります。(B) Priorities（優先事項）や (D) Applications（応募書類）では文意が通りません。

37. 正解：(B) ★ 独立型

接続詞の問題です。

(A) because 〜なので	**(B) while 〜の一方**
(C) although 〜だけれども	(D) so that その結果〜

速解 Point! 空所はカンマの後にあり、**接続詞を選ぶ問題なので、前後の文の関係を考えます。**

解説 カンマまでは「梱包担当者は仕事で重量物を持ち上げたり、頻繁に歩いたりすることが求められるので身体的に丈夫でなければならない」、カンマの後は「〜ドライバーは無事故・無違反の運転免許証を所持していなければならない」となっています。2つの仕事が対比されているので、「対比」の意味のある (B) while（〜の一方）が正解です。

---

38. 正解：(B) ★★ 文選択

文選択の問題です。

(A) You may need to demonstrate your driving skills.
あなたは運転技術を披露する必要があるかもしれません。

(B) Working at night has a higher pay rate.
夜勤は割増賃金が支払われます。

(C) Delatto expects to open ten new stores.
デラトは10の新店舗を開設するつもりです。

(D) Many people enjoy working from home.
多くの人々は在宅勤務を楽しんでいます。

速解 Point! 空所は最後から2番目の文です。**前の文にヒントがあります。**

解説 前の文は「同センターは24時間稼働しており、さまざまな交代勤務パターンを選択することができます」という内容です。「さまざまな交代勤務パターン」を受けて、Working at night（夜勤）について説明している (B) が正解です。

(A) は「運転技術」のことなので、ドライバー職の説明の後、つまり2文前に入れるべき内容です。(C) や (D) はこれまでの記述に関係のない内容です。

Questions 39-42 refer to the following advertisement.

Come to Zelkova Houses show home park in Scottsdale, where houses to suit all tastes are available to view in one convenient place. --------. Its **39.** large kitchen-diner and four spacious bedrooms offer the perfect solution for those with children. -------- using the latest energy-saving materials, its **40.** classic design offers the best of modern and traditional. --------, the Hillbank **41.** is a three-story sleek townhouse which fits into small -------- great for city **42.** living! Our knowledgeable and friendly staff look forward to serving you at the show home park, located just off the Scottsdale exit on expressway I-93.

訳 設問39～42は次の広告に関するものです。

スコッツデールのゼルコヴァ・ハウジズの住宅展示場にお越しください。そこでは、すべての好みを満たす住宅を便利にも一個所で見ることができます。(39)当社の一番人気のあるモデルはイーストウィンド2です。その大きなキッチン・ダイナーと広々とした4つの寝室は、子供のいる人々に最適のソリューションを提供します。最新の省エネ建材を用いて(40)建設されたこのクラシックな設計の家は、現代と伝統の最良のものを提供します。(41)対照的に、ヒルバンクは狭量(42)区画に収まる3階建てのスマートなタウンハウスで、都市生活にぴったりです！　高速I-93のスコッツデール出口からほど近い住宅展示場で、当社の知識豊富で親切なスタッフがあなたのお越しをお待ちしております。

重要語 □ suit **動** 満たす　□ spacious **形** 広々とした
□ solution **名** 解決策；ソリューション　□ energy-saving **形** 省エネの
□ traditional **形** 伝統的な　□ sleek **形** スマートな
□ townhouse **名** タウンハウス（複数階ある連棟式の集合住宅）
□ fit into　～に収まる　□ knowledgeable **形** 知識豊富な
□ locate **動** 立地させる　□ expressway **名** 高速道路

39. 正解：(D) ★★★　文選択

文選択の問題です。

(A) We are proud of the skills of our craftspeople.
　　私たちは当社の職人の技術を誇りに思っています。
(B) There is also free parking for 20 vehicles.
　　また、20台の車が無料で駐車できます。
(C) Prices begin at $180,000 including bathroom fittings.
　　価格は浴室の設備を含めて18万ドルからです。
(D) Our most popular model is the Eastwind II.
　　当社の一番人気のあるモデルはイーストウィンド2です。

速解Point!　空所は第2文にあります。**前文は「ゼルコヴァ・ハウジズの住宅展示場」の紹介で、ここからは絞れないので、次の文を確認します。**

解説　次の文では Its large kitchen-diner and four spacious bedrooms 〜 と具体的な部屋について説明されています。Its はその部屋を指すので、空所文には部屋が出てくるはずです。選択肢で部屋について述べているのは (D) の「当社の一番人気のあるモデルはイーストウィンド2です」だけです。
　他の選択肢ではどれも Its につながりません。

----

40. 正解：(B) ★★　独立型

品詞識別と動詞の形の混合問題です。

(A) Construct　動詞原形　　　　　　**(B) Constructed**　過去分詞
(C) Construction　名詞　　　　　　 (D) Constructing　現在分詞

速解Point!　空所は ------- using the latest energy-saving materials, と、カンマまでの要素の冒頭にあります。**後の主文につなぐことを考えると、分詞構文の形しか考えられません。**まず動詞原形の (A) Construct と名詞の (C) Construction を外します。

解説　過去分詞か現在分詞かですが、主語の its classic design は「建設される」ものなので、過去分詞の (B) が正解になります。

41. 正解：(A) ★★ 文脈依存

つなぎ言葉を選ぶ問題です。

(A) In contrast 対照的に	(B) That is to say すなわち
(C) Besides そのうえ	(D) Rather と言うよりむしろ

速解 Point! 空所は -------, the Hillbank is a three-story sleek townhouse と文頭にあります。**the Hillbank という物件名に注目します。**

解説 前文までは別の家の説明をしてきて、この文からは the Hillbank の説明に変わります。2つの特徴の異なる物件が対比されているので、(A) In contrast（対照的に）を入れるとうまくつながります。

(B) That is to say（すなわち）は「結論」、(C) Besides（そのうえ）は「付加」、(D) Rather（と言うよりむしろ）は「言い換え」の機能で、この空所には合いません。

---

42. 正解：(A) ★★★ 独立型

名詞の単語問題です。

(A) plots 区画	(B) outfits 服装
(C) venues 開催場所	(D) measurements 寸法

速解 Point! 空所は a three-story sleek townhouse which fits into small ------- great for city living にあります。「都市生活にぴったりの小さな〜に収まるタウンハウス」という意味です。**「タウンハウスが小さな何に収まるか」を考えます。**

解説 (A) plots には「（土地の）区画」の意味があるので、これが正解です。

(C) venues はイベントなどの「開催場所」の意味で、住宅用地には使えません。(D) measurements は「寸法；測量」の意味で使い、具体的な土地や物を指しません。(B) outfits（服装）は文意に合いません。

Questions 43-46 refer to the following article.

REDGRAVE (May 17)—The Redgrave Parks and Recreation Department has ------- a business agreement with Nitro Retail for the firm to construct and operate kiosks in each of the city's parks. The kiosks will be small booths selling refreshments, newspapers and other handy items to park goers. The department realized the need for some form of retail outlet at parks ------- conducting surveys which asked citizens how public facilities could be improved. According to a department press release, teaming up with Nitro Retail ------- Redgrave can avoid the initial construction costs and can benefit from the company's years of experience.

-------. One park visitor said the chance to buy a snack would make him visit the park more often. Another whom we interviewed hoped the shops would open late in summer.

訳 設問43～46は次の記事に関するものです。

レッドグレーブ（5月17日）──レッドグレーブ公園・娯楽部はナイトロ・リテールと同社が市の公園のすべてに売店を設置・運営する業務契約を ⁽⁴³⁾ 結んだ。売店は、軽飲食物、新聞、その他の便利な商品を公園の訪問者に販売する小さなブースになる予定だ。同部は、市民に公共施設をどのように改善してほしいかという質問をする調査を行った ⁽⁴⁴⁾ 結果、公園に何らかの形態の売店が必要であることがわかった。部のマスコミ用の発表によると、ナイトロ・リテールと提携することは、レッドグレーブが当初の建設コストを回避し、同社の長年の経験から恩恵を受けられることを ⁽⁴⁵⁾ 意味する。

⁽⁴⁶⁾ 住民の反応は今のところ好意的なものだ。公園訪問者の一人は、スナックを買う機会があれば公園にもっと来るだろうと語った。私たちがインタビューしたもう一人は店が夏の終わりにはオープンすることを期待していた。

重要語 □ firm **名** 会社　　□ construct **動** 建設する　　□ operate **動** 運営する
□ kiosk **名** 売店；キオスク　　□ refreshment **名** 軽飲食物
□ handy **形** 便利な　　□ park goer　公園の訪問者
□ retail outlet　小売店　　□ conduct **動** 実施する　　□ survey **名** 調査
□ citizen **名** 市民　　□ according to　～によると
□ press release　報道発表　　□ team up with　～と協力する
□ avoid **動** 避ける　　□ initial **形** 当初の
□ benefit from　～から恩恵を受ける

43. 正解：(D) ★★ 独立型

動詞の単語問題です。

(A) met 満たした	(B) launched 始めた；発売した
(C) consented 同意した	**(D) reached** 結んだ

速解 Point! 空所は The Redgrave Parks and Recreation Department has ------- a business agreement with Nitro Retail にあります。**目的語の agreement（契約）に合う動詞を探します。**

解説 (D) の reach は「達する」の意味があり、「（契約に）達する」→「（契約を）結ぶ」という意味で使えるので、(D) が正解です。

(A) の meet は「（要望などを）満たす」の意味で agreement には合いません。(B) の launch は「（キャンペーンなどを）始める」「（商品を）発売する」の意味で使います。(C) の consent は「同意する」の意味がありますが、自動詞なので前置詞の to が必要です。

---

44. 正解：(A) ★★ 独立型

前置詞系のイディオムを選ぶ問題です。

(A) as a result of ～の結果として	(B) on behalf of ～を代表して
(C) in place of ～に代わって	(D) in case of ～の場合には

速解 Point! 文の前後半を結びつける必要があるので、**前後半の意味をそれぞれ確認します。**

解説 空所までの前半は「同部は公園に何らかの形態の売店が必要であることがわかった」、後半は「市民に公共施設をどのように改善してほしいかという質問をする調査を行うこと～」です。

「調査をしたので」→「売店の必要性がわかった」という文脈なので、(A) as a result of（～の結果として）を入れるとうまくつながります。

45. 正解：(C) ★★★ 独立型

動詞の単語問題

(A) causes　もたらす	(B) finds　見つける
(C) means　意味する	(D) leads　導く

速解 Point! 空所は teaming up with Nitro Retail ------- Redgrave can avoid the initial construction costs ～にあります。**ポイントは空所以降が文になっていて、空所の後に接続詞の that が省略されていることに気づくことです。**

解説 動詞は that 節を導けるものでないといけません。(A) causes（もたらす）や (D) leads（導く）は that 節を導けないので、まずこの2つを外せます。

次に意味を考えると、(B) finds は「見つける」、(C) means は「意味する」で、(C) だと「ナイトロ・リテールと提携することは、レッドグレーブが当初の建設コストを回避し、同社の長年の経験から恩恵を受けられることを<u>意味する</u>」と文意が通るので、こちらが正解になります。

---

46. 正解：(A) ★★ 文選択

文選択の問題です。

(A) The response from residents has been positive so far.
　　住民の反応は今のところ好意的なものだ。

(B) Popular items include gum and ice cream.
　　人気のある商品にはガムやアイスクリームが含まれる。

(C) Nitro Retail made over $1 million sales last year.
　　ナイトロ・リテールは昨年、100万ドル以上を売り上げた。

(D) There may be a review of the plan after six months.
　　6カ月後にその計画の見直しがなされるかもしれない。

速解 Point! 空所は第2パラグラフの冒頭にあります。**空所文以降の第2パラグラフの内容を確認します。**

解説 空所文以降の2文ともに「公園訪問者のキオスクへの期待」を述べています。この導入となる (A)「住民の反応は今のところ好意的なものだ」が正解です。

キオスクの商品を述べる (B)、ナイトロ・リテールの業績を述べる (C)、計画の変更についての (D) はともに第2パラグラフの導入にはふさわしくなく、入れるとすれば第1パラグラフのどこかです。

全問題
音声スクリプト

DAY 1 ～ DAY 10 に収録したすべての問題の音声を聞く
ことができます。音声ファイルはダウンロード（無料）して
ご利用ください（▶▶ダウンロードのしかたは10ページ参照）。
音声スクリプトは問題の空所を完成させたものです。

音声

🎧 Track 1 　～　🎧 Track 35

DAY 1

 Track 1

(例題 1)

The Peninsular Hotel can be reserved at substantially discounted rates during the rainy season.

(例題2)

Comparison with his previous songs shows how Michael Spencer has developed as a musician.

(練習問題)

1. Jordan Insurance protects confidential data by stringently prohibiting employees from using their computers for personal use.

2. Residences developed by Urban Green Inc. are conveniently located yet affordable.

3. In the productive workflow, assigned managers have to give their approval before projects proceed.

4. Competitive bidding is a standard measure for the city to choose contractors for its projects.

5. Green Tree Supermarkets' own brand of cereal does not differ from more expensive brands in any way.

6. Farmers whose farmlands were damaged by the flood must cope with the resulting loss of income.

7. The Boulangerie Paris bakery is heavily reliant on walk-in customers.

8. Judging from survey results, a sizable number of users have complaints about the usability of the app.

9. The passion for creating and designing was best exemplified by award-winning architect, Rafael Valles.

10. A sales strategy of Yama Auto Services is to give discounts to repeat customers.

11. Our expert staff can develop environmentally friendly buildings making full use of the latest technologies.

12. Using the J-Max power drill for anything except the intended purpose will invalidate your warranty.

13. Teaching guides written by Elaine Vickers are popular with educators for their simple but effective lesson plans.

14. The flights and accommodations in this itinerary are subject to change depending on availability.

15. Basic eligibility criteria for the national scholarship programs include financial status, citizenship, and academic performance.

16. This message about using company laptops when working from home is sent to all employees concerned.

17. It's easy for backpackers to find budget accommodations along Temple Street or in the area of Mong Kok.

18. Only a select few senior managers were informed of the planned merger, which is still under negotiation.

19. The movie's plot is based, albeit loosely, on the best-selling autobiography by Dr. Lois Flinderson.

20. Sea Explorer is the watchmaker's signature product, continually manufactured for over fifty years.

DAY 2

例題1

Once your order has been processed, we will send you an order confirmation e-mail.

例題2

Installment payments for services rendered will be available if the amount is more than $500.

練習問題

1. As soon as all the documents are ready, Megan Hospital will transfer the patient to a specialist.

2. Beads & Parts carries all the supplies you need to make special handmade crafts for those you love.

3. The economy in most countries will have turned for the better by the end of the next fiscal year.

4. Karen Torling was offered a researcher position that she thinks fills all her desired conditions.

5. Although reaching the airport just before the departure time, Jaime Solis was able to board the day's final flight for Madrid.

6. New shifting policies are being tried in the Tokyo office to evaluate how well they will work.

7. Millions of users are waiting for Gameploy's next generation video games machine to come out.

8. The team head has periodically kept the people involved posted on the ongoing research at the historic site.

9. As the contract with Arnold & Company is set to expire next month, we are looking for a new consultancy.

10. Mr. Aziz will have been working for Ferringhi Resorts & Hotels for ten years on April 20.

11. On Main Street, many people got stuck in traffic because of the football final held at the State Stadium.

12. Avril Sanders is recommended as the next president because she has shown that she can lead a large company.

13. At Belle Epoque located on the lakeside, weather permitting, meals can be served on its lovely terrace.

14. The city completed the development of the hillside area, with its natural surroundings remaining largely intact.

15. Under the affiliation agreement, Montgomery Devices and Hang Son Electronics may sell each other's products.

16. Belongings left unattended in a seminar room for more than one hour may be removed to the nearest lost and found.

17. Please be reminded that flight schedules and routes are subject to change.

18. Mr. Chen would not have set up his shop in the historical area had he known the restoration would start soon after its opening.

19. As departmental head, Ms. Fischer required her staff be motivated to do their best at their jobs at all times.

20. Because of an approaching storm, the aviation authorities forced all planes in the area to be grounded.

例題1

Unless stated in this privacy notice, your personal data controller is Phoenix International Group.

例題2

Customers who order any lunch special can choose one from an array of beverages for free.

例題3

At the next meeting, the board of directors will determine the city which they will launch a new office in.

練習問題

1. While social media advertising is increasingly important, it is also more competitive.

2. Besides its amazing architecture, Dessle Hotel is famous for the staff's first-class service and attention to detail.

3. Residents of Bay Walk Condominium may use the rooftop pool as long as they have paid the additional facilities fee.

4. Window displays are an important advertising tool for Potterdown Toys because over 10,000 people walk past the store every day.

5. Suzaku Hotel Co., which was allegedly established in the 7th century, is among the oldest running companies in this country.

6. Provided that the board approves the plan, we can start the construction next week.

7. Bluewater Design offers a package of benefits to its employees aside from the employee's base wage or salary.

8. Whether you have a map or smartphone, walking and getting lost is the first step to going local in Venice.

9. As part of a move to accelerate renewable electricity growth, the city provides incentives for solar- and wind-power generators.

10. Please note that in order to get points from your hotel stay you have to be a member of Equatorial Paradise Club.

🎧 **Track 6**

11. Hong Hua's new laptop looks very much like its former one, except that it features an advanced high-resolution display.

12. Mr. Garcia got a note from Ms. Arinina urging him to get in touch.

13. The Filipino game company Pino Paradise Inc., which recently took over a Chinese software developer, attempts to list its shares on the Hong Kong Stock Exchange.

14. Templeton Technology's new smartwatch series made it one of the most popular electronics makers.

15. Galaxy Language School offers learners a wide variety of language courses, including English, Chinese, and Korean, among others.

16. The one-time subsidy will be granted to whoever is exempt from income taxes.

17. While workers know it is important to maintain a proper work-and-life balance, most find it difficult.

18. The support will continue until new employees reach the point where they can carry out their jobs independently.

19. Aya Noguchi selected the smallest of all the portable electric fans displayed on the shop's shelves.

20. The city plans to enforce much more strict environmental regulations as large-scale developments go along.

(例題)

Analysts expect stocks to go higher, benefitting from good corporate earnings.

(練習問題)

1. The manager encourages his subordinates to enroll in the workshop on financial literacy.

2. Los Soldados has developed a new model to evaluate the effectiveness of comprehensive health care in local communities.

3. Mentors are responsible for offering a support base for recruits to settle into their roles quickly.

4. After her speech at the A.G.M., Tania Ritter proceeded to take questions from shareholders.

5. Warehouse staff always check that the delivered goods match the invoice list before unloading a truck.

6. After getting feedback from consumer focus groups, the design team modified some snack food packaging.

7. Through regular meetings and special events, the company is facilitating communication among its employees.

8. Many startups fail because they don't learn from the experiences of other companies which have managed to go mainstream.

9. The Ranto Motors brand is recognized throughout Asia thanks to the company's large advertising budget.

10. Because of their age, Islands Airlines decided to retire its three aircraft.

11. We cleared away unused shelves and arranged the checkout area to maximize the sales space.

12. Many startups budding in the city are expected to drive job creation and economic growth.

13. Atlantic Sport's functional and durable clothing caters mainly to athletes and sport lovers.

14. The management promised to make every effort to accommodate the workers' requests to work from home.

15. The National Federation of Fisheries predicts how the impacts of climate change on the fishing industry will unfold in the next decade.

16. When a deadline is near, Penny Lopez knows her staff can be counted on to work late until the job is done.

17. Some environmentally friendly ideas the team proposed have been innovatively incorporated into the new shopping complex.

18. The city certainly saw dramatic growth in investment from abroad and local employment in the last decade.

19. Log into your Cascade account to redeem your store credit before placing an order.

20. The management finally created strict regulations to cap expenses rapidly increasing as the company grows.

例題 1

We try to keep competitive prices and high quality to ensure our customer satisfaction.

例題 2

Fuji Chemical, suffering from declining sales for many years, will reportedly be taken over by a German conglomerate.

練習問題

1. We offer another option to listeners who are looking for favorite songs played without censored edits.

2. You can obtain complete information on how to purchase student tickets on the website.

3. Reforma Tech, Inc. will be relocating to Hanson County due to the generous tax breaks available.

4. Adding solar panels to the roof had the desired effect of reducing monthly energy bills.

5. Rather than using newspaper inserts, let's post our food photos on social media instead.

6. The city hired Klein Studio to design the city auditorium, which is noted as an exceptional architecture house.

7. The ages of BeauView Mall's customers vary widely, so it is important to have a variety of stores.

8. Dean Street Theater was packed every night of Alan Brownstone's award-winning performance.

9. Gail Bryant considered her manager's offer of a transfer over a number of days to avoid making any hasty decisions.

10. Master chef Ms. Kawakami is uniquely qualified to create various ethnic cuisines.

11. The valley railroad attracts avid rail photographers, especially during the cherry blossom season.

12. The discount is personal and will not be transferred to another passenger or to a new passenger added to the reservation.

13. The new residential development will occur at the city's opposite end, where many textile factories once gathered.

14. According to customer surveys, our new lipstick series are unexpectedly popular with the teenagers.

15. Users of the Mimi cordless vacuum are significantly more likely than those without one to say they enjoy cleaning their home.

16. The online arrangement for your credit card is only for recurring transactions, not one-time ones.

17. The air conditioning is intentionally left running on summer nights to prevent computers from overheating.

18. Rawthorne City has reduced business taxes for new enterprises, as more jobs are desperately needed in the area.

19. Over fifty thousand people flocked to the otherwise quiet town to see and join the renowned summer festival.

20. Staffing agencies and host employers shall be jointly responsible for the temporary workers' health and safety.

(例題)

If you make approved purchases for office supplies, please fill out the reimbursement form and submit it to your manager.

(練習問題)

1. Pegasus Book is pleased to launch a call for contributions for its annual publication on disaster risk management.

2. All the figures on the survey are no more than approximate indications.

3. CBN International provided extensive coverage of the rumored merger of the two IT giants.

4. The firm finally decided to outsource a substantial portion of in-house production to subcontracted factories.

5. Your bill shows all charges against your account including subscription and app usage fees.

6. Avon Corporation's employee morale has been noticeably boosted after the rewards system was put in place.

7. All plant managers want to know the blueprint for how the global supply chain works.

8. Hina Iwasa, who has ample experience organizing art exhibitions, is a valuable addition to Nagano City Gallery.

9. The sales manager's position comes with a number of perks, including a company car and full health insurance.

10. Tanya Roland has a lot of contacts in the apparel industry, where she has worked for over twenty years.

11. Proximity to electronics parts factories makes the city the best location for computer manufacturers.

12. Due to a scheduling conflict, Lenny Ashford couldn't attend the evening reception.

13. If you notice any wear on your Valley Peak car tires, you are advised to get them changed immediately.

14. The environmental promotion office has written a description of various energy-saving measures.

15. The article by the notable serial entrepreneur Alan Carlsberg takes a back-to-basics look at running a business.

16. Ms. Korhonen's team played an important role in the product launch, and they deserve credit for it.

17. Mia Turner provided her colleague with a terse update on the issue she discussed last week.

18. The gorgeous turquoise waters and intriguing coastlines of the Adrian Sea offer a perfect setting for a late summer getaway.

19. La Terrace is noted for a great assortment of French and Japanese cuisines made of locally produced ingredients.

20. Several focus group meetings brought crucial input to developing the fast-selling robotic vacuum.

DAY 7

例題

Subject: Fire drill planned

Dear staff,

Safety always comes first, and we at Atlas Lucks understand this. A fire drill will be conducted on January 20th from 5-6 p.m. This time, we will invite Sarah Palmer, the renowned drill instructor who is planning to deliver an introductory security seminar for us following the fire drill on that day from 6:30 p.m. Participation is not mandatory, but preferable. For further information, please refer to the updated security handbook available on our company website.

We expect active and genuine participation from you so that our premises are well-prepared in case of a fire emergency.

Thank you.

Regards,

Patricia Thompson, Security Office

練習問題

[Questions 1-4]

Every night, hundreds of aircraft are flying in the starry sky. We, Stardust Airways, believe airplanes are more than just a means of transportation — rather, they are a key component of pleasurable travel experiences. For more than 50 years, we have prided of ourselves on having offered luxuries and comforts for our passengers. During the month of August, we will be implementing a broad discount campaign for our loyal passengers. Anyone having experienced flying with us is eligible to apply for this offering. To register, download the app and create your own account. If possible, we would be grateful if you gave us your feedback. We will incorporate your input as much as we possibly can to further improve our services.

[Questions 5-8]

Tina Le Conte, Area Manager
Defresh Supermarkets
61 Helvi Street
Glasston, GL 55023

Dear Ms. Le Conte,

I am writing in the hope that Defresh Supermarkets would be interested in supporting the work of the environmental action group, Friends of Glasston (FOG). Our group has done some amazing work cleaning and restoring the natural areas of Glasston.

Our next major cleanup will target the banks of Norwich River, where our members will be removing trash and renovating the walking paths. To fund the materials and garbage removal, we rely on sponsorship from local businesses. By sponsoring FOG, you will be featured on our Web site, and you are free to use images from the cleanup in your own promotional material.

Today people want to use businesses which have strong social responsibility. Donating to FOG shows you care about the community. Thank you for your consideration, and we look forward to working with you.

Sincerely,

Joshua Brooks, Friends of Glasston

[Questions 9-12]

Track 16

We wish to invite all members of the sales division to a company barbecue on Saturday, April 11. The event, to be held on the grounds of the company, is to show appreciation to our long-standing customers. We expect over thirty clients to come, and so your help is needed to ensure everything runs smoothly. That includes chatting to guests and showing people where to sit. It will be a professionally catered affair, with delicious grilled meats for you to enjoy. There will be vegetarian options also. Due to the nature of the event, it will be treated as a work activity. As a result, those who attend will receive a paid vacation day to be used anytime this year. To confirm your attendance, please e-mail Josh in Human Resources by April 5.

[Questions 13-16]

Track 17

To: Regina Wighton <wighton.r@rushredint.com>
From: Miguel Montero <miguel@destino-trans.com>
Date: September 6
Subject: RE: Translation of Web site

Hello Ms. Wighton,

Please accept my apologies for replying so late to your e-mail. I was away from my office on vacation for five days. I should have posted it on my Web site. I would be glad to perform the translation of your shop's Web site into Spanish. Currently, I am finishing up a small job and will be able to start on the 8th. Having looked at your site, I estimate it will take approximately three days to complete the Spanish version. Therefore, the budget you proposed in your last e-mail is sufficient. So that we can discuss the finer details of the project, I would like to arrange a video chat for either today or tomorrow. When is convenient for you?

I look forward to hearing from you again.

Miguel Montero, Destino Translation Services

Part 5

1. Chuwan Noodles Co. had been manufacturing its main products in the Thai factory until the new Vietnam plant started operation last May.

2. Some delivery services give you the option to sign for your package online, so you are free to leave your house.

3. The president of Mandarin Airlines predicts that the number of passengers traveling in East Asia will increase in the next quarter.

4. Attached to this e-mail are a list of our office furniture and the quotation for the Nordic X3 high-back ergonomic chair.

5. When returning faulty goods, we ask that they be put in their original packaging.

6. In Metal Build Europe, the CEO at Fairmont Steel delivered a keynote speech for the third consecutive year.

7. Under the contract's provisions, the contractor must complete the first phase of the construction by the end of the year.

8. Some participants in the meeting demanded more convincing data to show that the sales target for the new product could be achieved.

9. What is unique about the movie is that the director shot all the scenes by himself.

10. Home Energy Assistance Program allows qualified households to apply for grants towards their utility bills through Aug. 31.

11. For the next campaign to be successful, team members must come up with something out of the blue.

12. Effective the following Monday, employees may work up to three days a week from home.

13. Lawrence Boulevard will close to traffic to allow for replacing an existing water main.

14. Aurora Hansen had no clear notion of what to do next when she quit her former company.

15. Gabriel Sloane is the only author to date who has received all three mystery prizes for the first novel.

16. Countries that fail to attract educated immigrants, i.e., those with sought-after skills, tend to perform poorly economically.

17. Occupancy at Midtown Tower has increased as the demand for office space recovered.

18. Sales of Brilliance Motors last year hit a record high of 3 million vehicles.

19. Preferred customers for Ernst Jewelry are invited to a meet and greet party that will be held at its Ku'damm shop on March 10th.

20. To ensure fairness, inquires from potential clients should be evenly assigned to each sales agent.

21. Until its relocation last year, Yamato Socks had been operating in the small town of Koryo.

22. Cars at Nathan Dealership are sold as is, without any warranties.

23. Union Bank's technology advisor Carlos Iniesta identified some weaknesses in its online banking security.

24. Lighter paint colors on the walls can make your room appear more spacious.

25. Agnes Wang would rather go to the opera after attending the Köln Auto Show instead of joining an evening river cruise.

26. Regarding smartphone use, the findings showed that parents believed their children were knowledgeable.

27. Security staff on duty will be alerted the moment any abnormalities are detected on the premises.

28. Any supplier must sign a confidentiality agreement before working with the manufacturer.

29. As for the wider outlook, the struggling firm has not only top-notch technology but a competent and motivated workforce.

30. The booklet available at every tourist office provides a quick overview of the history and culture of the tropical island.

Part 6

[Questions 31-34]

To: <mailinglist>
From: pr@somer-city.org
Date: August 11
Subject: Family Fun Run

Dear Community Members,

Mark September 1 in your calendar! It's time again for Somer City's annual 5km Fun Run. As always, everyone is welcome no matter experience or fitness level. The race starts at 10:00 A.M. in Sky Park, and there will be food and drink stands plus performances by local musicians to create a party atmosphere.

Instead of running, why not become a volunteer? They will distribute water to the runners and guide them around the course. For race participants there is a $20 entry fee, which includes free water and a certificate of completion. All the money collected will go to Somer Wildlife Charity. Register for the run or to help out by going online at www.somer-city.org/funrun by August 25.

See you there!

Somer City Public Relations Department

[Questions 35-38]

Turbot-Laing Ltd. employees are advised that the staff cafeteria will not be able to offer meals for the week commencing May 10. This is due to essential modernization of the kitchens. The cafeteria seating area will remain open, so employees are welcome to use the area to eat food brought from outside. Please note this will only be permitted for the week of the closure. To make it easier to order food, we have arranged for a local catering firm to provide a delivery service. Menus are placed in each department and lunches can be ordered by telephone. The cafeteria is scheduled to reopen on Monday, May 17. Thereafter, a wider selection of food will be available.

[Questions 39-42]

 Track 22

Congratulations on your purchase. With their high quality and durability, you can trust Everest vehicle luggage racks for your transportation needs. To attach the rack to the top of your vehicle, please read the enclosed instructions carefully. Make sure not to skip any steps. The base frame must have no movement in any direction. Should you be in any doubt, we advise having a car mechanic or dealer fit it for you. The product warranty is valid for ten years provided loads do not exceed 100 kilograms. For an animated guide on installation, visit www.everest-racks.com.

[Questions 43-46]

 Track 23

Joy Gyms Ltd. is running a special promotion for the month of January. For new members who sign up for the basic plan, 30 days' use of our pool, spa, and sauna will be free of charge. Access to these facilities is normally limited to members who purchase our Platinum monthly plan. This offer does not apply to those renewing their membership.

You will also be entitled to a free one-hour session with one of our highly trained personal trainers. They'll compile a step-by-step training schedule to meet your goal of either fitness or weight loss. Visit www.joy-gyms.co.ee today to sign up.

Part 5

1. Miranda Kim's cosmopolitan upbringing made her a valuable asset to the trading company.

2. We cannot share customers' personal information with our affiliated companies without their written authorization.

3. The ratings of the TV drama series have been gradually decreasing against the channel's expectations.

4. Considering starting his own business, Juan Rodriguez decided to quit his present job within the year.

5. According to the historic heritage laws, the Bank Negara building falls within the definition of a historic property.

6. A bit of a hook is necessary for the signage to get people into our booth.

7. We provide online and offline retailers with effective influencer marketing solutions that can strengthen their retail functions.

8. Among those at the awards ceremony, Chandra Vilai was the only architect who had won the Mumbai Architecture Prize twice.

9. Ericsson Transport has the most proven track record of the three candidate couriers we are now negotiating with.

10. Given what occurred, the staff should have moved more quickly to restore the system.

11. Admission fees to the Historical Museum are waived for all visitors on a special day that falls on the second Tuesday.

12. The total cost for the trip, complete with meals and accommodations, is 1,720 euros.

13. Thanks to the high visibility brought by a series of campaigns on social media, our new product has sold very well.

14. Remember to clearly print your full name, visiting time, and phone number.

15. The décor of Midtown Café is so unique and inviting that customers can eat and drink enjoying the atmosphere.

16. As per terms of service, your order will arrive in 3 to 5 business days.

17. A board meeting is scheduled to take place as soon as this week to put all members on the same page regarding the planned merger.

18. Shinano Electronics recently started two more assembly lines in the Nagano plant, thus allowing more orders to be met.

19. A more integrated traffic system is needed in the metropolitan area to get rid of delays and disruptions.

20. It takes about forty minutes to climb up to the mountain-top observatory where you can enjoy spectacular panoramic views.

21. Although her credentials didn't meet the requirements completely, Miranda Pritchard is still arguably the best candidate for the manager position.

22. Eventually, after prolonged discussions, the supplier rejected the prospective client's demands for substantial discounts.

23. Now that all corrections to figures are complete, our financial report is in place for posting.

24. Surprisingly ignored by the tourist masses, the museum housed in the city center safeguards the most comprehensive collection of medieval sculptures.

25. Effective land zoning is one of the reasons the city could achieve high economic growth by attracting new residents and businesses.

26. Because of considerably decreasing revenues, the management directed department heads to withhold spending whenever possible.

27. One of the keys to success was a referral program the company was recommended to take by its consultancy.

28. If the prevailing weather conditions last long, the agricultural industry in this area will face serious difficulties.

29. Design changes pertaining to the new demands from the client would delay the completion by at least two months.

30. Endorsers usually aren't bound to exclusivity, meaning that they're allowed to promote similar brands or products in a similar time frame.

[Questions 31-34]

To: reinhart_clive@ipematech.com
From: fbrand@beemeeoutdoors.co.uk
Subject: Cash registers
Date: October 21

Dear Mr. Reinhart:

I want to thank you for allowing us to try your company's touchscreen cash registers in our Edmonton branch. The trial period went well, and the store staff were impressed with the system's ease of use and by how much it improved the customer payment experience. In particular, they liked how customers could select the method of payment by themselves.

After discussions with my fellow managers, we have decided to introduce the cash registers throughout our network of outdoor goods stores. Therefore, we will order a total of twenty-four units. To proceed with the purchase, I would like to arrange a meeting so that we can discuss price estimates and a timeline for installing the machines.

Sincerely,

Fiona Brand
General Manager, BeeMee Outdoors

[Questions 35-38] Track 27

Most people buy their mobile phones and take out contracts from a local phone shop. Those stores have high running costs, such as rent and staff salaries. What's more, their staff receive commissions on sales, and it's all added to the final price. Don't waste your money on these costs. There's a better way. We at Rial Comms can sell the latest models on the cheapest terms because we have no physical stores. We operate completely online, meaning we can pass all those savings on to you. Unlike other stores, you don't need to sign a lengthy two- or three-year contract. You'll even collect points to spend on apps and services. Visit www.rial-comms.org now. With our fast delivery, you can have your phone tomorrow.

[Questions 39-42]

 Track 28

Office Waste Reduction Policies

Recycling bins for plastic bottles have been installed next to all break room vending machines. Bottles purchased from the machines must be disposed of in these bins and not among regular office trash. They will be emptied by the vendor on a regular basis. To further help to reduce waste, each employee will be given a free stainless steel water bottle to use at water coolers in place of paper cups.

To improve paper recycling efforts, waste copy paper must be placed in the box next to your section's copier. Before doing so, please remove any paper clips and staples. This policy does not apply to documents containing personal or financial information, which should be shredded. Generally, try to avoid using paper for office communication. Instead, e-mail your colleagues or use instant messaging.

[Questions 43-46]

 Track 29

Look After Yourself in Summer Heat

While summer is a great time to enjoy the outdoors, the hot sticky conditions can drain energy from your body. The condition known as summer heat exhaustion has symptoms including loss of appetite and headaches. Luckily, there are simple measures we can take to combat the tiredness.

Staying hydrated is key to keeping your energy levels up, so eat foods that contain plenty of water such as watermelon. Also, try to avoid bread as it needs fluid to be digested. Carbohydrates cooked in water, like noodles, are a better choice. Finally, carry water or a sports drink around with you and drink small amounts frequently. It allows your body to absorb the liquid better.

Part 5

1. At the retro café in the art gallery, it's fun to imagine yourself back in the 50s.

2. Tomson Shoe Store will be closed on March 31 to take inventory.

3. The board of Hamm Retail all agreed that launching an online sales division was clearly the best option.

4. If the city had approved the construction plan by last March, it would be complete next month.

5. In the evening, Mt. Hakodate, the most notable spot of the city, abounds with tourists who enjoy the stunning views from its top.

6. Taxpayers can amend their return electronically if there is change to their submitted information.

7. Anna Preston, who is typically a shy and retiring type, thinks the analyst position is perfect for her.

8. The state rescue unit supplied the affected residents in the flood-stricken village with basic necessities.

9. Hamilton Consulting's business outlook will certainly have you rethink how enterprises evolve and where the future of business is heading.

10. Menu items at Ristorante da Fiore may vary according to season and ingredient availability.

11. Ralph Stern's recent offering is downloadable audio files, enabling users to listen to financial advice.

12. If you wish to unsubscribe from our services, please log into 'My Page' and complete the procedures as instructed.

13. Even an amateur painting, placed in a proper place, can make your room more attractive.

14. These numbers are preliminary until the firm unveils its official financial results next week.

15. If you choose not to receive these e-mail notifications, it could make it harder for you to detect fraudulent activities.

16. Laney's Fast Burgers has rethought its offerings, with freshly ground coffee forming part of its overhauled menu.

17. Nicole Baker is usually an active member, or rather she organizes year-end parties or golf competitions.

18. No plan has succeeded as comprehensively as the recent investment in the solar power plants in the Philippines.

19. It is advisable that each employee ask the company to reimburse him or her for business expenses within one month.

20. If, for any reason, you are not satisfied with your purchase, you can return it to Melissa Clothing within 14 calendar days of receipt of the item.

21. Clover Co., which has started various rental services, targets the younger segment opting to share things with others.

22. Occasionally, local hotels in the city experiment with the highest possible room rates during the high season.

23. A churn rate is a crucial metric that offers insight into a subscription business's performance.

24. Given that the deadline is approaching, the planning team decided to work over the weekend.

25. On the grounds that the prototype creation faces some problems, we will be forced to change the launching schedule.

26. The planning phase is an important consideration in scheduling the construction.

27. Limited budgets notwithstanding, the marketing division intends to carry out another series of advertising campaigns.

28. Conducting the renowned orchestra at the national theater was a culminating moment in Arthur Lew's musical career.

29. One of the best places to nurture customer loyalty is on your social media profile.

30. When Earnest Ho became the company president, the general assumption was that drastic changes would occur.

[Questions 31-34]

To: james.macgregor@truscott-publishing.com
From: violet.patel@truscott-publishing.com
Date: February 11
Subject: Online security

Dear Mr. MacGregor,

Thank you for entrusting me with the task of improving the company's online security. I fully realize the importance of this in today's business environment. With your permission, I will conduct a survey of your employees. I want to make sure no one has any unsafe habits, such as downloading attachments from unknown e-mail addresses or using the same password for multiple applications. Once I have gathered the results, I will be better placed to decide on what measures are needed. Of course, I will keep you updated throughout. People may take time to complete the questionnaire. However, I hope to be able to present my initial report by the end of next week.

Violet Patel

[Questions 35-38] Track 33

Delatto Online Groceries, Inc. is looking to hire motivated individuals to work in its order fulfilment center. To be considered for a position, you must be over 21 years old and be available to work at least 20 hours per week. Openings exist for order packers and delivery drivers. Packers must be physically fit since the job involves heavy lifting and frequent walking, while drivers are required to have a full and clean driving license. Pay rates are very competitive and employees enjoy great flexibility in their working hours. As the center is open 24 hours per day, there are various shift patterns to choose from. Working at night has a higher pay rate. To start the application process, visit www.delattogrocery.com/jobs.

[Questions 39-42]

Come to Zelkova Houses show home park in Scottsdale, where houses to suit all tastes are available to view in one convenient place. Our most popular model is the Eastwind II. Its large kitchen-diner and four spacious bedrooms offer the perfect solution for those with children. Constructed using the latest energy-saving materials, its classic design offers the best of modern and traditional. In contrast, the Hillbank is a three-story sleek townhouse which fits into small plots great for city living! Our knowledgeable and friendly staff look forward to serving you at the show home park, located just off the Scottsdale exit on expressway I-93.

[Questions 43-46] Track 35

REDGRAVE (May 17)—The Redgrave Parks and Recreation Department has reached a business agreement with Nitro Retail for the firm to construct and operate kiosks in each of the city's parks. The kiosks will be small booths selling refreshments, newspapers and other handy items to park goers. The department realized the need for some form of retail outlet at parks as a result of conducting surveys which asked citizens how public facilities could be improved. According to a department press release, teaming up with Nitro Retail means Redgrave can avoid the initial construction costs and can benefit from the company's years of experience.

The response from residents has been positive so far. One park visitor said the chance to buy a snack would make him visit the park more often. Another whom we interviewed hoped the shops would open late in summer.

900点獲得に役立つ！
TOEICでる単 BEST 100
上級編

高得点をめざす人が身につけておきたい 100 語をセレクトして紹介します。少し難しいものもありますが、どれも覚えておいて損はありません。英単語・意味・例文は音声を利用できます。

音声

🎧 Track 36 ～ 🎧 Track 45

1 acknowledge [əknάlidʒ] 他 認める；（受け取りを）知らせる
acknowledge his effort（彼の努力を評価する）
acknowledge receipt of the money（送金の受領を知らせる）

2 verify [vérifài] 他 証明する；確かめる
類 prove（証明する）
verify the survey results（調査の結果を確かめる）

3 ensure [inʃúər] 他 保証する；確実にする
ensure data security（データの安全性を保証する）
ensure that all the rules will be complied with
（すべての規則が順守されるのを確実にする）

4 diversify [dəvə́:rsifài] 他 多角化する
形 diversified（多角化された）
diversify product lines（商品ラインを多角化する）

5 lapse [lǽps] 自 （権利などが）失効する；終わる
Your membership has already lapsed.
（あなたの会員資格はすでに失効しています）

6 commence [kəméns] 他 始める　自 始まる
名 commencement（開始）
commence negotiations with them（彼らとの交渉を始める）

7 resume [rizjú:m] 他 再開する
名 resumption（再開）
resume operations（操業を再開する）

8 incur [inkə́:r] 他 負担する；被る
incur responsibility（責任を負う）
expenses incurred（発生した経費）

9 integrate [íntəgrèit] 他 統合する
形 integrated（統合された：差別のない）
integrate two branches（2つの支社を統合する）

10 retain [ritéin] 他 保持する
retain popularity（人気を保持する）
retain a client（顧客をつなぎとめる）

11 **eliminate** [ilímineit] 他 排除する
名 elimination（排除；予選）

eliminate discrimination（差別を排除する）

12 **detect** [ditékt] 他 見つける；検出する
名 detector（検出器）、detective（刑事）

detect bugs（バグを見つける）

13 **incorporate** [inkɔ́ːrpərèit] 他 組み入れる；法人化する

incorporate the latest trends（最新のトレンドを取り入れる）
incorporate a family business（家族の事業を法人化する）

14 **withhold** [wiðhóuld] 他 差し控える

withholding taxes（源泉徴収税）
name withheld（匿名希望）

15 **waive** [wéiv] 他 免除する；放棄する
名 waiver（免除）

waive admission fees（入場料を免除する）

16 **endorse** [indɔ́ːrs] 他 承認する；（有名人が）推奨する
endorse a new policy（新しい方針を承認する）
A famous actress endorses the lipstick.
（有名女優がその口紅を推奨している）

17 **grant** [grǽnt] 他 供与する；認める

grant a scholarship（奨学金を供与する）
grant a request（要求に応じる）

18 **expedite** [ékspədàit] 他 促進する
類 accelerate / speed up（加速する）

expedite international shipping（海外配送を早める）

19 **dismiss** [dismís] 他 否定する；解雇する
名 dismissal（解雇；却下）
dismiss rumors（噂を否定する）
dismiss employees（社員を解雇する）

20 **render** [réndər] 他 与える；〜にする
services rendered（提供されたサービス）
Will smartphones render cameras obsolete?
（スマホはカメラを時代遅れにするだろうか）

21 allocate [ǽləkèit] 他 割り当てる
＊allocate A to B [B A]（AをBに割り当てる）
allocate subsidies to local governments
（補助金を地方政府に割り当てる）

22 mentor [méntɔ:r] 他 指導する
＊名詞で「指導者」だが、動詞としても使う。
mentor new employees（新入社員を指導する）

23 enhance [inhǽns] 他 高める
類 intensify（強化する）
enhance reputation（評判を高める）

24 compile [kəmpáil] 他 作成する；まとめ上げる
＊assemble / put together（組み立てる）
compile financial records（財務記録をまとめる）

25 demolish [dimáliʃ] 他 取り壊す
類 tear down / raze（取り壊す）
demolish an old building（古い建物を解体する）

26 unveil [ʌnvéil] 他 発表する
＊un-（反対）＋ veil（覆う）＝「発表する」
unveil a new EV（新しい電気自動車を発表する）

27 boost [bú:st] 他 引き上げる
＊名詞も同形。 類 raise / uplift（引き上げる）
boost the economy（経済を活性化する）

28 nurture [nə́:rtʃər] 他 育む
類 foster（育む）、cultivate（養う）
nurture customer loyalty（顧客忠誠心を育む）

29 consolidate [kənsálidèit] 他 強固にする；統合する
consolidate a position（地位を固める）
consolidate overlapping operations（重複する事業を統合する）

30 streamline [strí:mlàin] 他 合理化する；効率化する
＊名詞で「流線型」の意味。
streamline customs procedures（通関手続きを効率化する）

31 **eligible** [élidʒəbl]　形 資格がある
名 eligibility（資格）
Employees are eligible for health benefits.
（社員は健康給付を受ける資格がある）

32 **resourceful** [risɔ́:rsfəl]　形 能力のある；機転の利く
a resourceful and determined leader
（能力が高く、決然としたリーダー）

33 **preceding** [prisí:diŋ]　形 前の；前述の
類 foregoing / prior（前の）
the preceding pages（前のページ）

34 **fundamental** [fʌ̀ndəméntəl]　形 根本的な
＊名詞として、fundamentalsで「（経済などの）基礎条件」。
a fundamental change（根本的な変化）

35 **convincing** [kənvínsiŋ]　形 説得力のある
動 convince（説得する）
convincing evidence（説得力のある証拠）

36 **spacious** [spéiʃəs]　形 広々とした
類 roomy（広々とした）
a spacious living room（広々とした居間）

37 **in-depth** [ìndépθ]　形 綿密な；徹底的な
＊in depthと、ハイフンなしで副詞として使う。
an in-depth report（綿密な報告書）

38 **top-notch** [tàpnátʃ]　形 一流の
＊first-rate（最高級の）、top-grade（最高レベルの）
a top-notch French restaurant
（一流のフランス料理レストラン）

39 **hands-on** [hǽndzán]　形 実地の
類 firsthand（直接の）
hands-on training（実地研修）

40 **cutting-edge** [kʌ̀tiŋédʒ]　形 最先端の
類 state-of-the-art（最先端の）
cutting-edge technology（最先端の技術）

41 terse [tə́:rs] 形 簡潔な
類 succinct / concise（簡潔な）

　a terse statement（簡潔な声明）

42 anonymous [ənǽniməs] 形 匿名の
＊remain anonymous（名前を出さない）

　an anonymous donor（匿名の寄贈者）

43 relevant [réləvənt] 形 関連がある
＊relevant to A（Aに関連がある）

　the relevant information（関連する情報）

44 equivalent [ikwívələnt] 形 同様の；相当する
＊equivalent to A（Aに相当する）。名詞も同形で「同様のもの」。
　the job equivalent to the former one
　（前職と同様の仕事）

45 cozy [kóuzi] 形 快適な
類 snug（居心地のいい）

　a cozy guest room（快適な客室）

46 versatile [və́:rsətəl] 形 用途の広い；多才な

　a versatile stain remover（万能の染み除去剤）
　a versatile workforce（多才な人材）

47 ubiquitous [jubíkwətəs] 形 どこにでもある

　a ubiquitous coffee chain
　（どこにでもあるコーヒーチェーン）

48 obsolete [ὰbsəlí:t] 形 旧式の；時代遅れの

　old and obsolete machinery
　（古く、時代遅れの機械類）

49 culinary [kʌ́lənèri] 形 料理の

　enjoy culinary delights
　（食の楽しみを満喫する）

50 pertinent [pə́:rtənənt] 形 適切な；関係がある
＊pertinent to A（Aにぴったりの）

　a very pertinent question（非常に適切な質問）

51 biased [báiəst]　形 偏見を持った；偏向した
名 bias（偏見；偏向）

politically biased news（政治的に偏向したニュース）

52 concerted [kənsɔ́rtid]　形 協調した
類 joint（共同の）、collaborated（協力した）

a concerted effort（協調した努力）

53 irrevocable [irivóukəbl]　形 取り消せない；覆せない

an irrevocable decision（覆せない決断）

54 repetitive [ripétətiv]　形 繰り返しの；退屈な
動 repeat（繰り返す）

repetitive tasks（繰り返しの作業）

55 commensurate [kəménsərət]　形 相応の；見合った
＊commensurate with A（Aに見合った）
a salary commensurate with experience
（経験に見合った給与）

56 intriguing [intrí:giŋ]　形 興味をそそる
動 intrigue（興味をそそる）

an intriguing story（興味をそそるストーリー）

57 intact [intǽkt]　形 無傷の；損なわれていない
類 complete（完全な）、unbroken（壊れていない）
The package arrived intact.
（荷物は無傷で届いた）

58 laudable [lɔ́:dəbl]　形 称賛に値する
類 commendable（称賛に値する）、admirable（立派な）

a laudable attempt（称賛に値する挑戦）

59 pivotal [pívətəl]　形 中心的な；重要な
＊pivotは「回転軸」の意味。

play a pivotal role（重要な役割を果たす）

60 plenary [plí:nəri]　形 全員出席の；完全な

a plenary session（全員参加のセッション）
plenary powers（全権）

61 simultaneously [sàiməltéiniəsli]　副 同時に
The smartphone was released simultaneously in the U.S. and Europe.
（そのスマホはアメリカとヨーロッパで同時に発売された）

62 subsequently [sʌ́bsikwəntli]　副 その後に
The novel was subsequently translated into 10 languages.
（その小説は後に10カ国語に翻訳された）

63 preferably [préfərəbli]　副 できれば
I'd like to meet you soon, preferably tomorrow.
（近々、できれば明日にもお会いしたいです）

64 notably [nóutəbli]　副 特に
類 especially / in particular（特に）
Many currencies, notably Japanese yen, have depreciated against US dollars.（多くの通貨が、特に日本円が米ドルに対して下落している）

65 alike [əláik]　副 同様に
＊A and B alike（AもBも同様に）
The brand is loved by young and elderly people alike.
（そのブランドは若者にも年配者にも同様に愛されている）

66 arguably [ɑ́ːrgjuəbli]　副 間違いなく
Miyako is arguably the best sushi restaurant in town.
（ミヤコは間違いなく街で一番の寿司店だ）

67 allegedly [əlédʒidli]　副 伝えられるところでは
類 reportedly（伝えられるところでは）
The CEO will allegedly step down soon after the merger.
（伝えられるところでは、CEOは合併後すぐに辞任する）

68 markedly [mɑ́ːrkidli]　副 著しく；明らかに
The economy has recovered markedly.
（経済は明らかに回復している）

69 sparsely [spɑ́ːrsli]　副 まばらに
反 densely（密集して）
a sparsely populated area（過疎地域）

70 exponentially [èkspənénʃəli]　副 急速に
形 exponential（指数の；急速な）
Her video has diffused exponentially in a short time.
（彼女の動画は短時間で急速に拡散した）

71 detour [dí:tuər] 名 回り道

make a detour to avoid the roadworks
（道路工事を避けるために回り道をする）

72 fixture [fíkstʃər] 名 固定設備
＊照明や洗面台など動かせない設備のこと。

lighting fixtures（照明設備）

73 ventilation [vèntəléiʃən] 名 換気
＊ventは「通気口」の意味。

a ventilation system（換気システム）

74 mural [mjúərəl] 名 壁画

a huge mural in the lobby
（ロビーにある巨大な壁画）

75 gala [géilə] 名 特別な催し；パーティー

a gala concert（記念コンサート）
a fund-raising gala（資金集めのパーティー）

76 endeavor [indévər] 名（新しく困難な）試み；努力
＊動詞も同形。　類 effort（努力）、striving（奮闘）
an endeavor to expand globally
（海外に展開する試み）

77 insight [ínsait] 名 見識；洞察力

new insights into digital marketing
（デジタル・マーケティングの新しい見識）

78 input [ínpùt] 名 意見；協力

input from users（ユーザーからの意見）
input into the survey（その調査への協力）

79 disruption [disrʌ́ptʃən] 名 混乱
＊cause disruption（混乱を引き起こす）

disruption to distribution（配送の混乱）

80 congestion [kəndʒéstʃən] 名 混雑
形 congested（混雑した）

traffic congestion（交通渋滞）

81 ☐	**bulk** [bʌ́lk]　名 大量；大部分 ＊in bulk（大量に） 　a bulk order（一括大量注文）
82 ☐	**tenure** [ténjər]　名 在職期間 類 term of office（在職期間） 　his tenure as the CEO（彼のCEOとしての在職期間）
83 ☐	**inauguration** [inɔ̀ːɡjəréiʃən]　名 就任；開業 動 inaugurate（就任する；開業する） 　the inauguration of a new factory 　（新工場の開業）
84 ☐	**overhead** [óuvərhèd]　名 間接費 ＊overhead costsとすることも。 　administrative overhead（管理費）
85 ☐	**query** [kwíəri]　名 質問 ＊make a query（質問する）。動詞も同形。 　queries from customers（顧客からの質問）
86 ☐	**proximity** [prɑksíməti]　名 近いこと ＊proximity to A（Aに近いこと） 　proximity to the market（市場に近いこと）
87 ☐	**ambience** [ǽmbiəns]　名 雰囲気；環境 形 ambient（環境の）　類 atmosphere（雰囲気） 　a welcoming ambience（おもてなしの雰囲気）
88 ☐	**contingency** [kəntíndʒənsi]　名 緊急事態 類 eventuality（不測の事態） 　a contingency plan（緊急事態対策）
89 ☐	**grievance** [gríːvəns]　名 苦情 類 complaint（クレーム） 　a grievance at work（職場での苦情）
90 ☐	**appraisal** [əpréizəl]　名 評価；鑑定 動 appraise（評価する） 　real estate appraisal（不動産鑑定）

91 assortment [əsɔ́:rtmənt] 名 取り揃え
動 assort（仕分ける）
an assortment of seasonal fruits
（季節の果物の詰め合わせ）

92 spectrum [spéktrəm] 名 範囲
＊光の「スペクトル」の意味もある。
a wide spectrum of electronic goods
（幅広い種類の電子製品）

93 proprietor [prəpráiətər] 名 所有者
＊ビジネスオーナーや不動産保有者を指す。
the proprietor of a supermarket and bookstore
（スーパーと書店の所有者）

94 discrepancy [diskrépənsi] 名 矛盾；相違
類 inconsistency（矛盾）
a discrepancy in the figures（数字の矛盾）

95 stake [stéik] 名 出資分；危険
＊at stake（危険にさらされて）
He holds a 55% stake in the company.
（彼はその会社の55%の株を持っている）

96 predicament [pridíkəmənt] 名 苦境
類 plight（苦境）
the firm's financial predicament
（その会社の財務的な苦境）

97 momentum [mouméntəm] 名 勢い；はずみ
＊lose momentum（勢いがなくなる）
gain momentum（勢いがつく）

98 literature [lítərətʃər] 名 印刷物
＊ビジネスでは、印刷物や小冊子の意味でよく使われる。
advertising literature（宣伝ちらし）

99 bustle [bʌ́sl] 名 にぎわい
＊hustle and bustle（喧噪）
the bustle of a big city（大都市のにぎわい）

100 inception [insépʃən] 名 発足；開始
Since its inception, the firm has dominated the niche market.
（設立以来、その会社はその隙間市場を支配している）

●著者紹介

成重 寿 Hisashi Narishige

三重県出身。一橋大学社会学部卒。TOEIC対策本や単語集を中心に英語書籍・雑誌の執筆・編集活動を行っている。TOEIC® L&R TEST 990点満点。
主要著書:『TOEIC® L&R TEST 英単語スピードマスター mini ☆ van 3000』、『TOEIC® L&R TEST 英文法スピードマスター 入門編』、『TOEIC® TEST 必ず☆でる単スピードマスター』、『TOEIC® L&R TEST 必ず☆でる熟語スピードマスター』、『TOEIC® L&R TEST 英文法 TARGET 600』、『ビジネスで1番よく使う英単語』(以上、Jリサーチ出版)など。

カバーデザイン	花本浩一
本文デザイン／DTP	江口うり子(アレピエ)
英文作成協力	TRAアカデミー／CPI Japan
校正協力	巣之内史規
ダウンロード音声制作	一般財団法人　英語教育協議会(ELEC)
ナレーター	Howard Colefield
	Karen Haedrich
	水月優希

本書へのご意見・ご感想は下記URLまでお寄せください。
https://www.jresearch.co.jp/contact/

TOEIC® L&R TEST 英文法スピードマスター 900点突破編

令和5年(2023年)2月10日　初版第1刷発行

著　者	成重　寿
発行人	福田富与
発行所	有限会社　Jリサーチ出版
	〒166-0002　東京都杉並区高円寺北2-29-14-705
	電話 03(6808)8801(代)　FAX 03(5364)5310
	編集部 03(6808)8806
	https://www.jresearch.co.jp
印刷所	㈱シナノ パブリッシング プレス

ISBN978-4-86392-586-1　禁無断転載。なお、乱丁・落丁本はお取り替えいたします。